미래의 부자인 _____ 님을 위해
이 책을 드립니다.

# 나는
# 미국 ETF로
# 해외여행
# 간다

**나는 미국 ETF로 해외여행 간다**

**초판 1쇄 발행** | 2025년 7월 10일
**초판 2쇄 발행** | 2025년 9월 25일

**지은이** | 유지윤
**펴낸이** | 박영욱
**펴낸곳** | 북오션

**주 소** | 서울시 마포구 월드컵로 14길 62 북오션빌딩
**이메일** | bookocean@naver.com
**네이버블로그** | blog.naver.com/bookocean_rabbit
**페이스북** | facebook.com/bookocean.book
**인스타그램1** | instagram.com/bookocean777
**인스타그램2** | instagram.com/supr_lady_2008
**X** | x.com/b00k_0cean
**틱톡** | www.tiktok.com/@book_ocean17
**유튜브** | 쏠쏠TV・쏠쏠라이프TV
**전  화** | 편집문의: 02-325-9172   영업문의: 02-322-6709
**팩  스** | 02-3143-3964

**출판신고번호** | 제 2007-000197호

**ISBN** 978-89-6799-886-8 (03320)

*이 책은 (주)북오션이 저작권자와의 계약에 따라 발행한 것이므로 내용의 일부 또는 전부를 이용하려면 반드시 북오션의 서면 동의를 받아야 합니다.
*책값은 뒤표지에 있습니다.
*잘못 만들어진 책은 구입하신 서점에서 교환해 드립니다.

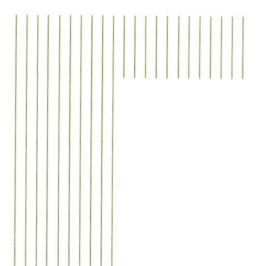

소소하게 시작해서 부자로 만드는 미국 ETF

유지윤 지음

# 나는 미국 ETF로 해외여행 간다

북오션

◆ 머리말 ◆

드라마 속 흔한 대사처럼, "일본에 가서 점심이나 먹고 올까?"는 아닐지라도, 누구나 한 번쯤은 비용 걱정 없이 훌쩍 해외여행을 떠나고 싶은 마음이 있을 겁니다. 그저 가고 싶은 곳에 주저 없이 발을 디딜 수 있는 자유, 누구나 꿈꾸는 일이죠.

하지만 현실은 어떤가요? 요즘 같은 경제 상황에선 제주도 여행조차 부담스러울 때가 많습니다. 유럽 여행은 말할 것도 없고, 가까운 일본이라도 부담 없이 다녀올 수 있다면 얼마나 좋을까요?

서점이나 온라인에는 '몇 년 안에 경제적 자유 달성!' '은퇴자금 마련' 같은 거창한 목표를 제시하는 재테크 정보가 넘쳐납니다. 그런데 이거, 투자 금액이 크지 않거나 성공 투자를 오랜 기간 이어가지 않으면 사실상 불가능에 가깝습니다. 물론 원대한 꿈은 중요하지만, 시드머니가 크지 않으면 매우 어려운 일이지요.

그래서 이 책은 조금 더 솔직하고, 현실적인 목표를 제안합니다. 바로 "미국 ETF로 해외여행 가자!"입니다. 당장 거창한 부자가 되거나 은퇴를 준비하는 것이 아니라, 내가 좋아하는 여행 한 번쯤은 눈치 보지 않고, 여유 있게 떠날 수 있는 작지만 확실한 용돈을 스스로 만들어보자는 이야기입니다. 그것도 요즘 가장 많은 사람이 관심을 두는 '미국 ETF'라는 도구를 통해서 말이죠.

왜 하필 미국 ETF냐고요? 세계 경제의 중심인 미국 시장의 성장에 비교적 쉽고 안정적으로 올라탈 수 있는 방법이기 때문입니다. 복잡한 기업 분석이나 위험천만한 몰빵 투자 대신, 잘 차려진 밥상과 같은 ETF에 꾸준히 투자하며 작은 성공의 경험을 쌓아가는 것. 이것이 바로 이 책이 제안하는 방법입니다. 게다가 그 결실로 즐기는 한 번의 해외여행은 덤이고요!

이 책은 큰돈은 아니지만 소액으로 꾸준히 미국 ETF를 시작해보고 싶은 분, 재테크의 필요성은 느끼지만 어디서부터 시작해야 할지 막막한 분들을 위해 쓰였습니다. 어려운 금융 용어 대신 쉽고 친절한 설명으로, 여러분이 미국 ETF 투자의 첫걸음을 성공적으로 내디딜 수 있도록 돕고자 합니다.

"나는 미국 ETF로 해외여행 간다!" 이 즐거운 외침이 당신의 현실이 될 수 있도록, 이 책이 당신의 첫 번째 여행 자금 가이드가 되어드리겠습니다.

이제, '해외여행 자유 이용권', 만들어보러 갑시다!

**차례**

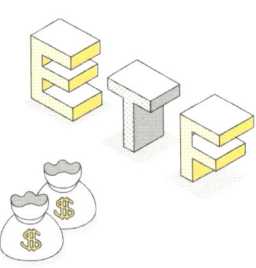

머리말　　　　　　　　　　　　　　　　　　　　　004

### 1장 ETF란 무엇인가

1. ETF란 무엇인가　　　　　　　　　　　　　　　014
2. ETF와 주식, 펀드의 차이점　　　　　　　　　　017
3. 개별 종목보다 ETF가 투자하기 쉬운 이유　　　020
4. ETF의 뿌리, 기초지수는 무엇인가　　　　　　　023
5. 미국 ETF 왜 이렇게 핫할까　　　　　　　　　　026
6. 뱅가드? 블랙록? 미국 대표 ETF 운용사 알아보기　030
7. ETF 이름이 왜 이렇게 길까　　　　　　　　　　036
8. 종목코드 대신 티커? 미국 ETF의 이름표　　　　039
9. S&P 500? 나스닥 100? 미국 대표 지수 완벽 이해　042
10. 다우 존스? 러셀 2000? 알아두면 좋은 미국 지수　045

## 2장 ETF의 종류와 분류

1. 주식형 ETF vs 채권형 ETF — 048
2. 성장주 ETF vs 가치주 ETF — 052
3. 배당 ETF, 섹터 ETF, 테마 ETF — 056
4. 레버리지 ETF, 인버스 ETF — 060

## 3장 가장 먼저 찾는 초대형 ETF

1. VOO(Vanguard S&P 500 ETF) — 066
2. IVV(iShares Core S&P 500 ETF) — 070
3. SPY(SPDR S&P 500 ETF Trust) — 073
4. VTI(Vanguard Total Stock Market ETF) — 076
5. QQQ(Invesco QQQ Trust) — 079
6. VUG(Vanguard Growth ETF) — 082
7. VEA(Vanguard FTSE Developed Markets ETF) — 085
8. VTV(Vanguard Value ETF) — 088
9. IEFA(iShares Core MSCI EAFE ETF) — 091

10. AGG(iShares Core U.S. Aggregate Bond ETF)     094

11. BND(Vanguard Total Bond Market ETF)     097

12. IWF(iShares Russell 1000 Growth ETF)     100

13. IJH(iShares Core S&P Mid-Cap ETF)     103

14. GLD(SPDR Gold Shares)     106

15. VIG(Vanguard Dividend Appreciation ETF)     110

16. IEMG(iShares Core MSCI Emerging Markets ETF)     113

17. VXUS(Vanguard Total International Stock ETF)     116

18. VWO(Vanguard FTSE Emerging Markets ETF)     120

19. IJR(iShares Core S&P Small-Cap ETF)     123

20. VGT(Vanguard Information Technology ETF)     126

## 4장 꼭 담아야 하는 포트폴리오 ETF

1. VO(Vanguard Mid-Cap ETF)     130

2. RSP(Invesco S&P 500 Equal Weight ETF)     133

3. SCHD(Schwab U.S. Dividend Equity ETF)     136

4. XLK(Technology Select Sector SPDR Fund)     139

5. IWM(iShares Russell 2000 ETF)     142

6. BNDX(Vanguard Total International Bond ETF)     145

| | |
|---|---:|
| 7. IWD(iShares Russell 1000 Value ETF) | 148 |
| 8. SPLG(SPDR Portfolio S&P 500 ETF) | 151 |
| 9. VYM(Vanguard High Dividend Yield ETF) | 154 |
| 10. TLT(iShares 20+ Year Treasury Bond ETF) | 157 |
| 11. VCIT(Vanguard Intermediate-Term Corporate Bond ETF) | 161 |
| 12. IBIT(iShares Bitcoin Trust ETF) | 164 |
| 13. QUAL(iShares MSCI USA Quality Factor ETF) | 167 |
| 14. BIL(SPDR Bloomberg 1-3 Month T-Bill ETF) | 170 |
| 15. IAU(iShares Gold Trust) | 173 |
| 16. XLF(Financial Select Sector SPDR Fund) | 176 |
| 17. IVW(iShares S&P 500 Growth ETF) | 179 |
| 18. QQQM(Invesco NASDAQ 100 ETF) | 182 |
| 19. MUB(iShares National Muni Bond ETF) | 185 |
| 20. ITOT(iShares Core S&P Total U.S. Stock Market ETF) | 189 |

## 5장 ──── 서학개미가 가장 좋아하는 공격형 ETF

1. 난 상승에 3배 건다! 레버리지 ETF
   - 레버리지란 무엇인가    194
   - 음의 복리란 무엇인가    196

- 1) TQQQ(ProShares UltraPro QQQ)     198
- 2) SOXL(Direxion Daily Semiconductor Bull 3x Shares)     201
- 3) TSLL(Direxion Daily TSLA Bull 2x Shares)     203

2. 하락에 3배 건다! 인버스 ETF

- 인버스란 무엇인가?     205
- 1) SQQQ(ProShares UltraPro Short QQQ)     207
- 2) SOXS(Direxion Daily Semiconductor Bear 3x Shares)     210
- 3) SPXS(Direxion Daily S&P 500 Bear 3X Shares)     214

3. 나는 그냥 월배당이나 받으련다! 커버드콜

- 커버드콜이란 무엇인가     217
- 1) JEPI(JPMorgan Equity Premium Income ETF)     219
- 2) XYLD(Global X S&P 500 Covered Call ETF)     223
- 3) QYLD(Global X NASDAQ 100 Covered Call ETF)     227

# 6장 실전! ETF 포트폴리오 구성하기

1. 미국 ETF로 월 30만 원 적립식 포트폴리오 만들기     232
2. 미국 ETF로 월 50만 원 적립식 포트폴리오 만들기     236
3. 미국 ETF로 월 100만 원 적립식 포트폴리오 만들기     240

| | |
|---|---:|
| 4. 미국 ETF로 월 300만 원 적립식 포트폴리오 만들기 | 243 |
| 5. 미국 ETF로 1,000만 원 거치식 포트폴리오 만들기 | 247 |
| 6. 미국 ETF로 2,000만 원 거치식 포트폴리오 만들기 | 251 |
| 7. 미국 ETF로 3,000만 원 거치식 포트폴리오 만들기 | 252 |
| 8. 미국 ETF로 5,000만 원 거치식 포트폴리오 만들기 | 254 |
| 9. 미국 ETF로 1억 원 거치식 포트폴리오 만들기 | 256 |

## 7장 ETF 투자 전략과 고려할 사항

| | |
|---|---:|
| 1. 장기 투자 vs 단기 투자 | 260 |
| 2. 자산 배분 전략 | 265 |
| 3. ETF 추적 오차와 수수료 | 269 |
| 4. 유동성이 풍부해야 한다 | 275 |
| 5. 리밸런싱은 반드시 해라 | 278 |
| 6. 분배금과 세금 문제 | 281 |

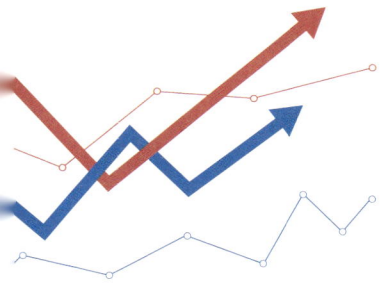
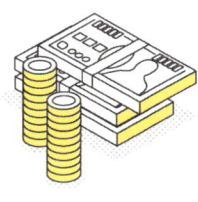

# 1. ETF란 무엇인가

"투자? 그거 돈 많은 사람들이나 하는 거 아냐?"
"주식? 어떤 걸 사야 할지 하나도 모르겠어!"
"펀드는 뭐가 뭔지 너무 복잡해!"
"하지만 돈을 벌고 싶어!"

이런 고민을 한 번쯤 해보셨죠? 투자는 하고 싶은데 막상 시작하려니 뭐부터 어떻게 해야 할지 막막했던 투자자들이 ETF로 달려가고 있습니다. 도대체 ETF가 뭐길래 요즘 이렇게 많은 사람들의 관심을 받고 있는 걸까요?

ETF! 영어 약자라고 벌써 머리 아파하실 필요 전혀 없습니다! 우리말로 풀어보면 '상장지수펀드(Exchange Traded Fund)'라고 합니다.

E=Exchange(거래소에서): 우리가 삼성전자나 현대차 같은 회사 주식을 사고 싶을 때 어디로 가나요? 증권거래소에서 MTS나 HTS를 통해 주문을 넣죠? ETF도 똑같습니다. 개별 주식처럼 우리가 이용하는 증권사 계좌를 통해 실시간으로 우리가 원하는 가격에 사고팔 수 있다는 뜻입니다. 이게 ETF의 가장 큰 특징이자 혁신적인 점입니다. 기존의 펀드는 가입하고 돈을 찾는 데 시간도 걸리고 절차도 복잡했는데, ETF는 그냥 주식처럼 간편하게 거래할 수 있다는 거죠.

T=Traded(거래되는): 'Exchange'와 같은 맥락입니다. 주식처럼 증권거래소에서 장이 열려 있는 시간 동안에는 언제든지 자유롭게 사고팔 수 있다는 의미를 강조하는 거죠.

F=Fund(펀드): 펀드라는 말은 많이 들어보셨죠? 어려운 금융 용어 같지만 쉽게 생각해서 '종합선물세트'라고 생각하시면 됩니다. 우리가 직접 어떤 주식을 살지, 어떤 채권을 살지 하나하나 고르기 어려우니, 전문가들이 미리 좋은 것들(여러 주식, 채권, 원자재 등)을 하나의 바구니에 골고루 담아놓은 상품이 바로 펀드입니다! "계란을 한 바구니에 담지 말라"는 투자의 격언이 있는데, 펀드는 이 원칙을 쉽게 지킬 수 있게 도와주죠!

자, 그럼 이 세 가지를 합쳐서 ETF를 다시 정의해볼까요?

> *ETF란?
> "여러 가지 투자 자산(주식, 채권 등)을 한 바구니에 담아놓은 펀드(Fund)인데, 이것을 마치 개별 주식처럼 증권거래소(Exchange)에서 투자자들이 실시간으로 편리하게 사고팔 수 있도록(Traded) 만든 혁신적인 금융 상품이다!"

아시겠죠. ETF는 펀드가 가진 분산 투자의 장점과 주식이 가진 거래의 편리함이라는 장점만 쏙쏙 뽑아서 기가 막히게 합쳐놓은, 정말 우리 개인 투자자들에게는 선물 같은 존재라 할 수 있습니다.

그럼 ETF는 뭘 기준으로 내용물을 담고 어떤 방향으로 움직일까요? 대부분의 ETF는 특정 '지수(Index)'를 따라서 움직이도록 설계되었습니다. ETF 운용사들은 보통 "우리가 시장을 이겨보겠다!" 하고 적극적으로 종목을 사고파는 것이 아니라, "KOSPI 200 지수, S&P 500 지수, 나스닥 100 지수 같은 특정 지수의 움직임을 최대한 똑같이 따라가겠다!"는 목표를 가지고 ETF를 운용합니다.

이게 왜 우리 투린이들에게 좋냐고요? 직접 "어떤 종목이 앞으로 대박 날까?" 하고 밤새워 기업 분석하고 뉴스 찾아볼 필요 없이, 그냥 그 시장 전체(예: 미국 S&P 500) 또는 특정 분야(예: 반도체)를 대표하는 지수를 추종하는 ETF 하나만 사면, 그 시장이나 분야의 평균적인 성과를 아주 쉽고, 저렴한 비용으로 얻어갈 수 있다는 겁니다. 복잡한 종목 선택의 고민에서 벗어나 투자를 훨씬 쉽고 마음 편하게 시작할 수 있게 되는 거죠.

주식처럼 거래는 편리하지만, 펀드처럼 알아서 분산 투자가 되는 아주 스마트하고 매력적인 투자 도구! 이게 바로 ETF입니다!

## 2. ETF와 주식, 펀드의 차이점

"ETF가 우리가 아는 그냥 '주식'이랑은 정확히 뭐가 다른 걸까요? 그리고 은행이나 증권사에서 가입하는 '펀드'랑은 또 어떤 점이 다른 거죠?"

먼저, ETF와 우리에게 가장 익숙한 개별 주식 이 둘부터 비교해볼까요? 가장 큰 공통점은 바로 거래 방식입니다. 둘 다 증권거래소라는 같은 운동장에서 뛰는 선수들이에요. 그래서 우리가 프로그램을 통해 장이 열려 있는 시간 동안에는 언제든지 내가 원하는 가격에 사고팔 수 있다는 점, 이건 완전히 똑같습니다. 주문 방식도 똑같고요. 하지만 거래 방식은 비슷해도 담고 있는 내용물은 완전히 다릅니다.

### 주식 vs ETF: 개인 vs 팀플레이

여러분이 삼성전자 주식 1주를 샀다고 해봅시다. 그럼 여러분은 삼성전자라는 특정 회사 한곳의 주인이 되는 겁니다. 이재용 회장과 같은 주주인 것이죠(그렇다고 같은 등급은 아닙니다. 대주주와 소액주주는 차이가 커요!).

삼성전자가 잘나가면 정말 좋겠지만, 만약 주가가 부진하면 그 실망감과 손실은 오롯이 우리의 몫이 됩니다. 즉, 집중 투자의 성격을 가지며, 그만큼 높은 수익 잠재력과 높은 위험을 동시에 안고 있습니다.

반면에 ETF는 뭐다? 종합선물세트라고 했죠? 예를 들어 'KOSPI 200 ETF' 1주를 샀다면, 그 안에 우리나라 대표 기업 200개의 주식이 조금씩 다 담겨 있는 팀입니다! 내가 ETF 1주를 사면, 그 팀 전체에 골고루 나눠 투자하는 효과가 생기는 거죠. 한두 선수가 좀 부진하더라도 다른 선수들이 잘해주면 팀 전체의 성과는 크게 흔들리지 않습니다. 즉, ETF는 그 자체로 자동 분산 투자가 이루어져 개별 기업의 위험을 크게 줄여준다는 강력한 장점이 있습니다!

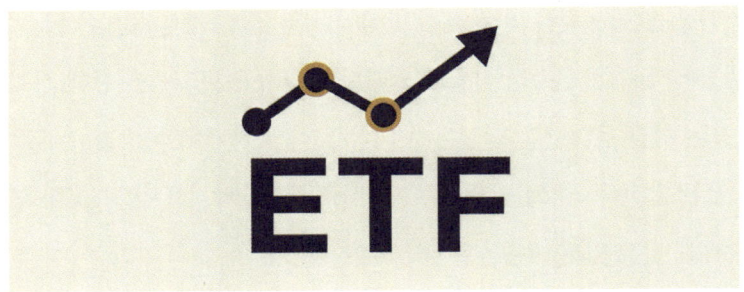

### ETF vs 펀드: 실시간 쇼핑 vs 예약 구매

이번에는 ETF와 우리가 흔히 은행이나 증권사에서 가입하는 일반적인

'펀드'를 비교해봅시다!

ETF와 펀드는 여러 주식이나 채권 등 다양한 자산을 하나의 바구니에 담고 있는 펀드라는 점에서는 동일합니다. 둘 다 분산 투자를 통해 위험을 관리하려는 목적을 가지고 있죠.

겉보기엔 비슷해 보이지만, 거래 방식에서 결정적인 차이가 있습니다. ETF는 앞에서 계속 강조했죠? 주식처럼, 증권거래소에서, 실시간으로, 장 중에 내가 원하는 가격으로 바로바로 사고팔 수 있습니다. 백화점 가서 마음에 드는 옷이 있으면 그 자리에서 바로 결제하고 가져오는 실시간 쇼핑 같아요.

펀드는 좀 다릅니다. 보통 은행이나 증권사 창구, 또는 온라인/모바일 앱을 통해 가입(매수)하고 해지/환매(매도)하는 방식인데요, 실시간 거래가 아닙니다. 오늘 내가 "이 펀드 살게요!" 하고 주문해도, 그 가격은 오늘 주식 시장이 다 끝나고, 그 펀드가 가진 자산들의 가치를 싹~ 계산해서 나오는 그날 저녁의 기준가(NAV)로 결정되고, 보통 다음 날이나 되어야 내 계좌에 반영됩니다. 팔 때도 마찬가지로 시간이 걸려요. 하루에 딱 한 번 가격이 정해지는 거죠. 마치 홈쇼핑 채널 보고 "이거 예약 주문할게요!" 하고 다음 날 택배를 기다리는 예약 구매 방식과 비슷합니다.

또 중요한 차이가 투자 금액입니다. ETF는 주식처럼 1주 단위로 살 수 있습니다! 그래서 단돈 몇천 원, 몇만 원으로도 투자를 시작할 수 있어요. 재미 삼아 할 수도 있고 공부 차원에서 할 수도 있습니다. 소액 투자자에게 매우 유리하죠!

## 3. 개별 종목보다 ETF가 투자하기 쉬운 이유

투자의 세계에 발을 들여놓으면 수많은 갈림길에 서게 됩니다. 특히 "어떤 종목을 사야 할까?" 하는 고민은 전문가도 매일 하고 있습니다. 그런데 개별 기업 하나하나에 여러분의 소중한 자산을 거는 것과, 시장의 큰 흐름 자체에 투자하는 것, 어떤 것이 더 쉬울까요? 정답은 명확합니다! 바로 ETF입니다!

과거를 돌이켜보면, 한 시대를 풍미했던 영웅호걸도 언젠가는 역사의 뒤안길로 사라지곤 합니다. 기업의 세계도 마찬가지입니다! 이름만 대면 알 만한 거대 기업들, 과거 시가총액 1위 자리를 지켰던 기업들 중 상당수는 지금 그 자리에 없거나, 심지어 사라진 경우도 부지기수입니다. 영원한 제국이 없듯, 영원한 1등 기업도 없는 법이죠!

우리나라 대표 기업인 현대차 같은 경우만 봐도 주가 그래프가 어떻습니까? 자동차 산업 호황기에는 하늘 높은 줄 모르고 치솟다가도, 글로벌 위기나 경쟁 심화 앞에서는 고전을 면치 못하며 주가가 출렁거립니다. 즉,

개별 기업의 운명은 그 기업 자체의 흥망성쇠는 물론, 예측 불가능한 외부 환경 변화에 너무나 크게 좌우됩니다.

게다가 시대는 눈부시게 변하고 있습니다! 어떤 산업이 미래를 이끌지 예측하는 것도 어려운데, 그 산업 안에서 '진짜 알짜배기' 개별 종목을 콕 집어내는 것은 더더욱 어렵습니다.

그럼 시장 지수나 업종 전체를 추종하는 ETF는 왜 개별 종목 투자보다 쉬울까요?

우선 자동 분산 효과 때문입니다. ETF 하나를 사면 그 안에 포함된 수십, 수백 개의 기업에 자동으로 분산 투자하는 효과를 얻습니다. 내가 투자한 ETF 안의 특정 기업 하나에 예상치 못한 악재가 터지더라도, 다른 기업들이 그 충격을 완화해줍니다. 개별 기업 하나에 몰빵했을 때 겪을 수 있는 치명적인 위험을 효과적으로 피해갈 수 있죠!

두 번째로 종목을 계속 교체해줍니다. 시장 지수는 시대의 변화에 맞춰 스스로 구성 종목을 교체합니다. 잘나가는 신흥 강자 기업은 새로 편입시키고, 힘이 빠지고 시대에 뒤떨어진 기업은 과감히 방출합니다. 즉, 내가 가만히 있어도 ETF는 가장 건강하고 경쟁력 있는 기업들 위주로 알아서 재편되는 놀라운 시스템을 갖추고 있습니다. 개별 기업은 망할 수 있어도, 이렇게 계속해서 세대 교체를 하는 시장 지수는 장기적으로 꾸준히 우상향할 가능성이 훨씬 높습니다.

장기 투자라는 긴 항해를 성공적으로 마치려면, 개별 기업이라는 작은 돛단배에 모든 운명을 걸기보다는, 수많은 기업을 태우고 스스로 위험을 관리하며 시대의 흐름에 맞춰 나아가는 ETF라는 튼튼한 항공모함에 올라타는 것이 훨씬 안전하고 현명한 전략입니다. 개별 기업의 흥망성쇠 리스크를 피하고, 시장 또는 산업 전체의 성장에 투자하는 가장 확실하고 쉬운 방법이 바로 ETF 투자입니다.

## 4. ETF의 뿌리, 기초지수는 무엇인가

　우리가 ETF 이야기를 하면 "코스피를 추종한다" "S&P 500을 따라간다" "나스닥 100을 복제한다" 이런 표현들을 계속 써왔죠? 도대체 그 '코스피' 'S&P 500' '나스닥 100' 같은 것들이 뭐길래 ETF가 그림자처럼 졸졸 따라다니는 걸까요? 바로 '기초지수'입니다! 투자의 세계라는 넓은 바다를 항해하는 우리에게 지도이자 나침반과 같은 아주 중요한 존재죠!

　기초지수란 무엇이냐? 아주 쉽게 말해서, 특정 주식 시장 전체(예: 한국 주식 시장, 미국 주식 시장)나, 특정 산업 분야(예: 반도체, 바이오), 또는 채권이나 원자재 같은 특정 자산들의 움직임을 대표적으로 보여주는 종합 성적표라고 생각하시면 됩니다.

　수많은 개별 종목들의 가격 움직임을 그냥 놔두면 너무 복잡해서 전체적인 흐름을 알기 어렵습니다. 그래서 일정한 규칙(예: 시가총액 순위, 산업 분류 등)에 따라 대표 종목들을 뽑고, 이들의 가격 변동을 종합해서 하나의 숫자로 표현한 것이 바로 지수입니다.

　이 지수를 통해 우리는 해당 시장이나 분야가 지금 전반적으로 오르고 있는지, 내리고 있는지, 활기를 띠고 있는지, 침체되어 있는지를 한눈에 파악할 수 있습니다. 기초지수는 그 시장의 전반적인 상황을 보여주는 기준점 역할을 하는 겁니다.

이 기준점이 있기 때문에 우리는 "내 투자가 시장 평균보다 잘했나, 못했나?" 비교도 해보고, ETF처럼 "아예 이 시장 전체, 이 대표 선수단 전체에 투자해버리자!" 하는 상품도 만들 수 있는 것이죠. 즉, 투자 전략을 세우는 출발점이자, 투자 성과를 평가하는 잣대가 되는, 핵심 중의 핵심 개념입니다.

그렇다면 이렇게 중요한 기초지수는 과연 누가 만드는 걸까요? 아무나 만들 수 있는 걸까요? 아닙니다. 공신력 있는 기관들이 엄격한 기준에 따라 만들고 관리하는데요, 크게 두 부류로 나눌 수 있습니다.

### 첫째, 각국의 증권거래소

마치 그 나라의 스포츠 리그를 운영하는 협회처럼, 각 나라의 증권거래소가 직접 자기 시장을 대표하는 지수를 만듭니다. 우리나라 한국거래소(KRX)가 발표하는 코스피(KOSPI) 지수, 코스닥(KOSDAQ) 지수가 대표적인 예시죠. 미국의 뉴욕증권거래소(NYSE)나 나스닥(NASDAQ) 거래소와 관련된 지수들도 있습니다. 이들은 자기 시장의 얼굴과도 같은 지수를 책임지고 관리하는 역할을 합니다.

## 둘째, 글로벌 지수 산출 기관(Index Provider)

이들은 전 세계를 무대로 활동하는 지수만을 전문적으로 만들고 관리하는 글로벌 금융 정보 회사들입니다. 마치 FIFA나 IOC처럼, 국제적인 기준과 영향력을 가진 곳들이죠.

- **S&P 다우 존스 인다이시즈(S&P Dow Jones Indices):** 그 유명한 S&P 500 지수, 다우 존스 산업 평균 지수를 만듭니다.

- **MSCI(모건 스탠리 캐피털 인터내셔널):** MSCI 선진국 지수, MSCI 신흥국 지수 등 국가별, 지역별 투자 기준이 되는 중요한 지수들을 발표합니다. 우리나라가 선진국 지수에 편입되느냐 마느냐 할 때마다 등장하는 이름이죠.

- **FTSE 러셀(FTSE Russell):** 영국 《파이낸셜 타임스(FT)》와 런던 증권거래소(LSE)가 합작해서 만든 회사로, FTSE 100 지수 등이 유명합니다.

결국 기초지수는 특정 시장이나 자산 그룹의 움직임을 객관적으로 보여주는 약속된 기준이며, 이러한 기준은 각국의 증권거래소 또는 글로벌 지수 전문 기업들에 의해 만들어지고 관리됩니다. 우리가 투자라는 망망대해에서 길을 잃지 않도록 방향을 제시해주는 등대와 같은 이 기초지수. 앞으로 어떤 ETF를 보시든, '어떤 기초지수를 추종하는 상품인가?'를 가장 먼저 확인하게 될 것입니다.

## 5. 미국 ETF 왜 이렇게 핫할까

요즘 주변을 둘러보면 너도나도 '미국 주식' '미국 ETF' 이야기를 합니다. 서점에 가도 미국 ETF 투자 책이 베스트셀러 코너를 점령하고 있고, 유튜브를 켜도 관련 영상들이 넘쳐나죠. 도대체 왜 전 세계 투자자들이 마치 약속이나 한 듯이 이렇게 미국 ETF에 열광하는 걸까요? 왜 미국 ETF가 이렇게 '핫'할 수밖에 없을까요?

### 미국 ETF가 대세인 이유

① 미국 경제 성장에 올라타는 확실한 티켓!

한마디로 미국 경제가 세계 1등이기 때문입니다. 압도적인 경제 규모, 세상을 바꾸는 혁신 기술력(전기자동차, AI, 양자컴퓨터, 우주산업 등!), 전 세계를 무대로 뛰는 글로벌 초일류 기업들, 위기를 이겨내는 놀라운 회복력, 그리고 역사가 증명하는 장기적인 성장!

그런데 이 엄청난 미국 경제의 성장 과실을 우리 같은 평범한 투자자가 어떻게 함께 누릴 수 있을까요? 애플 주식? 테슬라 주식? 어떤 걸 골라야 할지 머리 아플 때 미국 시장 대표 ETF가 그 해답이 될 수 있습니다.

이 ETF 하나만 사면 여러분은 미국을 대표하는 수백, 수천 개의 우량 기업들에 자동으로 아주 쉽게 분산 투자하며 미국 경제 전체의 성장에 가장 확실하게 동참할 수 있습니다. 그것도 아주 저렴한 비용으로요. 이것이 바로 미국 ETF가 핫한 가장 근본적인 이유입니다.

### ② 없는 게 없다!

미국 ETF 시장은 단순히 미국 주식이나 채권에만 투자하는 곳이 아닙니다. 이곳은 전 세계 투자자들이 모여들어 거의 모든 종류의 자산과 투자 전략을 거래하는, 그야말로 '투자의 글로벌 플랫폼' 역할을 하고 있습니다.

시장 대표 지수는 기본이죠. 특정 섹터(기술, 헬스케어 등), 특정 테마(AI, 친환경 등), 특정 스타일(성장주, 가치주), 배당주, 전 세계 거의 모든 국가/지역, 다양한 종류의 채권, 금, 원유, 부동산…. 정말 여러분이 상상할 수 있는 거의 모든 투자 대상과 전략이 ETF라는 형태로 만들어져 있습니다. 이 압도적인 상품 다양성이 전 세계 어떤 나라의 ETF 시장도 감히 따라올 수 없는 미국 ETF만의 강력한 매력입니다. 투자자는 자신의 입맛과 전략에 맞는 상품을 얼마든지 골라 담을 수 있죠. 투자계의 만물상! 미국 ETF 시장에 가면 다~ 있다!

### ③ 수수료 혁명!

과거 투자의 가장 큰 걸림돌은 뭐였다? 바로 투자자를 울리는 '비싼 수수료'! 하지만 미국 ETF 시장은 어떻습니까? 뱅가드, 블랙록, 찰스 슈왑 같은 거대 운용사들이 그야말로 수수료 인하 전쟁을 벌이고 있습니다. 덕분에 핵심 시장 지수를 추종하는 ETF들의 운용 보수는 전 세계적으로 가장 낮은 수준이죠(연 0.03%짜리도 수두룩!). 거의 공짜에 가깝다고 느껴질 정도죠. 이렇게 아낀 비용은 시간이 지남에 따라 복리 효과와 만나 우리의 최종 수익률을 극대화시켜 줍니다. 똑똑한 투자자들이 비싼 펀드를 외면하고 저비용 미국 ETF로 몰려드는 것은 너무나도 당연한 현상입니다.

### ④ 풍부한 유동성!

ETF는 개별 주식처럼, 증권거래소에서 실시간으로, 내가 원하는 가격에 쉽고 편리하게 사고팔 수 있다고 했죠? 여기에 더해 미국 시장은 전 세계에서 가장 크고 활발하게 거래되는 시장이기 때문에, 우리가 주로 투자하게 될 대부분의 주요 미국 ETF들은 유동성이 넘쳐흐릅니다. 내가 원할 때 언제든지 큰 금액이라도 별다른 가격 손실 없이 매우 쉽고 빠르게 거래할 수 있다는 것. 이것 또한 미국 ETF의 무시할 수 없는 큰 장점입니다. 거래가 안 될 걱정이 없다는 것이죠.

⑤ 높은 신뢰도!

대부분의 미국 ETF들은 어떤 종목들을 얼마나 담고 있는지를 매일 투명하게 공개합니다. 또한 세계 최고 수준의 금융 감독 시스템 아래 운영되고 있으며, 앞서 언급한 블랙록, 뱅가드 같은 세계적인 운용사들의 명성과 안정성은 투자자들에게 높은 신뢰를 줍니다. 내가 투자하는 상품이 어떻게 운용되는지 비교적 명확히 알 수 있고, 운용사가 갑자기 망하거나 할 위험도 거의 없으니 안심하고 장기 투자할 수 있는 환경이 조성되어 있는 것이죠.

⑥ 누구나 전문가처럼!

결국 이 모든 장점들이 합쳐져서 과거에는 막대한 자금력과 정보력을 가진 기관 투자자들이나 소수의 부유층만 누릴 수 있었던 '글로벌 분산 투자' '초저비용 투자' '정교한 자산 배분 전략' 등을 이제는 우리 같은 평범한 개인 투자자들도 단돈 만 원으로, 스마트폰 하나만 있으면 누구나 쉽고 편리하게 실천할 수 있게 되었습니다. 깔아놓은 판이 공정하니 이제 누가 더 수익을 많이 올릴 것인가 경쟁만 하면 되는 것이죠.

# 6. 뱅가드? 블랙록?
# 미국 대표 ETF 운용사 알아보기

그럼 우리가 앞으로 투자하게 될 그 수많은 미국 ETF들! 과연 누가 만들고 책임지고 관리하는 걸까요? 이번에는 미국을 대표하는 'ETF 운용사(Asset Manager)'들은 누구이고, 또 어떤 특징들을 가지고 있는지 알아보겠습니다.

전 세계 ETF 시장은 그 규모가 어마어마하지만, 사실상 몇몇 초거대 자산운용사들이 시장 대부분을 차지하며 치열하게 경쟁하고 있습니다. 그 중에서도 ETF 시장 점유율이나 운용 자산 규모 면에서 압도적인 존재감을 자랑하는 '빅3' 운용사를 먼저 알아보겠습니다! 이들의 이름은 미국 ETF 투자하시려면 반드시 알아두셔야 합니다.

## 1) 블랙록 & 아이셰어즈: ETF 제국의 현재 황제

현존하는 전 세계 1위! 최대 규모의 자산 운용사가 바로 블랙록

(BlackRock)입니다. 이름만 들어도 뭔가 강력한 포스가 느껴지죠? 이 블랙록이 운영하는 ETF 브랜드가 바로 '아이셰어즈(iShares)'입니다. 아마 여러분이 미국 ETF 정보를 찾아보시면 이 iShares 로고를 정말 질리도록 마주치게 될 겁니다! 그만큼 ETF 시장의 황제와도 같은 압도적인 존재감을 자랑합니다.

아이셰어즈의 가장 큰 특징은 바로 '세상의 모든 것을 담겠다!'는 듯한 압도적인 상품 라인업! 정말 없는 ETF를 찾는 게 더 어려울 정도예요. 대표 지수 ETF(IVV, ITOT), 섹터 ETF(일부 XL 시리즈와 IYW(기술), IYF(금융) 등 자체 라인업), 채권 ETF(AGG, LQD, HYG, IEF, TLT), 금 ETF(IAU), 원자재 ETF(GSG), 미국 외 해외 시장 ETF(EFA, EEM) 등등… 거의 모든 투자 영역에 걸쳐 막강한 ETF 라인업을 구축하고 있습니다. 최근에는 'Core' 시리즈를 통해 핵심 ETF들의 운용 보수도 매우 경쟁력 있는 수준으로 낮추며 투자자들을 끌어모으고 있습니다. 전 세계 기관 투자자들이 가장 많이 신뢰하고 활용하는 운용사이기도 합니다.

## 2) 뱅가드: 저비용 인덱스 투자의 성지

ETF 투자의 아버지 존 보글이 설립한 뱅가드(Vanguard)입니다. 워렌 버핏도 개인 투자자들에게 강력 추천하고 있지요.

뱅가드의 상징이자 핵심 철학은 바로 "투자자를 위해 비용을 최소화한다!"입니다. 그래서 뱅가드 ETF들은 업계 최저 수준의 낮은 운용 보수를 유지하고 있습니다. 특히 S&P 500(VOO), 미국 전체 시장(VTI), 전 세계 시장(VT), 미국 제외 해외(VXUS), 미국 전체 채권(BND) 같은 넓게 분산된 핵심 인덱스 ETF 분야에서 타의 추종을 불허하는 강력한 경쟁력을 가지고 있습니다.

## 3) 스테이트 스트리트 & SPDR: ETF 원조 맛집

미국 최초의 ETF! 1993년에 탄생하여 ETF 역사의 문을 활짝 연 SPY(S&P 500 ETF)라는 역사적인 상품을 탄생시킨 곳이 스테이트 스트리트 글로벌 어드바이저(State Street Global Advisors, SSGA)입니다. 이들의 ETF 브랜드가 바로 거미처럼 시장에 쫙 퍼져 있다고 해서 'SPDR(스파이 더)'라고 불리기도 합니다.

원조 맛집답게 SPY는 지금도 압도적인 하루 거래량과 풍부한 유동성을 자랑하며 시장의 흐름을 보여주는 바로미터 역할을 하고 있습니다. 그래서 단기 트레이더들이나 옵션 투자자들이 매우 선호하죠. 기술(XLK), 헬스케어(XLV), 금융(XLF), 에너지(XLE), 유틸리티(XLU), 필수소비재(XLP) 등 11개 섹터에 투자하는 'Select Sector SPDR' 시리즈가 매우 유명하고 기관과 개인 투자자 모두에게 널리 활용됩니다. 금 ETF인 GLD, 초단기 국채 ETF인 BIL 등도 이 SPDR의 대표적인 상품들입니다.

물론 ETF 시장이 이 빅3 운용사들만의 독무대는 아닙니다. 각자의 강점을 내세우며 빅3의 아성에 도전하는 강력한 경쟁자들이 있죠.

### 4) 인베스코: 나스닥의 영원한 동반자! QQQ

기술주 투자의 상징! 나스닥 100 지수를 추종하는 ETF 하면 딱 떠오르는 그 이름은 바로 QQQ! 그리고 장기 투자자를 위해 더 낮은 비용으로 출시된 그 동생 QQQM! 바로 인베스코(Invesco)의 대표 작품입니다. 기술주와 성장주 투자자들에게는 절대 빼놓을 수 없는 이름이죠. 종합 원자재 ETF인 DBC 등 혁신적이고 독특한 상품 개발에도 강점을 보입니다.

**Invesco QQQ Trust**
QQQ
**Invesco QQQ**

### 5) 찰스 슈왑(Charles Schwab): 수수료 파괴자

원래는 미국 최대 온라인 증권사 중 하나로 더 유명했지만, 최근 몇 년간 ETF 시장에 본격적으로 뛰어들어 뱅가드나 아이셰어즈 못지않은, 아니 때로는 그보다 더 낮은 파격적인 운용 보수를 자랑하는 ETF들을 대거 출시하며 시장을 뒤흔들고 있는 곳입니다. SCHD(배당), SCHG(성장), SCHV(가치), SCHH(리츠) 등이 모두 슈왑의 대표적인 저비용 ETF들이죠! 가성비를 최우선으로 생각하는 투자자라면 반드시 주목해야 할 운용사입니다.

*charles* SCHWAB

이 외에도 프로셰어즈(레버리지/인버스 ETF나 배당 귀족 NOBL 등 특화된 전략 상품에 강점), 위즈덤 트리(배당 전략이나 환헤지 전략 ETF), 퍼스트 트러스트(알파덱스 등 독특한 팩터 기반 ETF), 아크 인베스트(캐시 우드가 이끄는 파괴적 혁신 테마 액티브 ETF) 등등… 정말 수많은 개성 강한 운용사들이 각자의 무기를 가지고 ETF 시장에서 치열하게 경쟁하며 투자자들에게 다양한 선택지를 제공하고 있습니다.

지금 소개한 주요 운용사들은 모두 세계적인 규모와 역사, 그리고 금융당국의 엄격한 감독을 받는 곳들이니, 일단 운용 능력이나 안정성에 대해서는 크게 걱정하지 않으셔도 좋습니다. 이제 ETF 이름만 봐도 "아하! 이건 어느 집안 출신이구나!" 하고 감을 잡으실 수 있겠죠? 물론 운용사의 명성이나 규모도 중요합니다. 하지만 결국 우리가 투자하는 것은 운용사 그 자체가 아니라 그들이 만든 ETF 상품입니다. 따라서 운용사는 중요한 참고 정보로 활용하되, 최종적으로 투자를 결정할 때는 ETF 자체의 품질과 나의 투자 목표와 원칙에 가장 잘 맞는 상품을 선택하는 것이 가장 중요합니다.

## 7. ETF 이름이 왜 이렇게 길까

미국 ETF에 투자하려고 보면 이름들이 왜 이렇게 길고 복잡한지, '아이셰어즈 코어 S&P 500 ETF' '뱅가드 토탈 스톡 마켓 ETF' '인베스코 QQQ 트러스트'…. 아이고, 숨차다 숨차! 이름 외우다가 날 새겠어요. 도대체 얘네 이름은 왜 이렇게 긴 걸까요? 무슨 암호문 같기도 하고 말이죠.

하지만 여기에는 다 이유가 있습니다. 미국 ETF 이름은 괜히 그렇게 길게 만든 것이 아니라, 그 ETF가 어떤 ETF인지 정확하게 알려주기 위한 상세한 자기소개서 같기 때문입니다. 이름 안에 ETF의 모든 정보가 담겨 있다는 것이죠.

그럼 긴 이름 속에 뭐가 들어 있는지 한번 해부해볼까요? 보통 이런 순서로 되어 있어요.

### 자산운용사/브랜드

맨 앞에 나오는 'iShares(아이셰어즈)' 'Vanguard(뱅가드)' 'SPDR(스파이 더)' 'Invesco(인베스코)' 'Schwab(찰스 슈왑)' 같은 이름은 이 ETF를 만들고 운용하는 회사가 어디인지 알려주는 겁니다. 마치 '김해 김씨' '전주 이씨'처럼 어느 가문 출신인지 알려주는 것과 같죠. 투자자들이 브랜드를 보고 "아, 이 회사는 믿을 만하지!" 하고 판단할 수 있게 해줍니다.

### 추종 지수/투자 전략

그 다음에는 이 ETF의 정체성입니다. 즉, 무엇을 따라가는지, 어떤 전략으로 투자하는지 알려주는 부분이 나옵니다.

'S&P 500' 'Nasdaq-100' 'MSCI World' 같은 지수 이름이 오거나, 'Dividend Growth(배당 성장)' 'Quality(퀄리티)' 'Value(가치)' 'Momentum(모멘텀)' 같은 투자 스타일(팩터)이 오거나, 'Technology Sector(기술 섹터)' 'Healthcare Sector(헬스케어 섹터)' 'Clean Energy(클린 에너지)' 같은 특정 산업 분야나 테마가 여기에 해당됩니다. 이 부분이 ETF가 어떤 목적을 가지고 운용되는지를 보여주는 가장 중요한 정보입니다!

### 세부 특징/수식어

마지막으로 이 ETF만의 추가적인 특징이나 조건을 알려주는 수식어가 붙기도 합니다.

'US(미국)' 'Global(글로벌)' 'Emerging Markets(신흥국)' 등 투자 지역, 'Short-Term(단기)' 'Intermediate-Term(중기)' 'Long-Term(장기)' 등,

'Currency Hedged(환헤지)' 등 환율 변동 위험 관리 여부, 'ESG Screened(ESG 선별)' 등 사회적 책임 투자 요소, 'Ultra(울트라)' '2x(2배)' 'Inverse(인버스)' 등 레버리지/인버스 여부… 이런 세부 스펙을 명시해서 투자자가 ETF의 성격을 더 정확히 파악하도록 돕는 것이죠.

왜 이렇게 길어야 할까요? 미국은 전 세계에서 가장 큰 ETF 시장입니다. 그만큼 ETF 종류가 많고 세분화되어 있습니다. 수천 개가 넘는 ETF들이 경쟁하고 있죠. 그러니 이름을 이렇게 자세하게 붙여놓지 않으면, 비슷한 듯 다른 ETF들 사이에서 투자자들이 헷갈리기 십상입니다.

이름이 길다는 것은 그만큼 투자자에게 정확하고 투명한 정보를 제공하려는 노력이라고 볼 수 있는 거죠. 그러니 미국 ETF 이름이 길다고 너무 겁먹지 마세요. 그 안에는 여러분의 투자를 도와줄 소중한 정보들이 가득 담겨 있습니다. 이름의 구조를 이해하고 각 부분이 무엇을 의미하는지 파악한다면, 오히려 수많은 ETF 중에서 나에게 딱 맞는 보물을 찾아내는 데 아주 유용한 지도가 될 수 있을 겁니다.

▼ 미국 ETF 이름 구조 도표

| 구성 요소 | 의미 | 예시 |
|---|---|---|
| 1. 자산운용사 / 브랜드 | ETF를 만든 회사 (신뢰도와 브랜드 파워) | iShares, Vanguard, SPDR, Invesco, Schwab 등 |
| 2. 추종 지수 / 전략 | ETF가 따라가는 지수 or 투자 스타일 | S&P 500, Nasdaq-100, Dividend Growth, Quality 등 |
| 3. 산업 / 테마 | 특정 산업군, 섹터, 테마 | Technology Sector, Clean Energy, Healthcare 등 |
| 4. 지역 / 국가 | 투자 대상 지역 | US, Global, Emerging Markets 등 |
| 5. 수식어(세부특징) | 전략적 특징 및 조건 (기간, 환헤지, 레버리지 등) | Long-Term, Currency Hedged, ESG, 2x, Inverse 등 |

## 8. 종목코드 대신 티커? 미국 ETF의 이름표

우리가 한국 주식 투자할 때는 숫자가 너무도 익숙합니다. 삼성전자 하면 '005930'! 카카오 하면 '035720'! 이렇게 각 기업마다 부여된 6자리 숫자, 종목코드를 사용하죠. 이걸로 검색도 하고, 주문도 넣고, 아주 편리하게 사용하고 있습니다.

미국은 다릅니다. 미국 주식 시장으로 가면 이 숫자 코드가 보이지 않습니다. 대신 그 자리에 뭐가 보일까요? 알파벳 대문자 몇 개가 떡하니 자리를 잡고 있습니다. SPY? QQQ? VOO? AAPL? TSLA? "이게 뭐지? 무슨 암호인가?" 하고 순간 당황할 수 있습니다!

이게 바로 미국 주식과 ETF 시장에서 사용하는 고유한 이름표이자, 마치 사람의 주민등록증 번호와 같은 역할을 하는 티커(Ticker) 또는 심볼(Symbol)입니다. 한국은 숫자, 미국은 알파벳을 사용한다고 보시면 됩니다. 보통 알파벳 1개에서 4개, 길어야 5개 정도로 이루어져 있습니다.

미국이 알파벳을 쓰는 이유는 바로 편의성 때문입니다. 미국 회사나 ETF들, 이름이 정~~~말 긴 경우가 많습니다. 예를 들어 나스닥 100 추종 ETF의 정식 명칭은 'Invesco QQQ Trust Series 1'이에요. 이걸 매번 검색창에 다 치려면? 생각만 해도 손가락 아프죠. 그래서 짧고 부르기 쉽게 만든 것이 바로 티커인 겁니다. 옛날 주식 시세를 종이 테이프(ticker tape)에 찍어 빠르게 전달하던 시절의 유산이기도 하고요.

예를 들어볼까요?

미국 대표 S&P 500 ETF는? SPY, IVV, VOO!

미국 기술주 중심 나스닥 100 ETF는? QQQ!

미국 전체 주식 시장 ETF는? VTI!

미국 전체 채권 시장 ETF는? AGG 또는 BND!

(참고로 애플은? AAPL! 마이크로소프트는? MSFT! 테슬라는? TSLA!)

훨씬 간편하고 입에 착착 붙죠. 특히 이름이 긴 ETF는 거의 대부분 풀네임보다는 티커로 부르고 검색하는 것이 훨씬 일반적입니다.

티커를 모르면 여러분은 관심 있는 미국 ETF를 검색할 수도, 주문을 넣을 수도, 심지어 관련된 뉴스를 찾아볼 수도 없습니다. 검색창에 풀네임을 일일이 다 쳐서 넣는다고 생각해보세요. 영어도 잘 모르는데 종목 한 10개 검색하면 장 마감될 수도 있습니다. 그래서 풀네임보다 티커가 훨씬 널리 쓰입니다.

▼ KR 한국 vs US 미국 주식/ETF 종목 표기 비교 도표

| 구분 | 한국 주식/ETF | 미국 주식/ETF |
|---|---|---|
| 표기 방식 | 숫자 6자리 종목코드 | 알파벳 1~5자리 티커(symbol) |
| 예시 | 삼성전자 – 005930<br>카카오 – 035720 | 애플 – AAPL<br>테슬라 – TLSA<br>QQQ ETF – QQQ |
| 검색 및 주문 방식 | 숫자 코드 입력 | 티커 입력 |
| 편의성 | 국내 이용자에 익숙함 | 짧고 외우기 쉬움, 입에 붙음 |
| 정식 명칭 사용 여부 | 종종 병행 사용 | 티커가 압도적으로 많이 쓰임 |
| 배경/유래 | 국내 증권 시스템 기준 | 옛날 주식 시세를 인쇄하던<br>종이 테이프(Ticker Tape)에서 유래 |
| 주의할 점 | 같은 숫자에 익숙한 구조 | 티커를 모르면 검색, 주문 모두 불편 |

# 9. S&P 500? 나스닥 100? 미국 대표 지수 완벽 이해

우리가 미국 시장에 투자한다고 할 때, 뉴스에서든, 전문가들의 이야기에서든, 귀에 딱지가 앉도록 듣는 바로 그 이름이 있습니다. 'S&P 500!' 그리고 '나스닥 100!'

"둘 다 미국 대표 지수인데 그냥 아무거나 사면 안 됩니까?" 안 됩니다. 이름이 다른데 아무거나 사면 안 되죠. 이 둘의 차이를 아는 것이야말로 성공적인 미국 ETF 투자의 첫 단추를 꿰는 일입니다.

지수란 특정 주식 시장이나 산업 분야의 전반적인 흐름을 보여주는 '대표 선수 명단'이라 할 수 있습니다. 이 지수를 추종하는 ETF에 투자하면, 그 시장이나 산업 전체에 간편하게 분산 투자하는 효과를 얻는 겁니다.

S&P 500 지수는 미국을 대표하는 가장 유명하고 중요한 주가 지수입니다. 신용평가 회사인 스탠더드 앤드 푸어스가 미국 주식 시장에 상장된 수많은 기업들 중에서 우량하고, 덩치 크고, 거래도 잘 되는 대표 기업 500개를 엄선해서 만들었습니다.

특정 산업에 치우치지 않고, 우리가 아는 기술주(애플, MS)는 물론, 금융(JP모건), 헬스케어(존슨앤존슨), 소비재(코카콜라), 산업재(보잉), 에너지(엑손모빌) 등 다양한 산업 분야의 1등 기업들이 골고루 포함되어 있습니다! 그야말로 미국 경제의 '어벤저스 군단'이라고 할 수 있죠. 그래서 전 세계 투자자들은 S&P 500 지수의 움직임을 통해 미국 경제 전체의 건강 상태와 흐름을 파악합니다! 한마디로 미국 주식이 어떻게 움직이고 있는가를 보려면 이 지수를 보면 됩니다.

여러분이 ETF에 투자한다면 어느 것을 살지 고민하게 될 SPY, IVV, VOO ETF가 바로 S&P 500 지수를 열심히 따라다니는 대표적인 패시브 ETF입니다!

나스닥 100은 기술주의 심장이라 할 수 있습니다. 미국의 나스닥 증권거래소에 상장된 기업들 중에서, 금융(은행, 보험 등) 분야를 제외한 시가총액 상위 100개 기업을 모아놓은 지수입니다! 금융주가 빠진다는 점이 S&P 500과의 아주 중요한 차이점 중 하나입니다.

나스닥 시장 자체가 기술 기업 중심인데, 거기서 금융주를 뺐으니 당연히 애플, 마이크로소프트, 아마존, 엔비디아, 구글(알파벳), 메타(페이스북), 테슬라 등 우리가 아는 대부분의 초대형 빅테크 기업들이 이 지수에 대거 포진해 있습니다. 반도체, 소프트웨어, 인터넷, 바이오테크놀로지 같은 미래 성장 산업의 비중이 압도적으로 높죠.

그래서 나스닥 100 지수는 미래 성장성과 기술 혁신에 대한 기대감을 가장 잘 반영하는 지수로 여겨집니다. 하지만 그만큼 S&P 500보다 주가 변동성이 더 큰 경향이 있습니다. 공격수들이 많으니 화끈하지만, 흔들릴 때도 더 크게 흔들리는 거죠.

대표 ETF로는 역시 매수를 고민하게 될 QQQ! 그리고 그 동생인 QQQM이 바로 나스닥 100 지수를 대표하는 ETF입니다.

쉽게 말해서

• **S&P 500 =** 전 과목 다 잘하는 '미국 대표 모범생'들의 모임!(종합반 엘리트!)

• **나스닥 100 =** 수학/과학(기술) 분야에 특출난 '미국 대표 영재'들의 모임!(기술 영재반!)

이제 확실히 구분되시죠?

이 차이를 알아야 여러분이 미국 시장 전체의 안정적인 성장에 투자하고 싶은지, 아니면 미래 기술 혁신의 더 높은 성장성에 베팅하고 싶은지를 선택할 수 있기 때문입니다.

## 10. 다우 존스? 러셀 2000? 알아두면 좋은 미국 지수

앞서 시간에 미국 시장의 S&P 500과 나스닥 100 지수에 대해 알아보았습니다. 그런데 말입니다! 우리가 경제 뉴스나 신문 기사를 보다 보면,

S&P 500이나 나스닥 말고도 가끔씩 등장하는 다른 지수 이름들이 있어요. "오늘 다우 지수가 급등하며…" 라든지, "러셀 2000 지수가 하락하며 중소형주 약세…" 라든지 말이죠.

"쟤네들은 또 누구야? S&P 500이랑 나스닥만 알면 되는 거 아니었어?" 할 수 있는데요, 이번 기회에 '다우 존스 산업 평균 지수'와 '러셀 2000 지수'에 대해서 알아보겠습니다.

다우 존스 산업 평균 지수(DJIA)는 뉴스 헤드라인 단골 손님이죠. 무려

1896년에 탄생한 미국에서 가장 오래되고 전 세계적으로 가장 유명한 주가 지수입니다. '다우 지수'라고 줄여서 부릅니다. 아마 경제에 관심 있으신 분들은 뉴스 첫머리에서 "오늘 다우 지수는…" 하는 소리를 매일 들었을 것입니다.

《월스트리트 저널》 편집자들이 미국의 여러 산업 분야를 대표한다고 생각하는 30개의 '초우량 블루칩 기업'을 선정해서 만듭니다. 코카콜라, 맥도날드, 나이키, 보잉, 월마트, 존슨앤존슨… 정말 미국 하면 딱 떠오르는 '국민 기업'들의 주가 흐름을 보여준다고 할 수 있죠.

러셀 2000 지수는 미국의 '중소형주' 약 2,000개의 주가 움직임을 종합해서 보여주는 대표적인 지수입니다.

S&P 500이 미국 대형주 대표팀, 나스닥 100이 기술주 대표팀이라면, 러셀 2000은 미래의 S&P 500, 미래의 나스닥 100이 될 꿈을 꾸는 중소형주들의 대표팀이라고 할 수 있습니다.

작은 기업들이다 보니 대기업들보다 미국 국내 경제 상황에 더 민감하게 반응하는 경향이 있습니다. 그래서 전문가들은 러셀 2000 지수를 통해 미국 실물 경제의 체감 온도나 중소기업들의 활력을 읽기도 합니다. 그리고 이 지수를 이용하여 ETF를 만듭니다. IWM이 바로 이 미국 중소형주 지수를 추종하는 가장 대표적인 ETF입니다!

# 1. 주식형 ETF vs 채권형 ETF

ETF는 그 종류가 정말 어마어마하게 많습니다. 각각의 사람들처럼 각기 다른 특징과 매력과 역할을 가지고 있죠. 어떤 ETF는 KOSPI 200처럼 시장 전체를 따라가고, 어떤 ETF는 반도체나 2차 전지 같은 특정 산업에만 집중하고, 어떤 ETF는 금이나 원유 같은 원자재 가격을 따라가기도 합니다. 정말 없는 게 없을 정도예요. 왜 이렇게 종류가 많냐고요? 투자자들이 원하는 건 다~ 만들어주겠다는 거죠.

오늘은 그중에서도 가장 기본적이면서도 투자의 양대 산맥이라고 할 수 있는 두 가지 유형! 바로 주식형 ETF와 채권형 ETF에 대해 비교 분석해보겠습니다.

ETF를 나누는 가장 기본적인 기준은 "무엇에 투자하는가?"입니다. 크게 보면 다음과 같이 나눌 수 있습니다.

- **주식형 ETF:** 기업의 주식에 투자

- **채권형 ETF:** 정부나 기업의 채권에 투자
- **원자재 ETF:** 금, 은, 원유 등 실물 자산에 투자
- **통화 ETF:** 달러, 유로 등 특정 통화에 투자
- **부동산 ETF:** 부동산(리츠 포함)에 투자
- **혼합형 ETF:** 주식, 채권 등 여러 자산을 섞어서 투자
- **기타:** 레버리지, 인버스, 테마형, 스마트 베타 등등…

이 중에서 주식형 ETF와 채권형 ETF를 집중적으로 비교해보겠습니다.

축구팀의 공격수와 수비수처럼, 이 둘의 역할과 특징은 아주 뚜렷하게 갈립니다.

### 주식형 ETF(Stock ETFs) – 성장의 엔진!

삼성전자, 애플, 현대차 같은 기업의 주식에 투자합니다. 말 그대로 회사의 성장 과실을 함께 나누는 거죠. 기업의 가치가 쑥쑥 커서 주가가 오르면, 내가 가진 ETF의 가격도 함께 올라 큰 수익을 얻는 것을 목표로 합

니다. "기업과 함께 성장해서 부자 되자!" 이게 핵심 모토죠!

장점으로는 시장이 좋고 투자한 기업들이 잘나가면 정말 짜릿한 고수익을 기대할 수 있습니다! 반면 단점은 높은 변동성입니다. 주식 시장은 경제 상황, 기업 실적, 뉴스 등 온갖 변수에 따라 출렁입니다. 즉, 가격 변동성이 크고 원금 손실의 위험도 상대적으로 높습니다.

이런 주식형 ETF는 KOSPI 200 ETF, S&P 500 ETF(SPY, IVV 등), 나스닥 100 ETF(QQQ), 반도체 ETF, 헬스케어 ETF 등등 셀 수 없이 많습니다. 장기적인 안목으로 자산 증식을 목표로 하는 분, 어느 정도 위험을 감수하고 높은 수익을 추구하는 성장 추구형 투자자에게 적합합니다.

### 채권형 ETF(Bond ETFs) - 안정성의 닻!

정부(국채)나 공공기관, 또는 기업(회사채)이 돈을 빌리기 위해 발행한 채권에 투자합니다. 한마디로 돈 빌려주고 이자 받는 겁니다. 안정적인 이자 수익 확보와 원금 보존 추구. 약속된 이자를 꼬박꼬박 받으면서, 최대한 투자 원금을 지키는 것을 목표로 합니다. 큰 수익보다는 안정적인 현금 흐름과 자산 방어에 중점을 두죠.

장점은 낮은 변동성입니다. 일반적으로 주식보다 가격 변동성이 훨씬 작습니다. 시장이 요동칠 때도 상대적으로 안정적인 모습을 보여주죠. 단점은 낮은 수익률입니다. 안정적인 만큼 주식처럼 높은 수익을 기대하기는 어렵습니다. 이자 수익이 주된 수입원이니까요. 그리고 금리 변동 위험이 있어요. 시중 금리가 오르면 기존 채권 가격은 떨어지는 경향이 있습니다. 채권보다 금리로 돈을 더 벌 수 있으니 투자자들이 당연히 금리 쪽으로 몰려가겠죠.

국고채 ETF, 미국 장기 국채 ETF(TLT), 단기 국채 ETF(SHY), 우량 회사채 ETF, 물가연동채 ETF 등 다양합니다. 투자 원금 손실을 최소화하고 싶은 안정 추구형 투자자, 매달 꾸준한 이자 수입이 필요한 은퇴 준비자, 포트폴리오의 위험을 낮추고 싶은 분들에게 적합합니다.

그럼 이 둘 중 뭐가 더 좋냐고요? 현명한 투자자는 주식형 ETF와 채권형 ETF를 적절히 섞어서 포트폴리오를 구성합니다. 마치 자동차 운전을 할 때 엑셀만 밟거나 브레이크만 밟지 않는 것처럼요.

나이, 투자 목표, 위험 감수 성향 등에 따라 이 둘의 비중을 조절하면서 '나만의 맞춤형 포트폴리오'를 만들어가는 것이 바로 투자의 핵심 전략 중 하나입니다.

## 2. 성장주 ETF vs 가치주 ETF

앞에서 ETF의 가장 큰 두 기둥, 바로 주식형 ETF(공격수)와 채권형 ETF(수비수)에 대해 확실하게 배웠습니다!

그런데 말입니다. 공격수라고 해서 다 똑같은 공격수가 아니에요. 축구에서도 번개처럼 빠른 발로 측면을 돌파하는 윙어가 있고, 강력한 피지컬로 골문 앞에서 버티는 타깃형 스트라이커가 있잖아요? 마찬가지로 이 주식형 ETF 안에서도 그 스타일이 또 나뉩니다!

그 대표적인 두 가지 스타일이 있는데, 미래의 슈퍼스타를 꿈꾸는 유망주 같은 '성장주 ETF'와, 아직 사람들이 진가를 알아보지 못한 숨겨진 보석 같은 '가치주 ETF'에 대해 알아보겠습니다.

### 성장주 ETF(Growth ETF): 빛나는 유망주!

이름에서 딱 느낌 오죠? 얘네들은 미래의 폭발적인 성장 가능성에 주목하는 친구들입니다. 지금 당장 버는 돈이나 자산에 비해 주가가 좀 비싸

보여도, "앞으로 매출이나 이익이 남들보다 훨~씬 빠르게 성장할 테니 이 정도 가격은 괜찮아! 미래를 보고 투자하는 거야!" 이런 마인드를 가진 거죠. 혁신적인 기술이나 새로운 시장을 개척하는 기업들에 주로 투자합니다. 유망주를 스카우트하는 것 같다 할까요.

- **기술주:** 인공지능(AI), 클라우드, 소프트웨어, 전기차 등 세상을 바꾸는 혁신 기업들.
- **바이오/헬스케어:** 신약 개발처럼 성공하면 대박! 혹은 고령화 사회의 수혜를 입는 기업들.
- **고성장 소비재:** 새로운 트렌드를 만들거나 빠르게 시장을 장악해나가는 젊고 핫한 기업들.

장점은 높은 기대 수익률입니다. 예측대로 회사가 폭풍 성장하면 주가도 엄청나게 오를 수 있습니다. 홈런 한 방을 기대할 수 있죠. 하지만 미래에 대한 기대감으로 주가가 오른 만큼, 그 기대가 조금이라도 꺾이거나 시장 상황이 안 좋아지면(기술주 하락 시기나 금리 인상 시) 주가가 크게 떨어질 수도 있어요. 또한 번 돈을 주주에게 배당하기보다는 더 큰 성장을 위해 다시 재투자하는 경우가 많습니다. 당장의 현금보다는 미래의 주가에 중점을 두고 있지요.

## 가치주 ETF(Value ETF): 저평가 우량주!

이 친구들은 성장주와는 정반대입니다. 화려한 미래보다는 "현재 기업의 가치에 비해 주가가 싸게 거래되고 있는가?"를 따집니다. "이 회사 돈도 잘 벌고 자산도 튼튼한데, 이상하게 시장에서 인기가 없어서 주가가 싸네? 이건 사서 제값 받을 때까지 기다리자!" 이런 전략입니다. 마치 흙 속에 묻혀 아무도 거들떠보지 않는 진주를 찾아내는 보물 사냥꾼 같습니다.

- **금융주:** 안정적인 수익 구조를 가진 은행이나 보험사(물론 경기에 따라 부침은 있습니다).
- **에너지/산업재:** 역사가 오래되고 성숙한 단계에 접어든 전통 산업 기업들.

- **필수소비재:** 경기가 좋든 나쁘든 사람들이 꾸준히 소비하는 물건을 만드는 기업들.
- **고배당주:** 꾸준히 이익을 내서 주주들에게 배당을 잘 주는 기업들이 가치주에 많이 포함됩니다.

장점은 상대적 안정성입니다. 이미 시장에서 어느 정도 검증된 기업들이 많아서 성장주보다는 주가 변동성이 낮은 경향이 있습니다. 시장이 하락할 때 덜 떨어지는 방어력을 보여주기도 하죠. 또한 배당을 잘 주는 기업들이 많아, 시세 차익 외에 꾸준한 현금 흐름을 기대해볼 수 있습니다.

하지만 가치주에는 함정이 있습니다. 정말 저평가된 우량주인지, 아니면 사양 산업이거나 경쟁력 약화로 주가가 싼지 잘 구별해야 합니다. 싼 데는 다 이유가 있을 수도 있다는 거죠. 또 이미 성숙기에 접어든 기업들이 많다 보니 성장주처럼 폭발적인 주가 상승을 기대하기는 어려울 수 있습니다.

그럼 둘 중 뭐가 더 좋냐고요? 정답은 없습니다. 역사를 돌이켜보면, 어떤 시기에는 성장주가 시장을 주도하며 훨훨 날아갔고, 또 어떤 시기에는 가치주가 주목받으며 꾸준한 성과를 냈습니다. 마치 패션 유행처럼 돌고 도는 거죠.

따라서 어떤 스타일의 ETF를 선택할지는, 나의 투자 성향에 따라 결정해야 합니다. 나는 화끈한 홈런을 노리는 스타일인가, 아니면 안정적인 안타를 선호하는 스타일인가, 또 지금은 성장주에 유리한 환경인가, 아니면 가치주에 유리한 환경인가를 살펴봐야 합니다.

# 3. 배당 ETF, 섹터 ETF, 테마 ETF

ETF의 큰 기둥인 주식형과 채권형, 그리고 주식형 안에서도 성장주와 가치주라는 서로 다른 스타일이 있다는 것까지 배웠습니다.

여기서 끝이 아닙니다. ETF는 투자자들의 다양한 필요에 맞춰 더욱 세분화되어 있습니다. 이번엔 그중에서도 개성이 아주 뚜렷한 ETF 삼총사! 바로 꼬박꼬박 용돈 주는 '배당 ETF', 특정 분야의 전문가 '섹터 ETF', 그리고 미래의 핫한 트렌드를 사냥하는 '테마 ETF'에 대해 알아보겠습니다.

### 배당 ETF(Dividend ETF): 따박따박 월세 받는 건물주처럼!

배당 ETF는 이름 그대로 기업이 벌어들인 이익의 일부를 주주들에게 꾸준히 나눠주는 배당에 집중하는 ETF입니다. 배당을 많이 주거나, 꾸준히 늘려나가는 착실한 기업들을 골라 투자하는 거죠.

배당 ETF는 두 가지 스타일이 있어요.

- **고배당 ETF:** "지금 당장 배당 많이 주는 게 최고야!" 현재 기준으로 배당수익률이 높은 기업들을 모아놓은 스타일입니다.
- **배당 성장 ETF:** "미래의 배당 성장이 중요해!" 지금 당장 배당률은 아주 높지 않더라도, 매년 배당금을 꾸준히 늘려온, 성장성 있는 우량 기업들을 모아놓은 스타일이죠.

배당 ETF의 장점은 현금 흐름입니다. ETF에서 받은 배당금을 분배금 형태로 투자자에게 지급합니다. 마치 건물주가 월세 받듯이, 꾸준한 현금 흐름을 만들 수 있다는 게 가장 큰 매력이죠. 그래서 은퇴 후 생활비 마련 등에 아주 유용합니다. 또한 배당을 꾸준히 하고 늘려나가는 기업들은 보통 재무 상태가 튼튼하고 이익이 안정적인 경우가 많습니다. 그래서 일반 성장주보다는 주가 변동성이 낮을 수 있습니다.

단점이라면 이미 성숙기에 접어든 기업들이 많다 보니, 주가 자체가 폭발적으로 성장하기는 어려울 수 있습니다. 또 금리 인상 시기에 예금 금리가 오르면 안전하게 이자 받는 매력이 커지니, 상대적으로 배당주의 인기가 식을 수도 있어요. 그리고 기업 사정이 어려워지면 배당을 줄이거나 아예 중단할 수도 있다는 점도 기억해야 합니다.

### 섹터 ETF(Sector ETF): 분야별 전문가!

섹터 ETF는 금융, IT, 헬스케어, 에너지, 산업재, 필수소비재 등등… 경제를 구성하는 특정 산업 분야 전체에 투자하는 ETF입니다. 대학교로 치면 종합 대학이 아니라 '의과 대학' '공과 대학'처럼 특정 분야만 전문적으로 파고드는 거죠.

시장 대표 ETF와의 차이는 S&P 500처럼 시장 전체를 따라가는 게 아니라, 딱 그 섹터의 평균적인 움직임을 따라갑니다.

매력 포인트라면 "앞으로 4차 산업혁명 시대에는 반도체가 핵심이야!"라고 생각한다면 반도체 섹터 ETF에 투자해서 그 믿음을 실현할 수 있습니다. 자신의 분석과 전망을 투자로 연결하기 아주 좋죠.

내 전체 투자 포트폴리오를 봤더니 유독 IT 비중이 낮은 것 같다면 IT 섹터 ETF를 추가해서 균형을 맞출 수 있습니다. 특정 섹터 비중을 늘리거나 줄일 때 아주 유용합니다.

다만 변동성은 각오해야 합니다. 특정 섹터는 시장 전체보다 훨씬 더 큰 변동성을 보일 수 있습니다. 잘 고르면 대박이지만, 잘못 예측하면 큰 손실을 볼 수도 있어요! 또 시장 전체에 투자하는 것보다는 당연히 분산 효과가 떨어집니다. 내가 투자한 섹터가 부진하면 내 계좌도 함께 휘청거릴 수 있죠.

### 테마 ETF(Theme ETF): 미래 트렌드 공격!

테마 ETF는 섹터보다 좀 더 광범위하고 미래지향적인 투자 테마를 따라가는 ETF입니다! 산업 경계를 넘나들며 특정 트렌드나 아이디어와 관련된 기업들을 한데 묶어 투자하는 거죠. "미래를 바꿀 메가트렌드에 올라타자!" 이게 핵심 구호입니다.

섹터는 금융, 기술처럼 산업 분류 기준이 비교적 명확하지만, 테마는 인공지능, 로봇, 친환경 에너지, 메타버스, 우주 산업, 사이버 보안처럼 여러 산업에 걸쳐 있는 경우가 많아요. 예를 들어 로봇 테마 ETF 안에는 제조업, 소프트웨어, 헬스케어 등 다양한 섹터의 기업들이 포함될 수 있습니다. 요즘 핫한 키워드는 다 모여 있다고 보시면 됩니다.

만약 그 테마가 세상을 바꾸는 '넥스트 빅 씽(Next Big Thing)'이 된다면? 정말 어마어마한 수익률을 기대해볼 수 있습니다. 개별 기업 정보가 부족하더라도 특정 테마의 성장성을 믿는다면, 이 테마 ETF 하나로 관련 기업들에 손쉽게 투자할 수 있습니다.

하지만 테마는 유행을 타는 경우가 많고, 실체가 아직 불분명하거나 과장된 경우도 많습니다. 기대감이 순식간에 꺼지면서 주가가 폭락할 위험도 매우 큽니다. 유행 지나면 끝물 될 수도 있어요. 또 새롭고 복잡한 테마를 추적하다 보니 운용 보수가 다른 ETF보다 비쌀 수 있습니다. 그리고 역사가 짧은 신생 테마 ETF는 장기적인 성과가 검증되지 않았다는 단점도 있습니다. 정리해보면 다음과 같습니다.

- **배당 ETF:** 꾸준한 현금 흐름이 필요할 때(안정적인 월세처럼!)
- **섹터 ETF:** 특정 산업 분야의 성장을 확신할 때(전문가처럼 핀포인트 공략!)
- **테마 ETF:** 미래를 바꿀 메가트렌드에 투자하고 싶을 때(하이 리스크, 하이 리턴!)

중요한 것은 이렇게 다양한 ETF들의 특징을 잘 이해하고, 나의 투자 목표와 목적에 따라 현명하게 선택하고 활용하는 것입니다.

# 4. 레버리지 ETF, 인버스 ETF

이번에는 레버리지 ETF와 인버스 ETF입니다. 이름만 들어도 뭔가 강력하고, 화끈할 것 같은 느낌이 들죠. 수익률을 2배, 3배로 뻥튀기해주거나, 시장이 하락할 때 오히려 돈을 벌게 해준다니 얼마나 솔깃합니까? 하지만 이전까지 우리가 만났던 건실하고 착한 ETF들과는 근본부터가 다릅니다.

### 레버리지 ETF: 수익률 2배, 3배!

레버리지는 기초지수(예: KOSPI 200, S&P 500)가 하루 동안 움직인 수익률의 정확히 2배(2x) 또는 3배(3x) 만큼 같은 방향으로 움직이는 것을 목표로 하는 ETF입니다. 예를 들어, 지수가 오늘 1% 올랐다면 2배 레버리지 ETF는 2% 오르는 것을 목표로 합니다. "그럼 지수가 10% 오르면 나는 20%, 30% 먹는 거네요?" 맞습니다.

어떻게 이런 엄청난 일이 어떻게 가능할까요? 바로 선물, 스왑 같은 아주 복잡하고 위험한 금융 기술, 즉 파생상품을 이용해서 지렛대(레버리지) 효과를 인위적으로 만들어내는 겁니다. 들어보면 이것보다 좋은 것이 어디 있을까요? 하지만 치명적인 위험을 가지고 있습니다.

이 ETF는 하루 동안의 수익률만 2배, 3배로 추종합니다. 누적 수익률의 2배, 3배가 아니라는 말입니다. 예를 들어 설명해드릴게요. 해당 기초 지수가 첫날 10% 폭등했다가, 다음 날 10% 폭락했다고 가정해봅시다(1,000 → 1,100 → 990). 그럼 지수는 10%씩 왔다 갔다 했지만 결과적으로는 이틀 동안 -1% 하락한 셈이죠? 그럼 2배 레버리지 ETF는 어떻게 될까요? 첫날 +20%(1,000 → 1,200), 다음 날 -20%(1,200 → 960). 결과는? -4% 손실입니다. 지수는 -1%인데, 2배 레버리지는 -4% 손실이 되는 것이죠.

이처럼 시간이 하루 이상으로 길어지고, 주가가 오르락내리락 변동성이 커질수록, 레버리지/인버스 ETF의 실제 수익률은 원래 지수 수익률의 배수와 점점 멀어집니다. 심지어 지수는 올랐는데 레버리지 ETF는 손실을 보는 현상까지 발생합니다. 이걸 '음의 복리 효과' 또는 '변동성 끌림 현상'이라고 부르는데, 시간이 지날수록 투자금을 서서히 혹은 급격히 녹여버립니다.

그리고 진짜 중요한 것이 있죠. 수익만 2배, 3배가 아니라는 겁니다. 당연히 손실도 2배, 3배로 커집니다. 시장이 내 예상과 반대로 조금만 움직여도 내 계좌는 순식간에 반 토막, 심하면 깡통이 될 수 있습니다. 복구는 몇 배나 더 어려워지고요.

그리고 앞서 설명한 '음의 복리 효과' 때문에, 이 상품은 장기 투자용 상품이 아닙니다. 며칠 이상 보유하는 것은 그 자체로 엄청난 위험을 감수하는 행위이며, 시간이 길어질수록 돈을 잃을 확률이 기하급수적으로 높아집니다.

이렇게 위험하고 복잡한 상품을 운용하려니, 당연히 일반 ETF보다 운용 보수도 훨씬 비쌉니다. 그럼에도 불구하고 수많은 서학개미들이 레버리지 상품에 몰려들고 있습니다. 미국에서도 걱정할 정도입니다.

### 인버스 ETF: 시장 하락에 베팅한다!

인버스는 시장과 정반대로 움직이는 것을 목표로 합니다. 기초지수가 하루 동안 1% 하락하면, 자기는 1배(-1x) 또는 2배(-2x)만큼 오르는 것을 목표로 하죠. 시장이 폭락할 때 수익을 내는 구조입니다. 흔히 '곱버스'라고 불리는 것이 바로 2배 인버스 ETF(-2x)입니다.

인버스도 레버리지와 마찬가지로 주가 지수 선물 매도 등의 파생상품을 이용합니다. 시장 하락을 예상하고 공격적으로 수익을 추구하거나, 보유 중인 주식 포트폴리오의 하락 위험을 잠시 헤지하려는 목적으로 사용되기도 합니다. 그럼에도 불구하고 서학개미들이 폭발적인 수익을 노리고 진입하기도 합니다.

인버스도 하루 수익률의 -1배, -2배만 추종합니다. 시간이 길어지고 변동성이 커지면 지수가 분명히 내렸는데, 인버스 ETF는 오히려 손실을 보는 어처구니없는 상황이 발생합니다. 음의 복리 효과는 인버스 투자자에게도 자비가 없습니다.

인버스는 상승장에서는 지옥행입니다. 시장이 계속 오르면 인버스 ETF의 손실은 눈덩이처럼 불어나겠죠? 그것도 1배, 2배로요. 그럼 하락하면 무조건 돈 버냐? 그것도 아니라고 했죠. 변동성이 큰 하락장에서는 인버스 ETF도 손실을 볼 수 있습니다. 상승하면 지옥이고 하락해도 불안합니다.

시장의 방향을 예측하기란 신이라도 어렵습니다. 특히 장기적으로는 시장이 우상향하는 경우가 많았다는 점을 생각하면, 인버스 상품을 장기

보유하는 것은 매우 어리석은 선택이 될 가능성이 높습니다. 이 상품들이 애초에 우리 같은 일반 투자자를 위해 만들어진 것이 아니기 때문입니다.

레버리지와 인버스 ETF는, 극히 일부의 데이트레이딩 전문가나 파생상품의 복잡한 원리와 위험성을 완벽하게 이해하고 감당할 수 있는 기관 투자자들이 아주 짧은 기간 동안 단기 방향성에 베팅하거나 위험을 회피하기 위해 사용합니다.

투자는 대박을 노리는 한탕주의가 아니라, 위험을 관리하며 그리고 안전하게 자산을 불려나가는 긴 여정이어야 합니다.

지금까지 배운 건전하고 우량한 시장 지수 추종 ETF, 배당 ETF, 가치주 ETF, 섹터 ETF 등으로도 충분히 안전하게 성공적인 투자를 할 수 있습니다. 부디 기본에 충실하고 투자의 원칙을 지키십시오. 그것만이 힘난한 투자 세계에서 살아남아 최종적으로 웃을 수 있는 유일한 길입니다.

# 3장

## 가장 먼저 찾는 초대형 ETF

# 1. VOO(Vanguard S&P 500 ETF)

미국 ETF 투자를 이야기할 때 절대 빼놓을 수 없는, 그야말로 핵인싸 ETF가 VOO입니다. 미국을 대표하는 주가 지수인 S&P 500을 그대로 추종하는 ETF입니다. VOO 한 주를 사면 애플, 마이크로소프트, 아마존, 엔비디아 등 미국 시가총액 상위 500개 초우량 기업에 자동으로 분산 투자하는 효과를 얻는 거죠. 그리고 운용 자산(AUM) 규모 1위!

이렇게 물을 수도 있습니다. "근데 ETF 운용 자산 규모가 큰 게 뭐 그리 대단한 건가요?" 우리가 처음 주식투자를 할 때 무슨 종목부터 보죠? 삼성전자입니다. 왜냐하면 대한민국 대표기업이고 시가총액이 가장 크기 때문입니다. 마찬가지로 ETF 중에서 가장 큰 VOO ETF를 먼저 보는 것이죠.

ETF를 고를 때 운용 자산 규모가 전부는 아니지만, 이렇게 규모가 크다는 것은 우리 투자자들에게 여러 가지 중요한 의미를 가집니다.

이렇게 엄청난 돈이 VOO 하나에 몰려 있다는 것은 그만큼 전 세계 수많은 투자자들이 이 ETF를 믿고 자신의 소중한 돈을 맡기고 있다는 증거입니다. 오랫동안 꾸준한 성과와 안정적인 운용 능력을 보여주지 못했다면 불가능한 일이죠. 운용 자산이 크다는 것은 그 ETF가 시장에서 검증받고 신뢰받는 인기 상품이라는 뜻입니다. 첫 ETF를 고를 때 이렇게 규모가 큰 대표 ETF를 선택하는 것이 실패 확률을 줄이는 방법 중 하나가 될 수 있습니다.

보통 운용 자산 규모가 큰 ETF는 하루 거래량도 매우 많고, 매수호가와 매도호가의 차이도 매우 좁습니다. 유동성이 아주 풍부하다는 거죠. 이건 우리가 원할 때 언제든지 큰 금액이라도 사고팔 수 있다는 의미입니다.

간혹 운용 규모가 너무 작거나 인기가 없는 ETF는 운용사가 운용을 포기하고 상장 폐지를 결정하는 경우도 있습니다. 하지만 VOO처럼 이렇게 규모가 거대한 ETF가 상장 폐지될 가능성은 거의 없다고 봐도 무방합니다. 안심하고 장기 투자할 수 있는 든든한 배경이 되어주죠.

ETF 운용에도 고정 비용이 드는데, 운용 규모가 커지면 커질수록 '규모의 경제' 효과가 발생하여 ETF 1주당 운용 비용이 절감됩니다. 바로 이것이 뱅가드 같은 대형 운용사들이 VOO와 같은 핵심 ETF들의 운용 보수를 연 0.03%라는 경이적인 수준으로 낮게 유지할 수 있는 비결 중 하나입니다. 큰 덩치가 낮은 비용을 가능하게 하고, 그 낮은 비용이 다시 투자자들을 끌어모으는 선순환이 이루어지는 거죠.

VOO를 만든 회사는 바로 '저비용 인덱스 펀드의 아버지' 존 보글이 설립한 뱅가드입니다. 뱅가드는 투자자에게 이익을 돌려준다는 철학으로 유명하지요. 그래서 VOO의 연간 운용 보수는 단 0.03%에 불과합니다. 가장 먼저 상장된 SPY(약 0.09%)나 다른 많은 ETF들에 비해 훨씬 저렴하죠.

이게 왜 중요하냐고요? 0.01%의 수수료 차이라도 10년, 20년, 30년 장기 투자를 하면 복리 효과 때문에 나중에는 엄청난 수익률 차이로 나타납니다. VOO는 S&P 500 지수를 아주 정확하게 잘 추종하고, 거래량도 풍부해서 언제든 쉽게 사고팔 수 있습니다.

VOO는 초저비용으로 미국 대표 500개 기업에 가장 효율적으로 분산 투자할 수 있는 최고의 선택지 중 하나입니다. 특히 장기적인 관점에서 안정적인 자산 증식을 목표로 하는 투자자에게 강력하게 추천할 수 있는 ETF이죠. 그래서 대부분 일단 이거 하나 심어놓고 포트폴리오를 짜기도 합니다.

❖ VOO ETF 운용 현황

# VOO
분류: 주식(종합) 대형혼합형

Vanguard S&P 500

## 기본정보

| | | | |
|---|---|---|---|
| 설정일 | 2010/09/09 | 보수율 | 0.0300 |
| 기초자산 | S&P 500 TR USD | 추적오차 | 0.7400 |
| 운용사 | Vanguard | Beta | 0.9700 |
| 순자산(천,$) | 587,282,000 | 배당주기 | Quarterly |
| 주식수(천) | 1,175,220 | 배당률 | 1.40 |
| 보유종목수 | 509 | 프리미엄/디스카운트 | -0.1200 |

상기 상품은 미국 대형주를 포함한 S&P 500 지수를 추종하고 있습니다. 기준 지수인 S&P500은 전세계 3대 신용평가중의 하나인 미국의 스탠더드 앤 푸어사(Standard & Poor's)가 기업규모, 유동성, 산업의 대표성을 고려하여 선정한 보통주 500개 종목

※ 해외벤더로 부터 입수한 내용을 기계번역을 통해 제공하므로, 이 과정에서 정확성(완결성)을 보장할 수 없음    더보기

### NAV-순자산

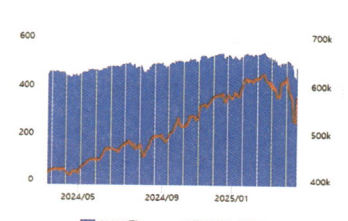

## 배당추이   [전체] [자본이익] [배당]

| 연번 | 공시일 | 권리락일 | 기준일 | 지급일 | 배당금 | 통화 | 비고 |
|---|---|---|---|---|---|---|---|
| 1 | 2025/01/16 | 2025/03/27 | 2025/03/27 | 2025/03/31 | 1.81210 | USD | 배당 |
| 2 | 2024/03/05 | 2024/12/23 | 2024/12/23 | 2024/12/26 | 1.73850 | USD | 배당 |
| 3 | 2024/03/05 | 2024/09/27 | 2024/09/27 | 2024/10/01 | 1.63760 | USD | 배당 |
| 4 | 2024/03/05 | 2024/06/28 | 2024/06/28 | 2024/07/02 | 1.78350 | USD | 배당 |

12개월 배당총액  6.97270        최근 종가  499.1        수익률  1.40%

## 주요 투자 국가          데이터 기준일 : 2025/02/28       섹터별 분포          데이터 기준일 : 2025/02/28

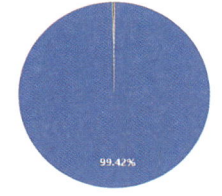  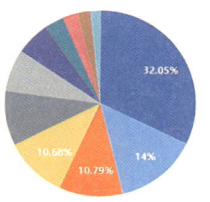

| 국가 | 비중 | | 섹터 | 비중 |
|---|---|---|---|---|
| United States | 99.42 | | IT | 32.05 |
| Switzerland | 0.28 | | 금융 | 14 |
| Netherlands | 0.11 | | 헬스케어 | 10.79 |
| United Kingdom | 0.1 | | 경기소비재 | 10.68 |
| Ireland | 0.05 | | 통신 | 9.46 |

| ETF 운용 현황의 이미지 출처: LS증권 (이후 동일)

## 2. IVV(iShares Core S&P 500 ETF)

　IVV는 VOO의 강력한 라이벌이자 단짝이죠. 역시 미국 대표 지수인 S&P 500을 그대로 추종하는 ETF입니다. 그야말로 '초거대 공룡 ETF' 중 하나입니다(VOO, SPY와 함께 명실상부 TOP 3!). 이렇게 엄청난 돈이 몰려 있다는 건 그만큼 많은 투자자들에게 신뢰와 사랑을 받고 있다는 뜻이겠죠.

　앞서 알아본 VOO와 비교해서 IVV의 특징은 뭘까요? 결론부터 말하자면 투자자 입장에서는 VOO와 거의 똑같다고 보셔도 무방합니다.

　추종 지수는 S&P 500으로 동일합니다(담고 있는 애플, 마소 등 500개 기업 거의 동일). 운용 보수도 연 0.03% 수준으로 VOO와 함께 업계 최저 수준이죠. SPY(약 0.09%)보다 훨씬 저렴해서 장기 투자할 때 비용 절감 효과가 매우 큽니다.

　ETF 구조도 VOO와 마찬가지로 일반적인 ETF 구조인 개방형 펀드이기 때문에 배당금을 즉시 재투자할 수 있습니다. 또 VOO처럼 거래량이 풍부해서 개인이 거래하는 데 전혀 문제가 없습니다.

그럼 VOO랑 IVV 중에 뭘 골라야 할까요? 솔직히 말씀드리면, 투자자 입장에서는 둘 중 어떤 것을 골라도 거의 차이가 없습니다. 운용 보수, 추종 지수, 성과, 안정성 모든 면에서 거의 동일한 수준이기 때문이죠. 그냥 운용사가 뱅가드냐 블랙록이냐, 티커가 VOO냐 IVV냐 정도의 차이랄까요? 마치 코카콜라냐 펩시콜라냐 정도의 취향 차이.

IVV 역시 초저비용으로 미국 대표 500개 기업에 가장 효율적으로 분산 투자할 수 있는 최고의 선택지 중 하나입니다. VOO와 함께 S&P 500 ETF의 강력한 양대 산맥입니다.

❖ IVV ETF 운용 현황

# IVV
분류: 주식(종합) 대형혼합형
iShares Core S&P 500

## 기본정보

| | | | |
|---|---|---|---|
| 설정일 | 2000/05/19 | 보수율 | 0.0300 |
| 기초자산 | S&P 500 TR USD | 추적오차 | 0.7400 |
| 운용사 | iShares | Beta | 0.9700 |
| 순자산(천,$) | 540,548,000 | 배당주기 | Quarterly |
| 주식수(천) | 1,024,850 | 배당률 | 1.44 |
| 보유종목수 | 508 | 프리미엄/디스카운트 | -0.0700 |

### NAV-순자산

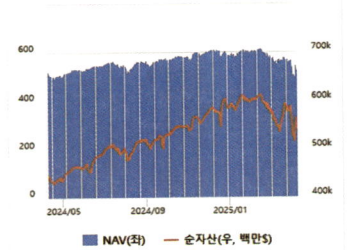

상기 상품은 S&P 500 지수 수익률을 추종하는 ETF으로, 매수 후 보유 전략을 취하는 장기 포트폴리오에 적합합니다. 기준 지수인 S&P500은 전세계 3대 신용평가중의 하나인 미국의 스탠더드 앤 푸어사(Standard & Poors)가 기업규모, 유동성, 산업
※ 해외벤더로 부터 입수한 내용을 기계번역을 통해 제공하고 있으며 이 과정에서 정확성(완결성)을 보장할 수 없음                                              더보기

## 배당추이

전체 | 자본이익 | 배당

| 연번 | 공시일 | 권리락일 | 기준일 | 지급일 | 배당금 | 통화 | 비고 |
|---|---|---|---|---|---|---|---|
| 1 | 2024/07/04 | 2025/03/18 | 2025/03/18 | 2025/03/21 | 1.76757 | USD | 배당 |
| 2 | 2023/12/04 | 2024/12/17 | 2024/12/17 | 2024/12/20 | 2.13419 | USD | 배당 |
| 3 | 2023/12/04 | 2024/09/25 | 2024/09/25 | 2024/09/30 | 2.23461 | USD | 배당 |
| 4 | 2023/12/04 | 2024/06/11 | 2024/06/11 | 2024/06/17 | 1.61713 | USD | 배당 |
| 12개월 배당총액 | | 7.74450 | 최근 종가 | 536.98 | 수익률 | | 1.44% |

## 주요 투자 국가
데이터 기준일: 2025/04/09

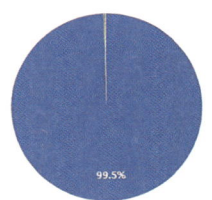

## 섹터별 분포
데이터 기준일: 2025/04/09

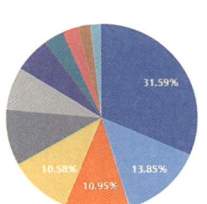

| | 국가 | 비중 |
|---|---|---|
| ● | United States | 99.5 |
| ● | Switzerland | 0.29 |
| ● | Netherlands | 0.1 |
| ● | Ireland | 0.05 |
| ● | Singapore | 0.03 |

| | 섹터 | 비중 |
|---|---|---|
| ● | it | 31.59 |
| ● | 금융 | 13.85 |
| ● | 헬스케어 | 10.95 |
| ● | 경기소비재 | 10.58 |
| ● | 통신 | 9.62 |

## 3. SPY(SPDR S&P 500 ETF Trust)

　S&P 500 ETF 삼대장의 마지막 주자이자 맏형입니다. 원조의 등장! SPY 역시 미국 대표 지수인 S&P 500을 추종하며 VOO, IVV와 함께 전 세계 ETF 시장을 주름잡는 '초거대 공룡 ETF' 중 하나입니다!

　SPY는 특별합니다. 바로 1993년에 미국에서 가장 먼저 상장된 최초의 ETF이기 때문이죠(ETF의 시조새!). 지금 우리가 이렇게 편리하게 ETF 투자하는 시대를 연 장본인이라고 할 수 있죠. SPY는 스테이트 스트리트(State Street)라는 굴지의 금융회사가 SPDR(스파이더)라는 브랜드로 운용하고 있습니다.

　SPY의 가장 강력한 무기는 바로 압도적인 거래량과 유동성입니다. 전 세계에서 가장 활발하게, 가장 많은 금액이 거래되는 ETF 중 하나이기 때문에, 언제든지 내가 원하는 가격에, 아주 큰 금액이라도 즉시 쉽게 사고 팔 수 있다는 엄청난 장점이 있습니다. 매수-매도 호가 차이(스프레드)도 거의 없죠. 그래서 단기적인 매매를 자주 하거나, 옵션 거래와 연계하거나, 아주 큰 자금을 운용하는 기관 투자자들이 특히 SPY를 선호합니다.

하지만 우리가 앞서 살펴본 VOO나 IVV와 비교했을 때, SPY는 운용 보수가 연 0.09% 수준으로, VOO/IVV(연 0.03%)보다 약 3배 정도 비쌉니다.

이게 장기 투자자 입장에서는 무시할 수 없는 차이를 만들 수 있어요. 물론 추종하는 지수가 S&P 500으로 같기 때문에, 운용 보수를 제외한 ETF 자체의 수익률 움직임은 VOO나 IVV와 거의 똑같습니다. 내용물은 같은 거죠.

SPY는 ETF의 역사 그 자체이자 비교 불가능한 유동성을 자랑하는 매우 훌륭하고 상징적인 ETF입니다. 하지만 순수하게 장기적인 관점에서 비용을 최소화하고 싶다면, 운용 보수가 더 저렴한 VOO나 IVV가 조금 더 나은 선택지가 될 수 있습니다.

거래를 자주 하거나 유동성이 매우 중요하다면 → SPY 고려!

비용을 최소화하며 장기 보유하고 싶다면 → VOO 또는 IVV 우선 고려!

❖ SPY ETF 운용 현황

# SPY
분류: 주식(종합) 대형혼합형

SPDR S&P 500

## 기본정보

| | | | |
|---|---|---|---|
| 설정일 | 1993/01/22 | 보수율 | 0.0945 |
| 기초자산 | S&P 500 TR USD | 추적오차 | 0.7500 |
| 운용사 | SPDR State Street Global Advisors | Beta | 0.9700 |
| 순자산(천,$) | 555,687,000 | 배당주기 | Quarterly |
| 주식수(천) | 1,058,430 | 배당률 | 1.37 |
| 보유종목수 | 504 | 프리미엄/디스카운트 | -0.0800 |

상기 상품은 S&P 500 지수 수익률을 추종하며, 전세계에서 운용규모가 가장 크고, 가장 많이 거래되는 ETF 중 하나입니다. 스프레드가 작으며 유동성이 높아 거래가 용이하여 미국 대형주 단기 투자자들에게 적합할 수 있다. 기준 지수인 S&P500은
※ 해외벤더로 부터 입수한 내용을 기계번역을 통해 제공하고 있으며, 이 과정에서 정확성(완결성)을 보장할 수 없음    더보기

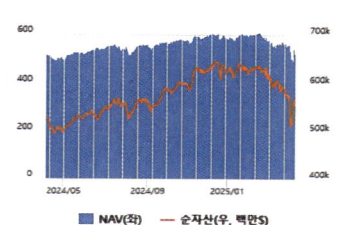

## 배당추이

| 전체 | 자본이익 | 배당 |

| 연번 | 공시일 | 권리락일 | 기준일 | 지급일 | 배당금 | 통화 | 비고 |
|---|---|---|---|---|---|---|---|
| 1 | 2025/01/09 | 2025/03/21 | 2025/03/21 | 2025/04/30 | 1.69553 | USD | 배당 |
| 2 | 2024/01/05 | 2024/12/20 | 2024/12/20 | 2025/01/31 | 1.96555 | USD | 배당 |
| 3 | 2024/01/05 | 2024/09/20 | 2024/09/20 | 2024/10/31 | 1.74553 | USD | 배당 |
| 4 | 2024/06/21 | 2024/06/21 | 2024/06/21 | 2024/07/31 | 1.75902 | USD | 배당 |
| 12개월 배당총액 | | 7.16563 | 최근 종가 | 524.58 | 수익률 | | 1.37% |

주요 투자 국가    데이터 기준일 : 2025/04/09    섹터별 분포    데이터 기준일 : 2025/04/10

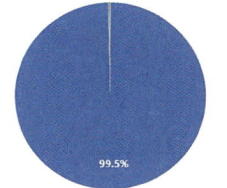 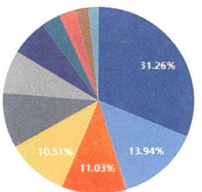

| 국가 | 비중 | | 섹터 | 비중 |
|---|---|---|---|---|
| ● United States | 99.5 | | ● it | 31.26 |
| ● Switzerland | 0.3 | | ● 금융 | 13.94 |
| ● Netherlands | 0.09 | | ● 헬스케어 | 11.03 |
| ● Ireland | 0.04 | | ● 경기소비재 | 10.51 |
| ● Singapore | 0.03 | | ● 통신 | 9.55 |

# 4. VTI(Vanguard Total Stock Market ETF)

미국 S&P 500 ETF 삼대장 바로 다음에 언급될 만큼 엄청난 인기를 누리고 있는 또 다른 거물급 ETF!

VTI는 어디서 만들었을까요? '저비용 인덱스 펀드의 명가' 뱅가드의 대표 상품 중 하나입니다. 그래서 운용 보수도 VOO와 마찬가지로 연 0.03% 수준으로 아주~ 착합니다.

그런데 VTI는 앞서 배운 SPY, IVV, VOO와 같은 S&P 500 ETF와 결정적인 차이점이 있습니다. S&P 500 ETF가 미국을 대표하는 대기업+중견기업 약 500개에 투자한다면, VTI는 이름 그대로 토탈(Total)입니다. 미국 주식 시장에 상장된 거의 모든 기업을 다 담고 있습니다. 대기업+중견기업+중소기업+소기업까지 싹 다 말이죠. 무려 3,500개가 넘는 기업에 분산 투자하는 효과를 누릴 수 있는 겁니다(그야말로 미국 주식 시장 끝판왕!).

이게 왜 중요하냐고요? 더 넓고 깊은 분산 투자가 가능해집니다. S&P 500 지수에는 포함되지 않은, 미래에 '제2의 애플' '제2의 아마존'이 될지도 모르는 숨겨진 보석 같은 중소형 성장 기업들까지 내 포트폴리오에 미리 담아둘 수 있다는 거죠.

물론 미국 주식 시장은 시가총액 상위 대기업들의 비중이 워낙 크기 때문에, 실제 VTI의 수익률 움직임은 S&P 500 ETF와 거의 비슷하게 움직이는 경우가 많습니다. 하지만 장기적으로는 중소형주의 성과에 따라 약간의 수익률 차이를 보일 수 있으며, 이론적으로는 미국 시장 전체를 가장 완벽하게 대변한다고 할 수 있습니다.

VTI는 초저비용으로 미국 주식 시장 전체에 가장 폭넓게 분산 투자하고 싶은 투자자에게 최고의 선택지가 될 수 있습니다.

S&P 500 ETF(VOO, IVV 등)와 VTI는 둘 다 미국 시장 투자의 훌륭한 핵심 자산입니다. 어떤 것을 선택하든 큰 차이는 없지만, '미국 대표 500개 기업'에 집중할 것이냐, 아니면 '미국 시장 전체'를 통째로 담을 것이냐는 투자자의 취향과 철학에 따라 선택할 수 있습니다.

❖ VTI ETF 운용 현황

# VTI
분류: 주식(종합) 대형혼합형

Vanguard Total Stock Market

## 기본정보

| | | | | |
|---|---|---|---|---|
| 설정일 | 2001/05/31 | 보수율 | 0.0300 |
| 기초자산 | CRSP US Total Market TR USD | 추적오차 | 1.0700 |
| 운용사 | Vanguard | Beta | 1.0300 |
| 순자산(천,$) | 415,493,000 | 배당주기 | Quarterly |
| 주식수(천) | 1,614,630 | 배당률 | 1.46 |
| 보유종목수 | 3,211 | 프리미엄/디스카운트 | 0.0400 |

CRSP US Total Market Index를 추종하며, 해당지수는 시가총액 규모와 상관없이 미국(뉴욕, 나스닥)에 상장된 모든 종목을 대상으로 지수를 산출하고 있다. 벤치마크 지수에 편입된 종목의 수가 너무 많아 벤치마크 비율을 그대로 복제하는 것이 아
※ 해외벤더로 부터 입수한 내용을 기초변역을 통해 제공하고 있으며, 이 과정에서 정확성(완결성)을 보장할 수 없음
더보기

### NAV-순자산

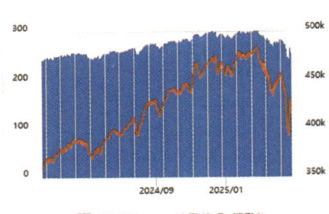

## 배당추이

전체 / 자본이익 / 배당

| 연번 | 공시일 | 권리락일 | 기준일 | 지급일 | 배당금 | 통화 | 비고 |
|---|---|---|---|---|---|---|---|
| 1 | 2025/03/25 | 2025/03/27 | 2025/03/27 | 2025/03/31 | 0.98540 | USD | 배당 |
| 2 | 2024/12/19 | 2024/12/23 | 2024/12/23 | 2024/12/26 | 0.94120 | USD | 배당 |
| 3 | 2024/09/25 | 2024/09/27 | 2024/09/27 | 2024/10/01 | 0.87070 | USD | 배당 |
| 4 | 2024/06/26 | 2024/06/28 | 2024/06/28 | 2024/07/02 | 0.95190 | USD | 배당 |

12개월 배당총액 3.74920    최근 종가 257.43    수익률 1.46%

## 주요 투자 국가

데이터 기준일 : 2025/02/28

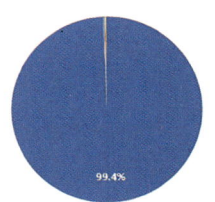

## 섹터별 분포

데이터 기준일 : 2025/02/

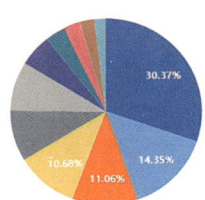

| 국가 | 비중 |
|---|---|
| United States | 99.4 |
| Switzerland | 0.25 |
| Canada | 0.12 |
| United Kingdom | 0.09 |
| Ireland | 0.05 |

| 섹터 | 비중 |
|---|---|
| it | 30.37 |
| 금융 | 14.35 |
| 헬스케어 | 11.06 |
| 경기소비재 | 10.68 |
| 통신 | 8.86 |

## 5. QQQ(Invesco QQQ Trust)

이번에는 정말 많은 분들이 사랑하고, 미국 기술주 투자의 상징 ETF입니다. 자산운용 규모가 미국 전체 ETF 중에서도 TOP 5 안에 당당히 이름을 올리는 그야말로 거물급 선수입니다. QQQ는 인베스코라는 자산운용사에서 만들었고 나스닥 100 지수를 추종합니다.

우선 나스닥 100 지수가 뭔지 정확히 알아야겠죠? 나스닥 증권거래소에 상장된 수많은 기업 중에서 금융(은행, 증권 등) 분야를 제외한 시가총액 상위 100개 기업을 모아놓은 지수입니다. 그래서 자연스럽게 우리가 열광하는 애플, 마이크로소프트, 아마존, 엔비디아, 구글(알파벳), 메타(페이스북), 테슬라 같은 IT 공룡, 혁신 기술 기업들이 아주~ 높은 비중으로 담겨 있습니다.

이러한 기술주 중심 구성 덕분에, QQQ는 지난 10년 이상 인터넷 혁명, 모바일 혁명, AI 혁명의 물결을 타고 정말 어마어마한 성장률을 보여주었습니다. 많은 투자자들에게 큰 수익을 안겨주며 '미국 주식 투자=기술주 투자'라는 인식을 심어주기도 했죠. 미래를 바꿀 혁신에 투자한다는 그 짜릿한 매력! 이것이 바로 QQQ의 가장 큰 인기 비결입니다.

하지만 기술주 몰빵으로 포트폴리오가 기술주, 그리고 소수의 초대형 빅테크 기업에 너무 집중되어 있습니다. 만약 기술주 섹터 전체가 흔들리거나, 빅테크 기업에 대한 규제가 강화되면 QQQ 역시 S&P 500(VOO 등) 같은 넓은 시장 지수 ETF보다 훨씬 더 크게 출렁거릴 수 있습니다.

그리고 상대적으로 높은 운용 보수를 단점으로 꼽기도 합니다. 연 0.20%로, VOO나 IVV(0.03%) 같은 S&P 500 ETF에 비하면 상당히 높은 편입니다. 그래서 인베스코에서는 QQQ와 동일하게 운용하면서 보수만 약간 낮춘 QQQM이라는 ETF를 출시합니다. 나스닥 100 지수 자체의 특징 때문에 은행, 증권 등 금융 섹터가 아예 빠져 있다는 점도 포트폴리오 구성 시 고려해야 합니다.

QQQ는 미국 기술주의 폭발적인 성장성에 집중 투자하고 싶은 투자자에게는 아주 매력적이고 강력한 선택지가 될 수 있습니다. 하지만 높은 변동성과 기술주 집중이라는 명확한 특징과 위험을 반드시 이해해야 합니다. 따라서 포트폴리오의 전부를 QQQ에 투자하기보다는, 핵심은 VOO나 VTI 같은 넓은 시장 ETF로 안정적으로 가져가는 것이 좋습니다. QQQ는 성장성을 더하는 전략으로 활용하거나, 혹은 채권 ETF(AGG, BND 등)와 함께 투자하여 포트폴리오의 균형을 맞추는 것이 좋습니다.

❖ QQQ ETF 운용 현황

# QQQ

분류: 주식(종합) 대형혼합형

## Invesco QQQ Trust

### 기본정보

| | | | |
|---|---|---|---|
| 설정일 | 1999/03/10 | 보수율 | 0.2000 |
| 기초자산 | NASDAQ 100 TR USD | 추적오차 | 2.2200 |
| 운용사 | PowerShares | Beta | 0.9200 |
| 순자산(천,$) | 285,178,200 | 배당주기 | Quarterly |
| 주식수(천) | 639,200 | 배당률 | 0.67 |
| 보유종목수 | 102 | 프리미엄/디스카운트 | -0.0200 |

### NAV-순자산

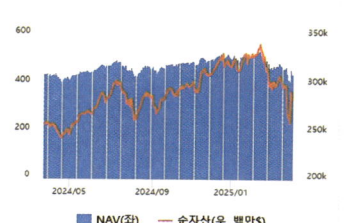

나스닥 100 지수를 추종하는 ETF중 가장 큰 운용규모를 자랑하며, 아울러 전세계에서 가장 많이 거래되는 ETF 중 하나로 알려져 있다. 유동성이 높고 스프레드가 낮기 때문에 단기 투자에 적합하다. 그리고 보수율이 가장 낮은 ETF 중 하나라는 것이 …  더보기

※ 해외벤더로 부터 입수한 내용을 기계번역을 통해 제공하며, 이 과정에서 정확성(완결성)을 보장할 수 없음

### 배당추이

**전체** | 자본이익 | 배당

| 연번 | 공시일 | 권리락일 | 기준일 | 지급일 | 배당금 | 통화 | 비고 |
|---|---|---|---|---|---|---|---|
| 1 | 2025/03/21 | 2025/03/24 | 2025/03/24 | 2025/04/30 | 0.71571 | USD | 배당 |
| 2 | 2024/12/20 | 2024/12/23 | 2024/12/23 | 2024/12/31 | 0.83466 | USD | 배당 |
| 3 | 2024/09/20 | 2024/09/23 | 2024/09/23 | 2024/10/31 | 0.67686 | USD | 배당 |
| 4 | 2024/06/21 | 2024/06/24 | 2024/06/24 | 2024/07/31 | 0.76150 | USD | 배당 |
| 12개월 배당총액 | | 2.98873 | 최근 증가 | | 446.18 | 수익률 | 0.67% |

### 주요 투자 국가
데이터 기준일 : 2025/04/09

### 섹터별 분포
데이터 기준일 : 2025/04/10

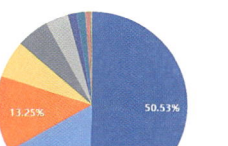

| 국가 | 비중 |
|---|---|
| ● United States | 97.56 |
| ● Netherlands | 0.73 |
| ● Brazil | 0.71 |
| ● United Kingdom | 0.56 |
| ● China | 0.43 |

| 섹터 | 비중 |
|---|---|
| ● it | 50.53 |
| ● 통신 | 16.16 |
| ● 경기소비재 | 13.25 |
| ● 필수소비재 | 6.47 |
| ● 헬스케어 | 5.63 |

# 6. VUG(Vanguard Growth ETF)

　미국 ETF 시장의 또 다른 강자이자 성장에 올인한 ETF. VUG는 미국 대형 성장주에 집중 투자하는 대표적인 ETF이고, 운용 자산 규모도 커서 투자자들에게 아주 많은 사랑을 받는 인기 ETF입니다.

　VUG는 뱅가드에서 운용하고 연 0.04% 수준으로 운용 보수가 착합니다. 앞서 본 QQQ(0.20%)와 비교하면 훨씬 저렴하죠.

　VUG가 담고 있는 성장주란 뭘까요? 지금 당장 벌어들이는 이익이나 자산 가치도 중요하지만, 그보다는 미래에 매출과 이익이 훨씬 더 빠르고 크게 성장할 것으로 기대되는 기업들의 주식을 말합니다. 주로 혁신적인 기술을 가진 IT 기업이나 새로운 트렌드를 이끄는 소비재 기업들이 여기에 많이 속하죠.

　VUG는 바로 이런 미국의 대형 성장주들만 쏙쏙 골라서 담아놓은 ETF 입니다 그래서 VUG의 포트폴리오를 열어보면 애플, 마이크로소프트, 아마존, 엔비디아, 알파벳, 메타 같은 기술주들의 비중이 아주 높게 나타납니다. QQQ와 상당히 비슷하지만, 구성 종목 범위는 조금 더 넓습니다.

VUG에 투자하는 이유는 명확합니다. 미국 경제와 세계 시장을 이끌어 갈 혁신 기업들의 폭발적인 성장 과실을 함께 누리고 싶기 때문이죠. 시장을 주도하는 성장주에 집중 투자하여, S&P 500(VOO) 같은 시장 전체 지수보다 더 높은 수익률을 추구하는 공격적인 전략입니다.

다만 성장주는 보통 미래에 대한 기대감이 주가에 미리 반영되어 밸류에이션이 높고, 시장 상황에 따라 변동성도 크게 나타나는 경향이 있습니다. 또 금리 인상기나 경기 침체기, 또는 시장의 관심이 가치주로 쏠리는 시기에는 시장 평균(S&P 500)보다 못한 성과를 낼 수도 있습니다. QQQ만큼은 아니지만 기술주 비중이 높아 특정 섹터 리스크에 노출되어 있습니다.

VUG는 저렴한 비용으로 미국 대형 성장주에 집중 투자하고 싶은 투자자에게 아주 좋은 선택지입니다. 주의할 점은 높은 변동성과 특정 스타일/섹터 집중 위험을 고려해야 합니다. 따라서 VUG만 몰빵 투자하기보다는, 포트폴리오의 핵심은 VOO나 VTI 같은 넓은 시장 ETF로 가져가고, VUG는 성장성을 더하는 분산 전략으로 활용하거나, 가치주 ETF(VTV)와 함께 투자하여 스타일 분산 효과를 노리는 것이 균형 잡힌 포트폴리오를 만드는 좋은 방법이 될 수 있습니다.

❖ VUG ETF 운용 현황

# VUG
분류: 주식(성장) 대형혼합형

Vanguard S&P 500

## 기본정보

| 설정일 | 2004/01/30 | 보수율 | 0.0400 |
| --- | --- | --- | --- |
| 기초자산 | CRSP US Large Cap Growth TR USD | 추적오차 | 1.0400 |
| 운용사 | Vanguard | Beta | 1.0000 |
| 순자산(천,$) | 139,507,000 | 배당주기 | Quarterly |
| 주식수(천) | 395,080 | 배당률 | 0.54 |
| 보유종목수 | 183 | 프리미엄/디스카운트 | 0.0500 |

VUG는 미국 주식시장의 성장섹터에 있는 대형주에 대한 투자를 제공하는 MSCI US Prime Market Growth Index의 수익률을 추종합니다. 성장주는 수입을 재투자 하기 때문에 배당수입보다 가치상승에서 더 어필할 수 있다. VUG는 약 400개가 넘는

※ 해외벤더로 부터 입수한 내용을 기계번역을 통해 제공하며, 이 과정에서 정확성(완결성)을 보장할 수 없음    더보기

### NAV-순자산

## 배당추이

전체 | 자본이익 | 배당

| 연번 | 공시일 | 권리락일 | 기준일 | 지급일 | 배당금 | 통화 | 비고 |
| --- | --- | --- | --- | --- | --- | --- | --- |
| 1 | 2025/01/20 | 2025/03/27 | 2025/03/27 | 2025/03/31 | 0.50000 | USD | 배당 |
| 2 | 2024/02/29 | 2024/12/23 | 2024/12/23 | 2024/12/26 | 0.53740 | USD | 배당 |
| 3 | 2024/02/29 | 2024/09/26 | 2024/09/26 | 2024/09/30 | 0.45460 | USD | 배당 |
| 4 | 2024/02/29 | 2024/06/27 | 2024/06/27 | 2024/07/01 | 0.45600 | USD | 배당 |
| 12개월 배당총액 | | 1.94500 | 최근 종가 | 360.2 | 수익률 | | 0.54% |

## 주요 투자 국가

데이터 기준일 : 2025/02/28

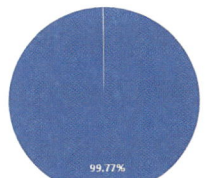

| | 국가 | 비중 |
| --- | --- | --- |
| ● | United States | 99.77 |
| ● | Canada | 0.18 |
| ● | Singapore | 0.05 |
| ● | Other | 0 |

## 섹터별 분포

데이터 기준일 : 2025/02/28

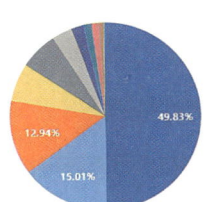

| | 섹터 | 비중 |
| --- | --- | --- |
| ● | it | 49.83 |
| ● | 경기소비재 | 15.01 |
| ● | 통신 | 12.94 |
| ● | 금융 | 6.56 |
| ● | 헬스케어 | 6.53 |

# 7. VEA
## (Vanguard FTSE Developed Markets ETF)

미국 시장을 넘어 전 세계 선진국으로! 미국을 제외한 선진국 주식에 투자하는 거대 ETF입니다. 운용사는 역시 저비용 맛집 뱅가드이고 운용 보수도 연 0.03% 수준으로 아주 착합니다(해외 투자도 부담 없이!).

VEA는 대체 어디에 투자하는 걸까요? 이름 그대로 미국 빼고 잘사는 다른 주요 선진국들입니다. 대표적으로 유럽(영국, 프랑스, 독일, 스위스 등), 일본, 캐나다, 호주 같은 나라들의 우량 기업 수천 개를 몽땅 담고 있습니다. 글로벌 우량주 종합 선물 세트라고 할 수 있죠. 우리가 아는 유명한 유럽, 일본 기업들이 많이 포함되어 있습니다.

미국 시장이 제일 좋다면서 다른 나라에 투자하는 이유는, 바로 지역 분산 투자 효과 때문입니다. 미국 시장이 아무리 세계 최강이라지만, 영원히 혼자만 잘나갈 수는 없겠죠. 전 세계 경제는 서로 연결되어 돌아가고, 때로는 미국이 주춤할 때 유럽이나 일본 시장이 더 좋은 성과를 낼 수도 있습니다. 미국 시장에만 몰빵했을 때 발생할 수 있는 위험을 줄여주고, 포트폴리오 전체의 안정성을 높여주는 아주 중요한 역할을 하는 거죠.

그래서 많은 현명한 투자자들이 미국 시장 ETF(VTI, VOO 등)를 포트폴리오의 기둥으로 박고, 이 VEA 같은 미국 외 선진국 ETF를 함께 담아 지리적으로 완벽하게 분산된 선진국 주식 포트폴리오를 완성합니다.

물론 해외 투자니 환율 변동 위험(주로 달러 기준 투자이므로, 최종 원화 환산 시 영향)은 당연히 있고, 과거 장기 성과만 보면 미국 시장의 성장성이 더 높았던 기간이 길었다는 점은 참고해야 합니다.

VEA는 저렴한 비용으로 미국 외 주요 선진국 시장에 가장 폭넓고 간편하게 분산 투자할 수 있는 최고의 도구 중 하나입니다. 미국 중심 포트폴리오에 글로벌 균형감과 안정성을 더하고 싶다면 VEA ETF입니다.

❖ VEA ETF 운용 현황

# VEA
분류: 주식(종합) 대형혼합형

## Vanguard FTSE Developed Markets

### 기본정보

| | | | |
|---|---|---|---|
| 설정일 | 2007/07/26 | 보수율 | 0.0300 |
| 기초자산 | FTSE Dvlp ex US All Cap(US RIC)NR USD | 추적오차 | 4.4900 |
| 운용사 | Vanguard | Beta | 1.1800 |
| 순자산(천,$) | 140,112,000 | 배당주기 | Quarterly |
| 주식수(천) | 2,840,880 | 배당률 | 3.16 |
| 보유종목수 | 3,932 | 프리미엄/디스카운트 | -0.0800 |

상기 상품은 FTSE Developed All Cap ex US Index를 추종하며, 기준 지수에 속한 주식에 거의 모든 주식에 동일한 비율로 투자한다. 기준 지수는 미국 제외 캐나다, 유럽 및 태평양 지역 주요 시장에 상장된 약 3,700개의 소형주, 중형주, 대형주 등

※ 해외벤더로 부터 입수한 내용을 기계번역을 통해 제공하고 있으므로, 이 과정에서 정확성(완결성)을 보장할 수 없음

더보기

### NAV-순자산

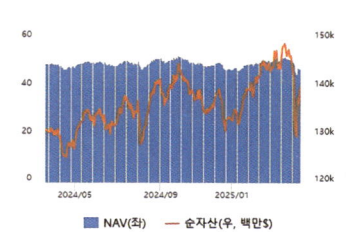

### 배당추이

| 연번 | 공시일 | 권리락일 | 기준일 | 지급일 | 배당금 | 통화 | 비고 |
|---|---|---|---|---|---|---|---|
| 1 | 2025/03/19 | 2025/03/21 | 2025/03/21 | 2025/03/25 | 0.24220 | USD | 배당 |
| 2 | 2024/12/18 | 2024/12/20 | 2024/12/20 | 2024/12/24 | 0.71260 | USD | 배당 |
| 3 | 2024/09/18 | 2024/09/20 | 2024/09/20 | 2024/09/24 | 0.14440 | USD | 배당 |
| 4 | 2024/06/18 | 2024/06/21 | 2024/06/21 | 2024/06/25 | 0.46070 | USD | 배당 |

| 12개월 배당총액 | 1.55990 | 최근 종가 | 49.41 | 수익률 | 3.16% |

### 주요 투자 국가
데이터 기준일 : 2025/02/28

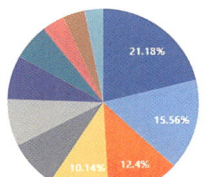

| 국가 | 비중 |
|---|---|
| Japan | 21.18 |
| Other | 15.56 |
| United Kingdom | 12.4 |
| Canada | 10.14 |
| Switzerland | 8.25 |

### 섹터별 분포
데이터 기준일 : 2025/02/28

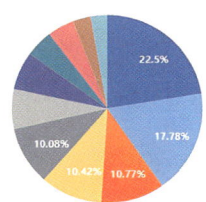

| 섹터 | 비중 |
|---|---|
| 금융 | 22.5 |
| 산업재 | 17.78 |
| IT | 10.77 |
| 헬스케어 | 10.42 |
| 경기소비재 | 10.08 |

# 8. VTV(Vanguard Value ETF)

　미국 대형 가치주에 투자하는 대표적인 ETF이고 많은 투자자들이 찾는 거대 ETF입니다. 운용사는 뱅가드이고 운용 보수도 VUG와 마찬가지로 연 0.04% 수준으로 아주 착합니다.

　VTV가 담고 있는 것은 가치주입니다. 화려한 성장 스토리는 없더라도, 현재 기업이 가진 실제 가치에 비해 주가가 상대적으로 싸게 거래되고 있다고 판단되는 주식을 담고 있습니다.

　VTV는 미국의 대형 가치주들을 쏙쏙 골라서 담아놓은 ETF입니다. 그래서 포트폴리오를 열어보면, VUG와는 정반대로 기술주 비중은 낮고, 금융, 헬스케어, 산업재, 필수소비재, 에너지 같은 전통적이고 성숙한 산업 분야의 기업들이 높은 비중을 차지하는 특징을 보입니다.

　시장에서 화려한 스포트라이트는 못 받지만, 내실이 튼튼하고 꾸준히 돈을 버는 기업들을 남들보다 저렴한 가격에 사서, 언젠가 그 기업의 진짜 가치를 시장이 알아줄 때까지 기다리겠다는 것이 바로 가치 투자의 핵심 철학입니다. 일반적으로 성장주보다 주가 변동성이 낮아서 심리적으로 더 안정적이고, 꾸준한 배당 수익을 기대할 수 있다는 장점도 있죠. 하락장에서 덜 떨어지고, 배당금도 받을 수 있습니다.

하지만 모든 것엔 장단점이 있으니, 가치주는 시장의 관심이 온통 성장주나 기술주에 쏠리는 시기에는 상대적으로 소외되어 성장주 ETF(VUG, QQQ 등)보다 성과가 한참 뒤처질 수 있습니다. 성장주와 가치주는 마치 시소처럼, 시장 상황에 따라 번갈아가며 주목받는 경향이 있거든요.

VTV는 저렴한 비용으로 미국 대형 가치주에 쉽고 효과적으로 분산 투자하고 싶은 투자자, 특히 안정적인 투자와 배당 수익을 선호하는 투자자에게 아주 좋은 선택지가 될 수 있습니다.

특히 여러분의 포트폴리오에 성장주(VUG, QQQ 등) 비중이 너무 높아서 변동성이 걱정된다면, 이 VTV를 함께 담아서 투자 스타일을 분산시키는 것이 포트폴리오 전체의 변동성을 줄이고, 장기적으로 안정적인 성과를 내는 데 큰 도움을 줄 수 있습니다.

❖ VTV ETF 운용 현황

# VTV
분류: 주식(가치) 대형가치형

Vanguard Value

## 기본정보

| | | | |
|---|---|---|---|
| 설정일 | 2004/01/30 | 보수율 | 0.0400 |
| 기초자산 | CRSP US Large Cap Value TR USD | 추적오차 | 1.8100 |
| 운용사 | Vanguard | Beta | 0.9100 |
| 순자산(천,$) | 124,002,000 | 배당주기 | Quarterly |
| 주식수(천) | 777,199 | 배당률 | 2.42 |
| 보유종목수 | 343 | 프리미엄/디스카운트 | 0.0300 |

### NAV-순자산

VTV는 미국 주식 시장에서 가치주의 성격을 지닌 대형주에 대한 투자를 제공하는 MSCI US Prime Market Value Index의 수익률을 추종한다. 대형가치주에 해당하는 회사들은 안전한 회사로 간주되고 안정적인 산업에 있을 경향이 많다. VTV는 약 더보기

※ 해외밴더로 부터 입수한 내용을 기계번역을 통해 제공하고 있으며, 이 과정에서 정확성(완결성)을 보장할 수 없음

## 배당추이

전체 | 자본이익 | 배당

| 연번 | 공시일 | 권리락일 | 기준일 | 지급일 | 배당금 | 통화 | 비고 |
|---|---|---|---|---|---|---|---|
| 1 | 2025/03/25 | 2025/03/27 | 2025/03/27 | 2025/03/31 | 1.01300 | USD | 배당 |
| 2 | 2024/12/19 | 2024/12/23 | 2024/12/23 | 2024/12/26 | 0.98020 | USD | 배당 |
| 3 | 2024/09/24 | 2024/09/26 | 2024/09/26 | 2024/09/30 | 0.91430 | USD | 배당 |
| 4 | 2024/06/25 | 2024/06/27 | 2024/06/27 | 2024/07/01 | 1.01490 | USD | 배당 |
| 12개월 배당총액 | | 3.92240 | 최근 종가 | 161.83 | 수익률 | | 2.42% |

## 주요 투자 국가
데이터 기준일: 2025/02/28

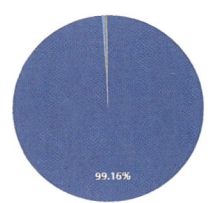

## 섹터별 분포
데이터 기준일: 2025/02/28

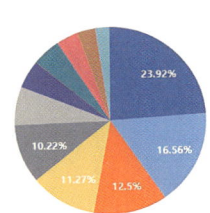

| 국가 | 비중 |
|---|---|
| United States | 99.16 |
| Switzerland | 0.64 |
| United Kingdom | 0.15 |
| Singapore | 0.05 |
| Other | 0 |

| 섹터 | 비중 |
|---|---|
| 금융 | 23.92 |
| 헬스케어 | 16.56 |
| 산업재 | 12.5 |
| IT | 11.27 |
| 필수소비재 | 10.22 |

# 9. IEFA(iShares Core MSCI EAFE ETF)

이번에는 미국 시장을 넘어, 우리의 투자 지도를 전 세계 선진국으로 넓혀줄 아주 중요한 ETF입니다. IEFA는 글로벌 분산 투자 ETF 중에서 손꼽히는 거대 ETF입니다. 이 ETF를 만든 운용사는 블랙록의 ETF 전문 브랜드, 아이셰어즈입니다. 운용 보수는 보통 연 0.07% 내외로 매우 저렴한 편이지요.

IEFA는 'MSCI EAFE 지수'를 추종하는데요, 여기서 EAFE는 Europe(유럽), Australasia(호주 등 오세아니아), Far East(일본, 홍콩 등 극동 아시아)의 약자입니다. 즉, 미국과 캐나다를 제외한 주요 선진국들의 주식 시장을 대표하는 지수죠.

포트폴리오를 열어보면 우리가 익히 들어본 유럽(영국, 프랑스, 독일, 스위스 등), 일본, 호주 등의 우량 대기업부터 탄탄한 중소기업까지 수천 개의 기업들이 골고루 담겨 있습니다. 일본의 토요타, 스위스의 네슬레, 네덜란드의 반도체 장비 업체 ASML, 프랑스 명품 그룹 LVMH 같은 굵직한 글로벌 기업들이죠.

미국 시장이 주춤할 때 유럽이나 일본 시장이 힘을 내거나, 반대로 미국이 훨훨 날아갈 때 다른 나라들은 잠잠할 수도 있죠. 미국 시장에만 투자했을 때 발생할 수 있는 특정 국가 리스크를 줄여주고, 포트폴리오 전체를 더욱 안정적으로 만들어주는 아주 중요한 역할을 하는 겁니다.

앞서 본 VEA와 매우 비슷하지만, IEFA는 추종하는 지수(MSCI EAFE) 특성상 캐나다와 한국 주식은 포함하지 않는다는 차이가 있습니다. VEA(FTSE 지수 기반)는 보통 캐나다와 한국을 포함하죠. 어떤 지역에 더 투자하고 싶은지에 따라 선택이 달라질 수 있습니다.

그래서 많은 글로벌 투자자들이 미국 시장 ETF를 포트폴리오의 핵심으로 든든하게 가져가면서, 이 IEFA를 짝꿍처럼 함께 담아 전체 선진국 시장에 효과적으로 분산 투자하는 전략을 사용합니다. 여기에 신흥국 ETF까지 약간 추가하면 진정한 글로벌 주식 분산 투자가 완성되겠네요.

물론 미국 외 다양한 국가에 투자하는 만큼 환율 변동 위험과 해당 지역의 개별적인 경제 및 정치 상황에 따른 위험은 당연히 고려해야 합니다.

IEFA는 저렴한 비용으로 미국과 캐나다를 제외한 주요 선진국 시장에 가장 폭넓고 간편하게 분산 투자할 수 있는 핵심적인 글로벌 투자 도구입니다. 미국 중심 포트폴리오에 진정한 글로벌 분산 날개를 달고 안정성을 더하고 싶다면 IEFA입니다.

❖ IEFA ETF 운용 현황

# IEFA
분류: 주식(종합) 대형혼합형
iShares Core MSCI EAFE

## 기본정보

|  |  |  |  |
|---|---|---|---|
| 설정일 | 2012/10/22 | 보수율 | 0.0700 |
| 기초자산 | MSCI EAFE IMI NR USD | 추적오차 | 4.7900 |
| 운용사 | iShares | Beta | 1.2300 |
| 순자산(천.$) | 123,812,000 | 배당주기 | Semi-Annually |
| 주식수(천) | 1,690,400 | 배당률 | 3.33 |
| 보유종목수 | 2,650 | 프리미엄/디스카운트 | 0.0300 |

### NAV-순자산

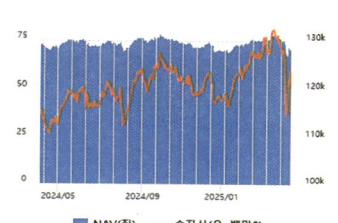

상기 상품은 MSCI EAFE(Europe, Australia, Far East) IMI Index를 추종하며, 자산의 90% 이상을 기준 지수의 주식 또는 유사한 특징을 가진 주식에 투자한다. 기준 지수는 유럽, 호주, 극동아시아 국가의 대형주, 중형주, 소형주로 구성되어 있다.
※ 해외벤더로 부터 입수한 내용을 기계번역을 통해 제공하고 있으므로, 이 과정에서 정확성(완결성)을 보장할 수 없음    더보기

## 배당추이

| 전체 | 자본이익 | 배당 |

| 연번 | 공시일 | 권리락일 | 기준일 | 지급일 | 배당금 | 통화 | 비고 |
|---|---|---|---|---|---|---|---|
| 1 | 2024/12/16 | 2024/12/17 | 2024/12/17 | 2024/12/20 | 1.13048 | USD | 배당 |
| 2 | 2024/06/10 | 2024/06/11 | 2024/06/11 | 2024/06/17 | 1.30964 | USD | 배당 |

| 12개월 배당총액 | 2.44012 | 최근 종가 | 73.37 | 수익률 | 3.33% |

## 주요 투자 국가
데이터 기준일 : 2025/04/04

## 섹터별 분포
데이터 기준일 : 2025/04/09

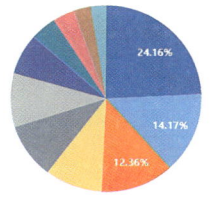

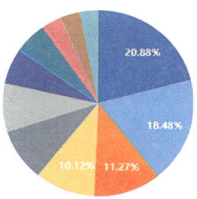

| 국가 | 비중 |
|---|---|
| ● Japan | 24.16 |
| ● United Kingdom | 14.17 |
| ● Other | 12.36 |
| ● France | 9.65 |
| ● Switzerland | 9.64 |

| 섹터 | 비중 |
|---|---|
| ● 금융 | 20.88 |
| ● 산업재 | 18.48 |
| ● 헬스케어 | 11.27 |
| ● 경기소비재 | 10.12 |
| ● IT | 9.19 |

# 10. AGG
## (iShares Core U.S. Aggregate Bond ETF)

이번에는 주식형 ETF의 단짝이자, 포트폴리오의 든든한 안전벨트 역할을 해주는 채권형 ETF 중에서 가장 대표적인 선수를 만나볼 시간입니다.

미국 전체 채권 시장(정확히는 신용도가 높은 투자 등급 채권 시장)을 추종하며, 운용 자산 규모도 엄청난 전 세계에서 가장 크고 대표적인 채권 ETF 중 하나입니다. 채권계의 슈퍼스타이지요. 이 ETF를 만든 운용사 역시 블랙록의 ETF 브랜드, 아이셰어즈입니다.

그런데 주식으로 수익 내기도 바쁜데, 왜 수익률도 낮아 보이고 재미없어 보이는 채권에도 투자해야 할까요? 투자는 단순히 높은 수익률만 좇는 공격만 해서는 안 됩니다. 골을 넣는 공격수만큼이나 골문을 든든히 지키는 수비수도 필요하지요. 채권 ETF는 바로 그 수비수 역할을 합니다.

채권은 일반적으로 주식과 서로 반대로 움직이거나, 최소한 같이 폭락하지 않는 경향이 있습니다. 그래서 주식 시장이 폭풍우를 만나 크게 하락할 때, 채권 ETF는 상대적으로 덜 하락하거나 오히려 상승하면서 내 전체 포트폴리오 자산이 반 토막 나는 것을 막아주는 든든한 방패막이자 안전벨트 역할을 해줍니다.

또 채권은 정기적으로 이자를 지급합니다. AGG 같은 채권 ETF는 여기에 투자하여 발생하는 이자를 분배금 형태로 투자자에게 지급합니다. 변동성을 낮추면서 꾸준한 현금 흐름을 만들어낼 수 있다는 장점이 있습니다.

그럼 AGG는 어떤 채권들을 담고 있을까요? 'Aggregate'(종합)라는 이름처럼, 미국의 신용도 높은 우량 채권들을 종류별로 몽땅~ 모아놓은 종합 선물 세트입니다. 여기에는 가장 안전하다는 미국 국채, 미국 정부 기관이 보증하는 주택저당 증권, 신용도가 높은 우량 기업들이 발행한 회사채 등이 다양한 만기로 골고루 담겨 있습니다. 한마디로 미국 전체 우량 채권 시장을 가장 잘 대표하는 ETF 중 하나라고 볼 수 있습니다.

AGG의 또 다른 강력한 장점은 초저비용(연 0.03% 수준)으로 이 수천 개가 넘는 다양한 미국 우량 채권에 한 번에 효과적으로 분산 투자할 수 있다는 겁니다. 우리가 개별 채권을 일일이 분석하고 투자한다고 생각해보세요. 그것도 미국 채권을 말이죠. 전문가도 쉽지 않습니다. 하지만 AGG 하나로 쉽고 저렴하게 해결할 수 있습니다.

체크할 사항으로 채권 가격은 금리와 아주 밀접한 관계가 있다는 점을 들 수 있습니다. 일반적으로 금리가 오르면 채권 가격은 하락하고, 반대로 금리가 내리면 채권 가격은 상승하는 경향이 있습니다.

AGG는 저렴한 비용으로 미국 우량 채권 시장 전체에 가장 쉽고 효과적으로 분산 투자하여, 주식 중심 포트폴리오의 위험을 낮추고 안정성을 더하는 핵심적인 역할을 하는, 그야말로 포트폴리오의 소금같은 ETF입니다.

❖ AGG ETF 운용 현황

# AGG

분류: 채권(종합)

iShares Core US Aggregate Bond

## 기본정보

| | | | |
|---|---|---|---|
| 설정일 | 2003/09/26 | 보수율 | 0.0300 |
| 기초자산 | BBgBarc US Agg Bond TR USD | 추적오차 | 0.1300 |
| 운용사 | iShares | Beta | 1.0000 |
| 순자산(천,$) | 121,913,000 | 배당주기 | Monthly |
| 주식수(천) | 1,254,200 | 배당률 | 3.82 |
| 보유종목수 | 12,288 | 프리미엄/디스카운트 | -0.0500 |

상기 상품은 Bloomberg Barclays U.S. Aggregate Bond Index를 추종하며, 자산의 90% 이상을 기준 지수에 속한 국공채, 회사채, MBS, ABS 등에 투자한다. 따라서 상기 상품은 다각화된 채권 포지션을 취하고자 하는 투자자에게 적절한 상품이다.
※ 해외벤더로 부터 입수한 내용을 기계번역을 통해 제공하고 있으며, 이 과정에서 정확성(완결성)을 보장할 수 없음

## NAV-순자산

## 배당추이

| 연번 | 공시일 | 권리락일 | 기준일 | 지급일 | 배당금 | 통화 | 비고 |
|---|---|---|---|---|---|---|---|
| 1 | 2025/03/31 | 2025/04/01 | 2025/04/01 | 2025/04/04 | 0.32520 | USD | 배당 |
| 2 | 2024/07/04 | 2025/03/03 | 2025/03/03 | 2025/03/06 | 0.30419 | USD | 배당 |
| 3 | 2025/01/31 | 2025/02/03 | 2025/02/03 | 2025/02/06 | 0.32230 | USD | 배당 |
| 4 | 2023/11/22 | 2024/12/18 | 2024/12/18 | 2024/12/23 | 0.31627 | USD | 배당 |
| 5 | 2024/11/29 | 2024/12/02 | 2024/12/02 | 2024/12/05 | 0.31153 | USD | 배당 |
| 6 | 2024/10/31 | 2024/11/01 | 2024/11/01 | 2024/11/06 | 0.31026 | USD | 배당 |
| 7 | 2023/11/22 | 2024/10/01 | 2024/10/01 | 2024/10/04 | 0.30733 | USD | 배당 |
| 8 | 2024/08/30 | 2024/09/03 | 2024/09/03 | 2024/09/06 | 0.31194 | USD | 배당 |
| 9 | 2024/07/31 | 2024/08/01 | 2024/08/01 | 2024/08/06 | 0.30375 | USD | 배당 |
| 10 | 2024/06/28 | 2024/07/01 | 2024/07/01 | 2024/07/05 | 0.30088 | USD | 배당 |
| 11 | 2024/05/31 | 2024/06/03 | 2024/06/03 | 2024/06/07 | 0.30180 | USD | 배당 |
| 12 | 2024/04/30 | 2024/05/03 | 2024/05/02 | 2024/05/07 | 0.29478 | USD | 배당 |

| 12개월 배당총액 | 3.71024 | 최근 종가 | 97.04 | 수익률 | 3.82% |
|---|---|---|---|---|---|

## 주요 투자 국가

데이터 기준일: 2025/04/08

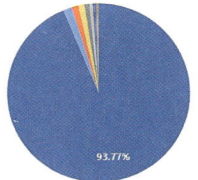

| 국가 | 비중 |
|---|---|
| United States | 93.77 |
| Other | 1.48 |
| United Kingdom | 1.21 |
| Canada | 1.06 |
| Supranational | 0.91 |

## 섹터별 분포

데이터 기준일: 2024/10/31

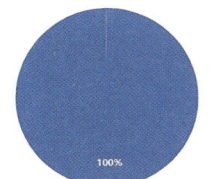

| 섹터 | 비중 |
|---|---|
| 금융 | 100 |
| 소재 | 0 |
| 통신 | 0 |
| 경기소비재 | 0 |
| 필수소비재 | 0 |

# 11. BND(Vanguard Total Bond Market ETF)

또 하나의 채권 ETF 끝판왕! 앞서 살펴본 블랙록의 AGG와 함께 미국 전체 채권 시장 ETF의 양대 산맥을 이루고 있습니다. AGG와 거의 맞먹는 엄청난 규모를 자랑하는 명실상부 미국 대표 채권 ETF입니다(채권 ETF 계의 쌍두마차!).

BND는 어떤 채권들을 담고 있을까요? AGG와 거의 똑같습니다. BND 역시 미국의 신용도 높은 우량 채권들을 몽땅 모아놓은 종합 선물 세트예요. 가장 안전한 미국 국채, 정부 기관 보증 주택저당증권, 그리고 신용도 BBB 이상의 우량 기업들이 발행한 회사채 등이 다양한 만기로 골고루 담겨 있습니다.

그럼 AGG랑 BND랑 대체 뭘 사야 하나 고민할 수 있으나, 투자자 입장에서는 거의 똑같다고 보셔도 됩니다.

물론 두 ETF가 추종하는 세부적인 기초 지수에는 약간의 기술적인 차이가 있습니다. 하지만 그 차이가 워낙 미미해서, 실제 포트폴리오 구성이나 과거 수익률 추이, 가격 움직임 등을 살펴보면 거의 구분이 불가능할 정도로 비슷하게 움직여왔습니다.

그냥 세계 최대 자산운용사 블랙록과 그에 버금가는 거대 운용사 뱅가드가 '미국 전체 우량 채권 시장'이라는 가장 중요하고 기본적인 채권 투자 영역에서 각각 대표 상품을 하나씩 내놓고 경쟁하고 있다고 이해하시면 가장 쉽습니다.

따라서 BND 역시 AGG와 마찬가지로 주식 중심 포트폴리오의 변동성을 효과적으로 줄여주고 안정성을 더하는 핵심적인 수비수 역할을 톡톡히 해내는 ETF입니다.

BND는 초저비용으로 미국 우량 채권 시장 전체에 투자하는, AGG와 더불어 최고의 핵심 채권 ETF 선택지입니다. 둘 중 어떤 것을 고를지 너무 깊이 고민하실 필요는 없습니다. 운용사에 대한 개인적인 선호도나 거래하는 증권사에서 어떤 상품의 거래가 더 편리한지 등을 보고 마음 편하게 선택하셔도 괜찮습니다.

## ❖ BND ETF 운용 현황

# BND
분류: 채권(종합)

## Vanguard Total Bond Market

### 기본정보

| | | | |
|---|---|---|---|
| 설정일 | 2007/04/03 | 보수율 | 0.0300 |
| 기초자산 | BBgBarc US Agg Float Adj TR USD | 추적오차 | 0.1800 |
| 운용사 | Vanguard | Beta | 0.9800 |
| 순자산(천,$) | 125,465,200 | 배당주기 | Monthly |
| 주식수(천) | 1,739,420 | 배당률 | 3.75 |
| 보유종목수 | 17,701 | 프리미엄/디스카운트 | -0.0400 |

상기 상품은 Bloomberg Barclays U.S. Aggregate Float Adjusted 지수를 추종하며, 자산의 80% 이상을 샘플링 과정을 통해 선별한 지수내 채권에 투자한다. 기준 지수는 과세 가능하고 만기가 1년을 넘는 투자등급 채권(국채, 회사채, 달러표시 해외...   더보기

※ 해외벤더로 부터 입수한 내용을 기계변역을 통해 제공하고 있으며, 이 과정에서 정확성(완결성)을 보장할 수 없음

### NAV-순자산

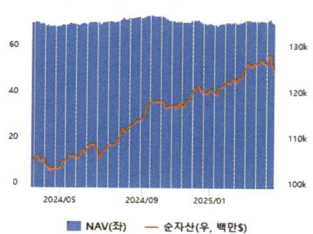

### 배당추이

| 연번 | 공시일 | 권리락일 | 기준일 | 지급일 | 배당금 | 통화 | 비고 |
|---|---|---|---|---|---|---|---|
| 1 | 2025/03/28 | 2025/04/01 | 2025/04/01 | 2025/04/03 | 0.24037 | USD | 배당 |
| 2 | 2025/02/27 | 2025/03/03 | 2025/03/03 | 2025/03/05 | 0.21946 | USD | 배당 |
| 3 | 2025/01/30 | 2025/02/03 | 2025/02/03 | 2025/02/05 | 0.23480 | USD | 배당 |
| 4 | 2024/12/20 | 2024/12/24 | 2024/12/24 | 2024/12/27 | 0.23338 | USD | 배당 |
| 5 | 2024/11/27 | 2024/12/02 | 2024/12/02 | 2024/12/04 | 0.22293 | USD | 배당 |
| 6 | 2024/10/30 | 2024/11/01 | 2024/11/01 | 2024/11/05 | 0.22763 | USD | 배당 |
| 7 | 2024/09/27 | 2024/10/01 | 2024/10/01 | 2024/10/03 | 0.22071 | USD | 배당 |
| 8 | 2024/08/29 | 2024/09/03 | 2024/09/03 | 2024/09/05 | 0.22552 | USD | 배당 |
| 9 | 2024/07/30 | 2024/08/01 | 2024/08/01 | 2024/08/05 | 0.22391 | USD | 배당 |
| 10 | 2024/06/27 | 2024/07/01 | 2024/07/01 | 2024/07/03 | 0.22070 | USD | 배당 |
| 11 | 2024/05/30 | 2024/06/03 | 2024/06/03 | 2024/06/05 | 0.21897 | USD | 배당 |
| 12 | 2024/01/17 | 2024/05/01 | 2024/05/02 | 2024/05/06 | 0.21381 | USD | 배당 |

| 12개월 배당총액 | 2.70218 | 최근 종가 | 72.02 | 수익률 | 3.75% |
|---|---|---|---|---|---|

### 주요 투자 국가
데이터 기준일 : 2025/02/28

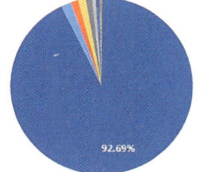

| 국가 | 비중 |
|---|---|
| United States | 92.69 |
| Other | 1.73 |
| United Kingdom | 1.35 |
| Supranational | 1.34 |
| Canada | 1.15 |

### 섹터별 분포
데이터 기준일 : 2024/09/30

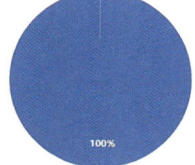

| 섹터 | 비중 |
|---|---|
| 헬스케어 | 100 |
| 소재 | 0 |
| 통신 | 0 |
| 경기소비재 | 0 |
| 필수소비재 | 0 |

# 12. IWF(iShares Russell 1000 Growth ETF)

미국 대형 성장주 ETF의 또 다른 강자! 미국 대형 성장주에 투자하는 그야말로 거대한 ETF 맞습니다. VUG와 함께 미국 대형 성장주 투자의 양대 산맥 중 하나라고 할 수 있죠.

IWF는 어떤 기준으로 성장주를 고를까요? IWF는 '러셀 1000 성장 지수'(Russell 1000 Growth Index)를 추종합니다. 먼저 러셀 1000 지수는 미국 주식 시장의 시가총액 상위 약 1,000개 기업을 포함하는 아주 넓은 범위의 지수입니다(S&P 500보다 약 2배 많은 기업을 담고 있죠). 그중에서 미래 이익 성장률 전망치가 높거나, 자산 가치 대비 주가가 높은 종목들을 선별한 것이 바로 러셀 1000 성장 지수입니다.

그래서 IWF의 포트폴리오를 들여다보면 역시 VUG나 QQQ처럼 애플, 마이크로소프트, 아마존, 엔비디아, 구글 같은 기술주들의 비중이 아주 높게 나타납니다. 미래 성장을 이끌어갈 것으로 기대되는 기업들에 집중 투자하는 겁니다.

그럼 앞서 본 VUG랑 QQQ랑은 뭐가 다른 건가요? VUG랑 비교하면 둘 다 미국 대형 성장주에 투자하지만, 추종하는 기초 지수가 다릅니다. IWF는 '러셀 1000 성장 지수', VUG는 'CRSP US 지수'입니다. 그래서 세부적인 구성 종목이나 비중에 약간의 차이가 있을 수 있어요.

결정적으로 운용 보수가 다릅니다. IWF는 연 0.19% 수준으로 VUG보다 상당히 높습니다. 장기적인 성과는 두 ETF 모두 매우 유사한 흐름을 보여왔습니다.

QQQ는 나스닥 상장 기업 중 금융주를 제외한 딱 100개 기업만 담지만, IWF는 러셀 1000 성장 지수를 따르므로 더 많은 기업(보통 500개 내외)을 담고 있습니다. 따라서 IWF가 QQQ보다는 조금 더 넓은 범위의 성장주에 분산 투자하는 효과가 있습니다. 운용 보수는 QQQ(0.20%)와 비슷한 수준입니다.

IWF 역시 미국 대형 성장주의 상승 흐름에 투자하는 매우 대표적이고 검증된 ETF입니다. 다만 거의 동일한 성과를 기대할 수 있는 경쟁 상품 VUG에 비해 운용 보수가 상당히 높다는 점은 장기 투자자 입장에서 반드시 고려해야 할 중요한 부분입니다. 따라서 미국 대형 성장주 ETF를 고를 때는, IWF와 VUG를 놓고 운용 보수, 추종 지수의 미세한 차이, 그리고 개인적인 운용사 선호도 등을 종합적으로 비교해보고 더 현명한 선택을 하시길 바랍니다.

❖ IWF ETF 운용 현황

# IWF
분류: 주식(성장) 대형혼합형

iShares Russell 1000 Growth

## 기본정보

| | | | |
|---|---|---|---|
| 설정일 | 2000/05/26 | 보수율 | 0.1900 |
| 기초자산 | Russell 1000 Growth TR USD | 추적오차 | 0.0000 |
| 운용사 | iShares | Beta | 1.0000 |
| 순자산(천,$) | 94,241,400 | 배당주기 | Quarterly |
| 주식수(천) | 268,850 | 배당률 | 0.51 |
| 보유종목수 | 398 | 프리미엄/디스카운트 | 0.0040 |

IWF는 Russell 1000 Growth Index에 연결되어 미국 주식시장의 성장분야에 있는 대형주에 대한 투자를 제공한다. 성장 세그먼트에 있는 회사들은 업정난 수익잠재력이 있지만 또한 이 자산클래스와 관련된 위험수준를 높인다. 성장주는 배당소득 더보기

※ 해외벤더로 부터 입수한 내용을 기계번역을 통해 제공하고 있으며, 이 과정에서 정확성(완결성)을 보장할 수 없음

### NAV-순자산

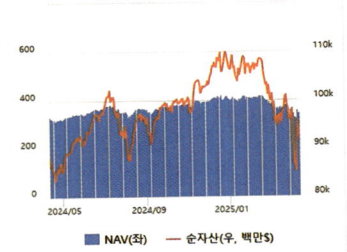

## 배당추이

| 연번 | 공시일 | 권리락일 | 기준일 | 지급일 | 배당금 | 통화 | 비고 |
|---|---|---|---|---|---|---|---|
| 1 | 2024/07/04 | 2025/03/18 | 2025/03/18 | 2025/03/21 | 0.39786 | USD | 배당 |
| 2 | 2023/12/05 | 2024/12/17 | 2024/12/17 | 2024/12/20 | 0.42557 | USD | 배당 |
| 3 | 2023/12/05 | 2024/09/25 | 2024/09/25 | 2024/09/30 | 0.55751 | USD | 배당 |
| 4 | 2023/12/05 | 2024/06/11 | 2024/06/11 | 2024/06/17 | 0.41145 | USD | 배당 |

12개월 배당총액: 1.79039  최근 종가: 350.02  수익률: 0.51%

## 주요 투자 국가

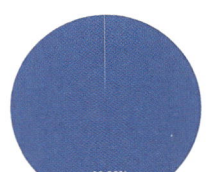

| 국가 | 비중 |
|---|---|
| United States | 99.86 |
| Brazil | 0.14 |
| Puerto Rico | 0 |
| Switzerland | 0 |
| United Kingdom | 0 |

## 섹터별 분포

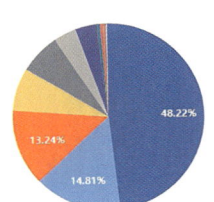

| 섹터 | 비중 |
|---|---|
| it | 48.22 |
| 경기소비재 | 14.81 |
| 통신 | 13.24 |
| 헬스케어 | 7.4 |
| 금융 | 7.02 |

# 13. IJH(iShares Core S&P Mid-Cap ETF)

　지금까지 대형주만 봤죠. 이번에는 중형주입니다. 미국 시장의 튼튼한 허리에 투자한다! 미국 중형주에 투자하며 이 분야에서는 독보적인 인기를 누리는 ETF입니다.

　우리가 흔히 아는 애플, 마이크로소프트 같은 초대형 공룡 기업과, 아직은 작지만 미래 성장 잠재력이 큰 유망주 기업 사이, 중간 사이즈에 해당하는 기업들이 바로 중형주입니다. IJH는 'S&P Mid Cap 400 지수'를 추종하는데요. 이름 그대로 미국 중형주 시장을 대표하는 약 400개의 탄탄한 중견 기업들을 모아놓은 지수입니다. 이 기업들은 각자의 분야에서 이미 상당한 경쟁력을 갖추었지만, 여전히 성장할 여지가 많은 매력적인 기업들이라고 할 수 있죠.

　이 중형주들은 왜 투자 매력이 있을까요? 이미 너무 커버린 대형주보다는 더 높은 성장률을 기록할 잠재력이 있습니다. 미래의 대형주가 될 재목들이 바로 이 중형주 그룹에서 많이 나오죠. S&P 500 같은 대형주 중심 지수와는 다른 산업 비중을 가지는 경우가 많습니다. 따라서 대형주 ETF

와 함께 투자하면 포트폴리오의 분산 효과를 높여줍니다.

그래서 IJH는 S&P 500(대형주) ETF만으로는 뭔가 아쉽다고 느끼는 투자자들에게 사이즈 분산 효과를 제공하고, 포트폴리오에 미래 성장 가능성과 역동성을 더해주는 아주 중요한 역할을 합니다. 운용 보수도 연 0.05% 수준으로 아주 저렴합니다.

IJH는 저렴한 비용으로 미국 중형주 시장에 가장 효과적이고 대표적으로 분산 투자할 수 있는 ETF입니다. 만약 VOO(대형주)+IJH(중형주)+IJR(소형주) 이렇게 세 가지 ETF를 적절히 조합하면? 미국 주식 시장 전체를 사이즈별로 거의 완벽하게 커버하는, VTI(미국 전체 시장 ETF)와 유사하면서도 사이즈 비중을 직접 조절할 수 있는 포트폴리오가 완성됩니다.

❖ **IJH ETF 운용 현황**

# IJH
분류: 주식(종합) 소형혼합형

## iShares Core S&P Mid Cap

### 기본정보

| | | | |
|---|---|---|---|
| 설정월 | 2000/05/26 | 보수율 | 0.0500 |
| 기초자산 | S&P MidCap 400 TR | 추적오차 | 4.8000 |
| 운용사 | iShares | Beta | 1.1000 |
| 순자산(천,$) | 83,089,600 | 배당주기 | Quarterly |
| 주식수(천) | 1,526,950 | 배당률 | 1.53 |
| 보유종목수 | 409 | 프리미엄/디스카운트 | 0.0500 |

IJH는 미국 중형주에 투자를 제공하는 ETF중에 하나이다. IJH는 400개에 가까운 개별종목에 비슷한 비중으로 투자하여 균형 있는 포트폴리오에 대한 투자를 제공한다. 시가총액 가중평균 ETF인 MDY외에 알파수익률을 추구하는 FNX, 동일 가중 평균

※ 해외벤더로 부터 입수한 내용을 기계번역을 통해 제공하고 있으므로 그 과정에서 정확성(완결성)을 보장할 수 없음    더보기

### NAV-순자산

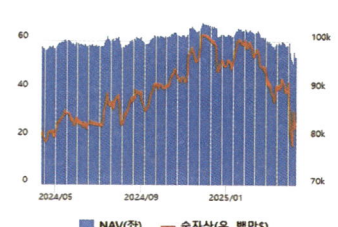

### 배당추이

| 전체 | 자본이익 | 배당 |

| 연번 | 공시일 | 권리락일 | 기준일 | 지급일 | 배당금 | 통화 | 비고 |
|---|---|---|---|---|---|---|---|
| 1 | 2025/03/17 | 2025/03/18 | 2025/03/18 | 2025/03/21 | 0.16296 | USD | 배당 |
| 2 | 2023/12/13 | 2024/12/17 | 2024/12/17 | 2024/12/20 | 0.26690 | USD | 배당 |
| 3 | 2024/09/24 | 2024/09/25 | 2024/09/26 | 2024/09/30 | 0.23901 | USD | 배당 |
| 4 | 2023/12/13 | 2024/06/11 | 2024/06/11 | 2024/06/17 | 0.16145 | USD | 배당 |

| 12개월 배당총액 | 0.83032 | 최근 종가 | 54.37 | 수익률 | 1.53% |

### 주요 투자 국가

데이터 기준일 : 2025/04/09

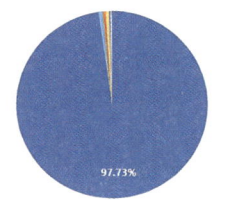

### 섹터별 분포

데이터 기준일 : 2025/04/09

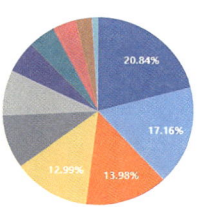

| 국가 | 비중 |
|---|---|
| ● United States | 97.73 |
| ● Canada | 0.68 |
| ● United Kingdom | 0.49 |
| ● Mexico | 0.46 |
| ● India | 0.3 |

| 섹터 | 비중 |
|---|---|
| ● 산업재 | 20.84 |
| ● 금융 | 17.16 |
| ● 경기소비재 | 13.98 |
| ● it | 12.99 |
| ● 헬스케어 | 9.25 |

# 14. GLD(SPDR Gold Shares)

주식도 채권도 아닌, 아주 특별하고 오랜 역사를 가진 자산! 번쩍번쩍 빛나는 금(Gold)에 투자하는 대표적인 ETF입니다. 전 세계 금 관련 ETF 중에서는 단연 대표 선수이자 가장 큰 형님 격입니다(금 ETF계의 황제!). 이 ETF를 만든 운용사는 스테이트 스트리트의 SPDR 브랜드입니다.

그런 GLD는 금을 캐는 광산 회사 주식이나 금 가격을 따라가는 파생상품이 아닙니다. GLD는 진짜 번쩍번쩍 빛나는 실물 금괴를 사서 영국 런던 등 세계 곳곳의 안전한 금고에 보관하고, 그 금에 대한 소유권을 주식처럼 잘게 쪼개서 우리가 증권 시장에서 쉽게 사고팔 수 있도록 만든 상품입니다. 즉, GLD 한 주를 산다는 것은 실물 금을 일정량 사는 것과 거의 같은 효과를 내는 거죠.

그런데 금은 이자나 배당금이 안 나옵니다. 그런데 투자를 하는 이유는 금이 아주 오랜 옛날부터 인류 역사와 함께해온 특별한 자산이기 때문입니다. 다른 어떤 것보다 우선시되는 안전 자산이지요.

전쟁이 나거나, 금융 시스템이 흔들리거나, 극심한 경제 위기가 닥치면 사람들은 불안해서 주식 같은 위험 자산 대신 가장 안전하다고 믿는 자산으로 몰려들죠. 그 대표적인 피난처가 바로 금입니다. 역사적으로 증명된 가치 저장 수단인 셈이죠.

또 물가가 마구 올라서 내가 가진 돈의 가치가 떨어지는 인플레이션 시기에, 실물 자산인 금은 그 가치를 비교적 잘 지켜주는 구매력 보존 수단으로서의 역할을 기대받습니다. 트럼프 2기 초기에 경제가 불안해지자 다른 자산은 맥을 못 추는데 거의 유일하게 금만 상승했습니다. 믿을 건 금 밖에 없다는 것이죠.

금에 투자하는 또다른 이유는 포트폴리오 분산 효과입니다. 금은 주식이나 채권과는 전혀 다르게 움직이는 경향이 있습니다. 포트폴리오에 금 ETF를 일정 비율 담아두면, 주식 시장이 폭락할 때 충격을 완화해주고 전체 포트폴리오의 변동성을 줄여주는 아주 중요한 분산 투자 효과를 얻을 수 있습니다.

옛날에는 금에 투자하려면 무거운 금괴를 직접 사서 집에 숨겨두거나 비싼 은행 금고를 이용해야 했죠. GLD는 그런 번거로움 없이 주식처럼 간편하게 실물 금 가격의 움직임에 투자할 수 있게 해주는 아주 혁신적이고 편리한 도구인 겁니다.

다만 금을 실제로 사서 안전하게 보관하고 관리해야 하니 운용 보수(연 0.40%)가 일반적인 주식/채권 지수 ETF보다는 상대적으로 높다는 점, 그리고 금 가격 역시 달러 가치나 실질 금리, 시장 심리 등 다양한 요인에 따라 오르기도 하고 내리기도 한다는 점은 꼭 기억해야 합니다. 금이라고 무조건 오르는 건 아니에요. 금도 물릴 수 있습니다.

GLD는 실물 금에 가장 쉽게 투자할 수 있습니다. 내 포트폴리오에 안정성과 분산 효과를 더하고 싶은 투자자에게 아주 유용한 ETF입니다. 블랙록의 IAU는 GLD와 거의 동일하게 실물 금에 투자하지만 운용 보수가 연 0.25%로 더 저렴해서 인기가 많습니다.

❖ GLD ETF 운용 현황

# GLD
분류: 상품(귀금속)
SPDR Gold Shares Trust

## 기본정보

| | | | |
|---|---|---|---|
| 설정일 | 2004/11/18 | 보수율 | 0.4000 |
| 기초자산 | LBMA Gold Price PM USD | 추적오차 | 12.2700 |
| 운용사 | SPDR State Street Global Advisors | Beta | 0.6000 |
| 순자산(천,$) | 98,986,800 | 배당주기 | None |
| 주식수(천) | 331,100 | 배당률 | 0.00 |
| 보유종목수 | 1 | 프리미엄/디스카운트 | 0.8700 |

IAU(iShares Gold Trust)와 함께 선물이 아닌 금 현물에 투자하는 대표적인 상품으로, 벤치마크는 LBMA Gold Price PM(London Bullion Market Association, 런던귀금속연합)이 발표하는 오후 4시 가격이다. 가격 변동에 대한 헤지전략을 사...
※ 해외벤더로 부터 입수한 내용을 기계번역을 통해 제공하고 있으며, 이 과정에서 정확성(완결성)을 보장할 수 없음
더보기

### NAV-순자산

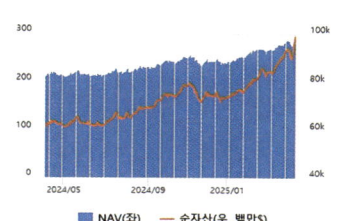

### 배당추이

| 전체 | 자본이익 | 배당 |

ⓘ 해당종목에 대한 정보가 없습니다.

| 12개월 배당총액 | | 최근 종가 | 292.35 | 수익률 | % |

ⓘ "자본이익"과 "배당"은 펀드 내 분배 재원을 뜻합니다.
ⓘ 최초 공시 이후 최종 공시가 수정되어 해당 내용이 업데이트 되거나 삭제 될 수 있습니다. 또한, 본 정보는 해당 기업의 공시정보를 벤더사가 수기 처리한 내용으로 언제든지 상이하거나, 누락 및 오류의 가능성이 있습니다.

### 주요 투자 국가
데이터 기준일 : 2025/04/09

### 섹터별 분포
데이터 기준일 : 2024/11/01

ⓘ 해당종목에 대한 정보가 없습니다

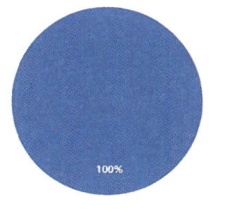

| 국가 | 비중 |
|---|---|
| Other | 100 |

### 시가총액별 분포
데이터 기준일 : 2025/04/10

| 중형 | % |
| 대형 | % |
| 초대형 | % |

### 투자 자산 분포
데이터 기준일 : 2025/04/09

| 기타 | 100.00% |
| 현금성자산 | 0.00% |
| 채권 | 0.00% |

# 15. VIG
## (Vanguard Dividend Appreciation ETF)

　배당주 ETF 중에서도 아주 특별한 컨셉의 ETF입니다. 미국 배당 성장주에 투자하며 미국 전체 배당 ETF 중에서 가장 덩치가 큰 형님 격인 ETF입니다. 운용 보수도 연 0.05% 수준으로 아주 착하고 인기도 좋습니다.

　VIG는 단순히 지금 당장 배당금을 많이 주는 고배당 ETF(VYM 등)와는 조금 달라요. VIG가 주목하는 것은 바로 '배당 성장'입니다! 즉, 최소 10년 이상! 단 한 해도 거르지 않고 꾸준히, 매년 배당금을 늘려온 정말 징글징글하게 성실하고 꾸준한 우등생 기업들만 까다롭게 골라 담는다는 거죠. 10년 이상 배당 성장이니 대단하죠.

　이렇게 꾸준히 배당금을 늘릴 수 있다는 건 그만큼 기업이 꾸준히 이익을 잘 내고 있고, 재무 상태도 튼튼하며, 앞으로도 계속 성장할 가능성이 높고, 주주들에게 이익을 돌려주려는 의지까지 갖췄다는 겁니다. 그래서 VIG에는 자연스럽게 각 산업 분야의 우량하고 안정적인 기업들이 많이 포함되어 있습니다. 마이크로소프트, JP모건, 존슨앤존슨, P&G 같은 기업들이죠.

VIG는 단순히 현재의 높은 배당 수익률을 보고 투자하는 것이 아닙니다. VIG 투자자들은 미래에 점점 더 늘어날 성장하는 배당금과 함께, 이 우량 기업들의 안정적인 주가 상승까지 함께 기대하는 거죠. 마치 건물값도 오르고 월세도 꾸준히 오르는 똘똘한 건물주 느낌이랄까요. 장기적으로 볼 때 꾸준히 증가하는 현금 흐름과 함께 시장 전체보다 낮은 변동성을 추구하는, 투자자에게 아주 매력적인 선택지가 될 수 있습니다.

그래서 VIG는 안정적인 장기 성장과 꾸준히 늘어나는 배당 수익을 동시에 원하는 투자자들의 핵심 포트폴리오 자산이 되기도 하고, 변동성이 큰 성장주 중심 포트폴리오의 안정성을 보완해주는 역할도 톡톡히 해냅니다.

VIG는 저렴한 비용으로 10년 이상 꾸준히 배당을 늘려온 미국 우량 기업에 쉽고 효과적으로 분산 투자하여, 장기적으로 성장하는 배당과 안정적인 성과를 추구하는 최고의 ETF 중 하나입니다. 화끈한 성장보다는 꾸준함과 안정성의 힘을 믿는다면, VIG!

❖ **VIG ETF 운용 현황**

# VIG

분류: 주식(배당) 대형혼합형

Vanguard Dividend Appreciation

## 기본정보

| | | | |
|---|---|---|---|
| 설정일 | 2006/04/27 | 보수율 | 0.0500 |
| 기초자산 | NASDAQ US Div Achievers Select TR USD | 추적오차 | 5.3900 |
| 운용사 | Vanguard | Beta | 0.8300 |
| 순자산(천,$) | 81,494,300 | 배당주기 | Quarterly |
| 주식수(천) | 448,584 | 배당률 | 1.92 |
| 보유종목수 | 340 | 프리미엄/디스카운트 | -0.0500 |

상기 상품은 과거 배당을 지속적으로 확대한 종목으로 구성된 NASDAQ US Dividend Achievers Select Index를 추종하며, 모든 자산 또는 펀드의 대부분의 자산을 기준 지수에 포함된 종목에 투자하도록 설계되었습니다. 그리고 각 종목의 투자비중

※ 해외엔터티 부터 입수한 내용을 기계번역을 통해 제공하고 있으며, 이 과정에서 정확성(완결성)을 보장할 수 없음.   더보기

## NAV-순자산

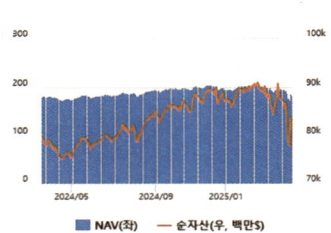

## 배당추이

| 연번 | 공시일 | 권리락일 | 기준일 | 지급일 | 배당금 | 통화 | 비고 |
|---|---|---|---|---|---|---|---|
| 1 | 2025/03/25 | 2025/03/27 | 2025/03/27 | 2025/03/31 | 0.93770 | USD | 배당 |
| 2 | 2024/12/19 | 2024/12/23 | 2024/12/23 | 2024/12/26 | 0.87560 | USD | 배당 |
| 3 | 2024/09/25 | 2024/09/27 | 2024/09/27 | 2024/10/01 | 0.83510 | USD | 배당 |
| 4 | 2024/06/26 | 2024/06/28 | 2024/06/28 | 2024/07/02 | 0.89920 | USD | 배당 |

| 12개월 배당총액 | 3.54760 | 최근 종가 | 184.75 | 수익률 | 1.92% |
|---|---|---|---|---|---|

## 주요 투자 국가

데이터 기준일 : 2025/02/28

| 국가 | 비중 |
|---|---|
| United States | 99.34 |
| Switzerland | 0.56 |
| Canada | 0.1 |
| Other | 0 |

## 섹터별 분포

데이터 기준일 : 2025/02/2

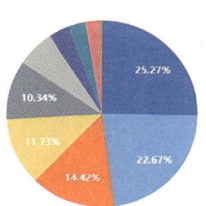

| 섹터 | 비중 |
|---|---|
| it | 25.27 |
| 금융 | 22.67 |
| 헬스케어 | 14.42 |
| 필수소비재 | 11.73 |
| 산업재 | 10.34 |

# 16. IEMG
## (iShares Core MSCI Emerging Markets ETF)

　이번에는 선진국 시장(미국, 유럽, 일본 등)을 넘어, 미래의 폭발적인 성장 잠재력을 품고 있는 그곳! 바로 신흥국 시장에 투자하는 블랙록의 대표적인 ETF입니다(신흥국 투자의 교과서!).

　IEMG가 투자하는 신흥국은 어디일까요? 지금 한창 경제가 눈부시게 발전하고 있는 나라들을 생각하시면 됩니다. 대표적으로 중국, 인도, 대만, 브라질, 그리고 놀랍게도 우리나라 대한민국도 MSCI 지수 분류 기준으로는 아직 신흥국에 포함되어 있습니다(FTSE 지수 기준으로는 선진국). IEMG는 바로 이런 다양한 신흥국들의 대기업부터 중견기업, 심지어 소형주까지 수천 개의 기업에 골고루 분산 투자하는 ETF입니다. 신흥국 주식 종합 선물 세트같지요.

　미국, 유럽 같은 안전한 선진국을 놔두고 위험해 보이는 신흥국에 투자하는 이유는 바로 폭발적인 성장 잠재력입니다. 젊고 역동적인 인구 구조, 빠르게 늘어나는 중산층 소비, 높은 경제 성장률. 잘 풀리기만 한다면 선진국 시장에서는 기대하기 어려운 훨씬 높은 수익률을 안겨줄 수 있는 곳이 바로 신흥국 시장이죠. 또한 미국이나 유럽과는 다른 경제 사이클을 가지는 경우가 많아 포트폴리오 분산 투자 효과도 기대할 수 있습니다.

하지만 높은 기대 수익률만큼 위험 또한 훨씬 크다는 점을 절대 잊으면 안 됩니다. 신흥국 투자는 '양날의 검'과 같아요. 신흥국은 주가 변동성이 선진국 시장보다 크고, 정치적 불안정, 갑작스러운 정책 변경, 외환 위기 등 돌발 변수가 훨씬 많습니다. 또한 각국 통화 가치 변동도 매우 커서 수익률을 크게 갉아먹을 수 있습니다. 그리고 기업 지배구조나 회계 투명성이 상대적으로 낮은 경우도 많고요.

따라서 신흥국 ETF는 포트폴리오의 핵심으로 가져가기보다는, 높은 성장성을 노리고 전체 자산의 일부만 담는 전략으로 활용하는 것이 일반적입니다. 운용 보수는 연 0.09% 수준으로 신흥국 투자 ETF 중에서는 매우 저렴한 편입니다.

IEMG는 저렴한 비용으로 다양한 신흥국 시장 전체(대/중/소형주)에 가장 폭넓게 분산 투자할 수 있는 대표적인 ETF입니다. 하지만 높은 성장 잠재력만큼이나 예측 불가능한 높은 위험을 동반한다는 점을 반드시 명확히 인지하고 자신의 위험 감수 능력 범위 내에서 신중하게 투자해야 합니다.

❖ IEMG ETF 운용 현황

# IEMG
분류: 주식(종합) 대형성장형

## iShares Core MSCI Emerging Markets

### 기본정보

| | | | |
|---|---|---|---|
| 설정일 | 2012/10/22 | 보수율 | 0.0900 |
| 기초자산 | MSCI EM IMI NR USD | 추적오차 | 2.8300 |
| 운용사 | iShares | Beta | 0.7900 |
| 순자산(천,$) | 78,964,200 | 배당주기 | Semi-Annually |
| 주식수(천) | 1,540,800 | 배당률 | 3.24 |
| 보유종목수 | 2,745 | 프리미엄/디스카운트 | 0.5000 |

IEMG는 신흥시장의 대형, 중형, 소형주로 이루어진 MSCI Emerging Markets Investable Market Index의 수익률을 추종함으로써 신흥시장 주식에 대한 폭넓은 투자를 제공한다. IEMG는 장기 성장을 추구하는 포트폴리오나 전세계적으로 다각화 하
※ 해외벤더로 부터 입수한 내용을 기계번역을 통해 제공하며, 이 과정에서 정확성(완결성)을 보장할 수 없음    더보기

### NAV-순자산

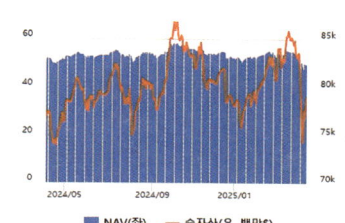

### 배당추이

| 연번 | 공시일 | 권리락일 | 기준일 | 지급일 | 배당금 | 통화 | 비고 |
|---|---|---|---|---|---|---|---|
| 1 | 2023/12/04 | 2024/12/17 | 2024/12/17 | 2024/12/20 | 1.16255 | USD | 배당 |
| 2 | 2023/12/04 | 2024/06/11 | 2024/06/11 | 2024/06/17 | 0.50949 | USD | 배당 |

| 12개월 배당총액 | 1.67204 | 최근 증가 | 51.66 | 수익률 | 3.24% |

### 주요 투자 국가
데이터 기준일 : 2025/04/09

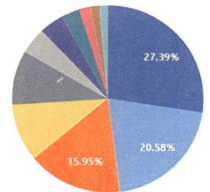

| 국가 | 비중 |
|---|---|
| China | 27.39 |
| India | 20.58 |
| Taiwan | 15.95 |
| Other | 9.98 |
| South Korea | 9.4 |

### 섹터별 분포
데이터 기준일 : 2025/04/09

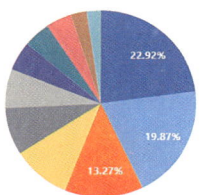

| 섹터 | 비중 |
|---|---|
| 금융 | 22.92 |
| IT | 19.87 |
| 경기소비재 | 13.27 |
| 통신 | 9.94 |
| 산업재 | 8.22 |

# 17. VXUS
## (Vanguard Total International Stock ETF)

VXUS는 미국 빼고 전 세계 주식 시장을 통째로 담는 ETF입니다. 미국을 제외한 전 세계 주식에 투자하며 글로벌 투자 ETF 중 매우 중요한 위치를 차지하는 거대 ETF이지요. 운용사는 뱅가드입니다.

가끔 이런 생각을 하는 투자자가 있습니다. "전 세계 모든 주식을 사고 싶다!" 하지만 워렌 버핏이나 일론 머스크 아닌 이상 불가능하고, 돈이 있어도 할 필요 없는 쓸데없는 짓이죠. 정말 이런 돈이 있으면 전 국민에게 커피 한 잔씩 돌리세요. 이런 짓을 하면 "주식하다가 미쳤다"는 소리 듣기 딱 좋습니다! 하지만 미국이라면? "까짓거 니 소원을 들어주겠다!" 하고 만든 ETF가 바로 VXUS입니다. 전에 말했죠. ETF는 여러분이 상상하는 모든 것을 만들어놓았습니다.

VXUS는 어떻게 투자를 하길래 소원을 들어준 ETF일까요? 앞서 우리가 살펴본 ETF들과 비교하면 이해가 쉽습니다. VEA/IEFA는 미국 제외 선진국 주식에 투자했죠? VWO/IEMG는? 신흥국 주식에 투자했고요.

VXUS는 이 둘을 합친 것보다 더 넓은 범위를 커버합니다. 미국만 쏙 빼고 나머지 전 세계 거의 모든 나라의 주식 시장을 담고 있습니다. 즉, 유럽, 일본, 캐나다, 호주 같은 선진국뿐만 아니라 중국, 인도, 대만, 한국, 브라질 같은 신흥국까지(선진국+신흥국 올인원 패키지!). 게다가 대기업부터 중견기업, 소형주까지 그 나라 시장의 거의 모든 주식(8,629개)을 시가총액 비중대로 몽땅 담고 있는 '미국 제외 지구촌 주식 종합 선물 세트'라고 할 수 있습니다.

와! 엄청나죠. 그런데 왜 이렇게 투자하는 걸까요? 바로 궁극의 지역 분산 투자 효과 때문입니다. 미국 시장이 아무리 세계 1등이라고 해도, 전 세계 모든 성장 기회를 미국이 독차지할 수는 없겠죠? VXUS는 미국 외 다른 모든 지역에서 발생하는 성장 과실까지 함께 누릴 수 있게 해줍니다. 또한 미국 시장이 부진하거나 특정 위험에 노출될 때, 다른 지역 시장이 선전하면서 포트폴리오 전체의 위험을 분산시키고 안정성을 높여주는 아주 중요한 역할을 합니다.

VXUS는 누구와 가장 환상의 짝꿍일까요? 바로 미국 시장 전체에 투자하는 ETF(VTI 또는 VOO)입니다. 예를 들어 VTI(미국 전체 시장)+VXUS(미국 제외 전 세계) 이렇게 딱 두 개만 조합하면? 그야말로 전 세계 주식 시장 전체에 투자하는 효과를 얻는 거죠. 사실상 VT(전 세계 주식 ETF)와 거의 유사해집니다.

투자자는 VTI와 VXUS의 비중을 조절하면서(예를 들어 미국 60% : 해외 40%, 또는 50:50), 자신이 원하는 대로 미국과 그 외 지역의 투자 비율을 직접 결정할 수 있다는 장점이 있습니다. 물론 전 세계 수많은 국가에 투자하는 만큼 다양한 통화에 대한 환율 변동 위험과 신흥국 시장이 가지고 있는 여러 위험은 당연히 포함되어 있다는 점은 인지해야 합니다.

VXUS는 초저비용으로 미국을 제외한 전 세계 주식 시장(선진국+신흥국, 대/중/소형주 모두)에 가장 폭넓고 간편하게 분산 투자할 수 있는 최고의 글로벌 투자 도구입니다. 미국 중심 포트폴리오에서 벗어나 진정한 글로벌 분산 투자를 완성하고 싶다면? VXUS!

❖ VXUS ETF 운용 현황

# VXUS
분류 : 주식(종합) 대형혼합형

Vanguard Total International Stock

## 기본정보

| | | | |
|---|---|---|---|
| 설정일 | 2011/01/28 | 보수율 | 0.0500 |
| 기초자산 | FTSE Global All Cap ex US (USA) NR USD | 추적오차 | 2.1200 |
| 운용사 | Vanguard | Beta | 1.0100 |
| 순자산(전,$) | 80,163,100 | 배당주기 | Quarterly |
| 주식수(천) | 1,341,190 | 배당률 | 3.25 |
| 보유종목수 | 8,629 | 프리미엄/디스카운트 | 0.2100 |

### NAV-순자산

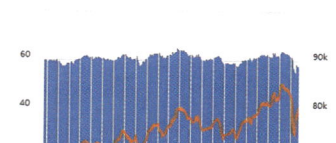

상기 ETF는 미국을 제외한 선진 시장과 신흥 시장에 위치한 회사가 발행한 주식의 투자 수익률을 측정하는 벤치 마크 지수의 성과를 추적하고자합니다. 이 펀드는 미국을 제외한 선진국 및 신흥 시장에 위치한 회사의 주식 시장 성과를 측정하기 위함
※ 해외벤더로 부터 입수한 내용을 기계번역을 통해 제공하고 있으며, 이 과정에서 정확성(완결성)을 보장할 수 없음     더보기

## 배당추이   전체 | 자본이익 | 배당

| 연번 | 공시일 | 권리락일 | 기준일 | 지급일 | 배당금 | 통화 | 비고 |
|---|---|---|---|---|---|---|---|
| 1 | 2025/03/19 | 2025/03/21 | 2025/03/21 | 2025/03/25 | 0.19090 | USD | 배당 |
| 2 | 2024/12/18 | 2024/12/20 | 2024/12/20 | 2024/12/24 | 1.00490 | USD | 배당 |
| 3 | 2024/09/18 | 2024/09/20 | 2024/09/20 | 2024/09/24 | 0.27230 | USD | 배당 |
| 4 | 2024/06/18 | 2024/06/21 | 2024/06/21 | 2024/06/25 | 0.48350 | USD | 배당 |
| 12개월 배당총액 | | 1.95160 | 최근 종가 | 60.03 | 수익률 | | 3.25% |

## 주요 투자 국가
데이터 기준일 : 2025/02/28

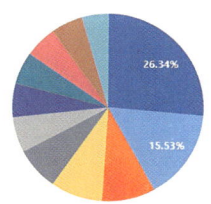

| 국가 | 비중 |
|---|---|
| Other | 26.34 |
| Japan | 15.53 |
| United Kingdom | 9.09 |
| China | 8.75 |
| Canada | 7.44 |

## 섹터별 분포
데이터 기준일 : 2025/02/28

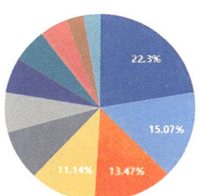

| 섹터 | 비중 |
|---|---|
| 금융 | 22.3 |
| 산업재 | 15.07 |
| it | 13.47 |
| 경기소비재 | 11.14 |
| 헬스케어 | 8.74 |

# 18. VWO
## (Vanguard FTSE Emerging Markets ETF)

신흥국 ETF의 또 다른 거인! 신흥국 주식에 투자하며 IEMG와 쌍벽을 이루는 초대형 ETF입니다. 운용사는 뱅가드, 운용 보수도 연 0.07% 수준입니다.

VWO는 어떤 신흥국들에 투자할까요? IEMG와 비교해보면 중요한 차이가 있습니다. VWO는 'FTSE 신흥국 지수'를 추종하는데요, 여기에는 중국, 인도, 대만, 브라질 등 빠르게 성장하고 있는 수많은 개발도상국들의 수천 개 기업, 대기업부터 중견기업, 소형주까지 포함되어 있습니다.

신흥국 투자의 매력은 앞서 IEMG 설명에서도 말씀드렸듯이, 바로 폭발적인 성장 잠재력입니다. 젊은 인구가 많고, 경제가 빠르게 발전하며 중산층 소비가 폭발적으로 늘어나는 곳이죠. 잘 풀리기만 한다면 미국이나 유럽 같은 선진국 시장에서는 기대하기 어려운 훨씬 높은 수익률을 안겨 줄 수 있습니다. 또한 선진국 시장과는 다른 경제 사이클을 가지는 경우가 많아 포트폴리오 분산 투자 효과도 기대할 수 있고요.

하지만 신흥국 투자는 그만큼 예측 불가능한 높은 위험을 동반합니다. '양날의 검'이라는 점을 절대 잊으시면 안 됩니다. 주가 변동성이 선진국 시장보다 훨씬 크고, 정치적 불안정(쿠데타), 갑작스러운 정책 변경(중국 규제 쇼크), 외환 위기 등 예측 불가능한 위험이 훨씬 많습니다. 더불어 환율 위험과 투명성이 부족하죠.

앞서 본 IEMG와 VWO, 둘 중 뭘 골라야 할까요? 추종하는 기초 지수(IEMG는 MSCI, VWO는 FTSE)가 달라서 세부적인 국가 비중이나 포함되는 종목 수에는 약간의 차이가 있습니다. 하지만 가장 큰 결정적인 차이점은 바로 대한민국 포함 여부입니다.

- **IEMG(MSCI 지수 추종):** 한국을 신흥국으로 분류하여 포트폴리오에 포함합니다.
- **VWO(FTSE 지수 추종):** 한국을 선진국으로 분류하여 포트폴리오에서 제외합니다.

따라서 내가 한국 주식은 KOSPI 200 ETF 등으로 이미 충분히 가지고 있어서, 한국을 제외한 순수한 해외 신흥국에만 투자하고 싶다면 VWO가 더 적합한 선택지가 될 수 있습니다. 반대로 한국까지 포함된 좀 더 넓은 의미의 신흥국 전체에 투자하고 싶다면 IEMG를 고려할 수 있겠죠.

신흥국 ETF(VWO, IEMG 등)는 높은 위험 때문에 전체 자산의 일부만 담는 전략을 활용하는 것이 일반적입니다. 이제 따로 얘기 안 해도 아시겠죠?

❖ VWO ETF 운용 현황

# VWO
분류: 주식(종합) 대형성장형

## Vanguard FTSE Emerging Markets

### 기본정보

| | | | |
|---|---|---|---|
| 설정일 | 2005/03/10 | 보수율 | 0.0700 |
| 기초자산 | FTSE EMs AC China A Incl (US RIC) NR USD | 추적오차 | 3.6900 |
| 운용사 | Vanguard | Beta | 0.7900 |
| 순자산(천,$) | 77,387,300 | 배당주기 | Quarterly |
| 주식수(천) | 1,811,920 | 배당률 | 3.29 |
| 보유종목수 | 4,974 | 프리미엄/디스카운트 | 0.7400 |

상기 상품은 전세계 이머징 시장 주식 약 3,658개로 구성된 FTSE Emerging Markets All Cap China A Inclusion Index를 추종하며, 전세계에서 규모가 가장 큰 ETF 중 하나로 오랫동안 이머징 시장의 대표 ETF로 평가받고 있다.

※ 해외밴더로 부터 입수한 내용을 기계번역을 통해 제공하므로, 이 과정에서 정확성(완결성)을 보장할 수 없음  더보기

### NAV-순자산

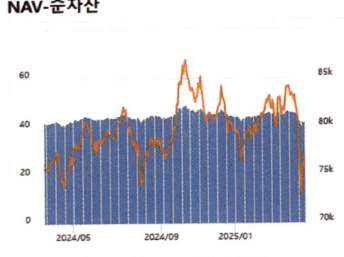

### 배당추이

| 연번 | 공시일 | 권리락일 | 기준일 | 지급일 | 배당금 | 통화 | 비고 |
|---|---|---|---|---|---|---|---|
| 1 | 2025/03/19 | 2025/03/21 | 2025/03/21 | 2025/03/25 | 0.04680 | USD | 배당 |
| 2 | 2024/12/18 | 2024/12/20 | 2024/12/20 | 2024/12/24 | 1.06560 | USD | 배당 |
| 3 | 2024/09/18 | 2024/09/20 | 2024/09/20 | 2024/09/24 | 0.13440 | USD | 배당 |
| 4 | 2024/06/18 | 2024/06/21 | 2024/06/21 | 2024/06/25 | 0.17040 | USD | 배당 |

| 12개월 배당총액 | 1.41720 | 최근 종가 | 43.1 | 수익률 | 3.29% |
|---|---|---|---|---|---|

### 주요 투자 국가

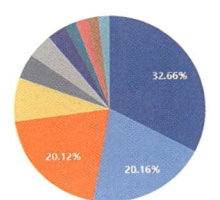

| 국가 | 비중 |
|---|---|
| China | 32.66 |
| Taiwan | 20.16 |
| India | 20.12 |
| Other | 7.59 |
| Saudi Arabia | 4.4 |

### 섹터별 분포

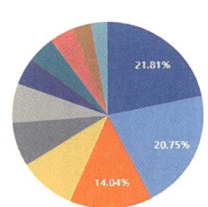

| 섹터 | 비중 |
|---|---|
| 금융 | 21.81 |
| it | 20.75 |
| 경기소비재 | 14.04 |
| 통신 | 9.6 |
| 산업재 | 7.69 |

## 19. IJR(iShares Core S&P Small-Cap ETF)

　미국 시장의 미래 성장 동력을 찾아서! 거인들(대형주) 사이에서 쑥쑥 크는 작은 거인들에 투자하는 ETF입니다. 블랙록이 운용사이고 미국 소형주에 투자하며, 소형주 ETF 중에서 가장 인기 있는 상품입니다.

　IJR이 담고 있는 소형주(Small-Cap)는 뭘까요? 우리가 아는 초대형 기업(대형주), 탄탄한 중견 기업(중형주)보다 시가총액 규모는 작지만, 성장 잠재력이 무궁무진할 수 있는 '미래의 챔피언' 후보들입니다. 한마디로 떡잎부터 투자를 하겠다는 거죠.

　IJR은 'S&P Small-Cap 600 지수'를 추종하는데요, 이건 단순히 덩치 작은 회사 600개를 모아놓은 게 아니에요. S&P 지수 위원회의 최근 4분기 이익 합계 흑자라는 깐깐한 필터를 통과한 알짜배기 소형 우량주들을 선별해서 담는다는 특징이 있습니다. 그냥 소형주가 아니고 수익이 검증된 종목들입니다.

　소형주에 투자하는 이유는 폭발적인 성장 잠재력입니다. 몸집이 가벼운 만큼, 경기가 좋아지거나 새로운 기술이 등장했을 때 대형주보다 훨씬 더 빠르게, 더 높이 성장할 가능성을 가지고 있습니다. 미래의 구글, 아마존을 미리 찾아내겠다는 거죠. 하나만 걸려라, 이겁니다.

그리고 분산 투자 효과입니다. 소형주들은 대형주들과는 다른 산업 비중과 경기 민감도를 가지는 경우가 많아, 포트폴리오에 함께 담으면 분산 효과를 높여주어 전체 위험을 줄입니다.

하지만 작은 만큼 대형주나 중형주보다 주가 변동성이 훨씬 큽니다. 또 아무래도 덩치가 작다 보니 경제 위기나 경쟁 심화에 더 취약하고, 심하면 망할 위험도 대형주보다 높습니다.

따라서 IJR 같은 소형주 ETF는 추가적인 성장성을 노리고 전체 자산의 일부만 담는 전략으로 활용하는 것이 좋습니다. 대형주 ETF나 중형주 ETF와 함께 분산 투자를 완성하는 중요한 퍼즐 조각이죠. 운용 보수도 연 0.06% 수준으로 아주 저렴합니다.

IJR은 저렴한 비용으로 미국의 알짜배기 소형 우량주(S&P 600)에 효과적으로 분산 투자하여 미래 성장 잠재력을 노려볼 수 있는 대표적인 소형주 ETF입니다.

❖ **IJR ETF 운용 현황**

# IJR
분류: 주식(종합) 소형혼합형

iShares Core S&P Small Cap

## 기본정보

| | | | |
|---|---|---|---|
| 설정일 | 2000/05/26 | 보수율 | 0.0600 |
| 기초자산 | S&P SmallCap 600 TR USD | 추적오차 | 5.8100 |
| 운용사 | iShares | Beta | 1.1400 |
| 순자산(천,$) | 70,993,100 | 배당주기 | Quarterly |
| 주식수(천) | 743,800 | 배당률 | 2.47 |
| 보유종목수 | 612 | 프리미엄/디스카운트 | -0.0300 |

IJR은 미국 소형주로 이루어진 지수를 추종하는 ETF이다. 소형주는 앞으로 성장할 가능성이 많고 그 중 일부가 대형주가 될 수 있는 가능성이 있지만 그만큼 일정 리스크를 수반한다는 점을 유의해야 한다. IJR는 여러 개의 섹터에 걸쳐 600개가 넘
※ 해외벤더로 부터 입수한 내용을 기계번역을 통해 제공하고 있으며, 이 과정에서 정확성(완결성)을 보장할 수 없음    더보기

### NAV-순자산

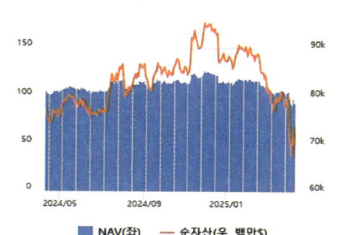

## 배당추이

| | 전체 | 자본이익 | 배당 | | | | | |
|---|---|---|---|---|---|---|---|---|
| 연번 | 공시일 | 권리락일 | 기준일 | 지급일 | 배당금 | 통화 | 비고 | |
| 1 | 2025/03/17 | 2025/03/18 | 2025/03/18 | 2025/03/21 | 0.32318 | USD | 배당 | |
| 2 | 2023/12/07 | 2024/12/17 | 2024/12/17 | 2024/12/20 | 1.13760 | USD | 배당 | |
| 3 | 2024/09/24 | 2024/09/25 | 2024/09/26 | 2024/09/30 | 0.51483 | USD | 배당 | |
| 4 | 2023/12/07 | 2024/06/11 | 2024/06/11 | 2024/06/17 | 0.38572 | USD | 배당 | |

| 12개월 배당총액 | 2.36133 | 최근 종가 | 95.41 | 수익률 | 2.47% |
|---|---|---|---|---|---|

## 주요 투자 국가
데이터 기준일: 2025/04/08

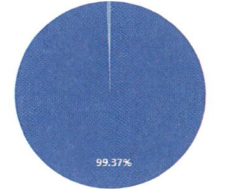

| | 국가 | 비중 |
|---|---|---|
| ● | United States | 99.37 |
| ● | Puerto Rico | 0.58 |
| ● | Hong Kong | 0.05 |
| ● | Other | 0 |

## 섹터별 분포
데이터 기준일: 2025/04/09

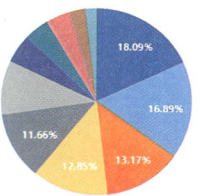

| | 섹터 | 비중 |
|---|---|---|
| ● | 금융 | 18.09 |
| ● | 산업재 | 16.89 |
| ● | 경기소비재 | 13.17 |
| ● | IT | 12.85 |
| ● | 헬스케어 | 11.66 |

# 20. VGT
## (Vanguard Information Technology ETF)

　미국 IT 기술 섹터 전체에 투자하는 가장 대표적인 ETF 중 하나입니다. 뱅가드가 운용하는데 보수도 연 0.09% 수준으로 QQQ(0.20%)보다 저렴하나 조금 비싼 편입니다.

　VGT가 담고 있는 정보기술(IT) 섹터는 우리가 매일 사용하는 소프트웨어, 스마트폰, PC 등 하드웨어, 그리고 이 모든 것의 기반이 되는 반도체 및 관련 장비 등을 만들고 관련 서비스를 제공하는 기업들을 의미합니다. 그야말로 미국의 첨단 기술력을 대표하는 기업들의 총집합이라고 할 수 있죠.

　기술주 비중이 매우 높은 QQQ와 서로 비슷하지만 결정적인 차이가 있습니다. QQQ는 나스닥 거래소에 상장된 기업 중 금융주를 제외한 상위 100개 기업을 담습니다. 그래서 기술주 외에도 구글, 메타 같은 커뮤니케이션 서비스 기업이나 아마존, 테슬라 같은 임의 소비재 기업들도 높은 비중으로 포함되어 있습니다. VGT는 'GICS'라는 좀 더 엄격한 기준에 따라 오직 정보기술 섹터로 분류된 기업들만 쏙쏙 골라 담습니다. 미국 전체 시장 내 IT 기업 약 300개 이상이 포함됩니다.

즉, QQQ가 나스닥 중심의 기술 성장주에 가깝다면, VGT는 더 순수한 IT 섹터 자체에 투자하는 ETF라고 할 수 있습니다. 그래서 VGT에는 구글, 메타, 아마존, 테슬라 같은 기업들은 포함되지 않습니다. 분류 기준이 다르기 때문이죠.

VGT는 미래 사회는 결국 정보기술이 더욱 중요해지고 세상을 주도할 것이라고 강하게 믿고, 이 IT 섹터의 지속적인 성장에 집중적으로 투자합니다. 시장 지수보다 더 높은 성장률을 기대하는 공격적인 투자 전략입니다.

하지만 특정 섹터에 집중 투자하는 만큼 위험도 당연히 높겠죠. 기술주 섹터는 다른 전통 산업보다 경기에 민감하고 주가 변동성이 훨씬 클 수 있습니다. 또한, 새로운 기술 트렌드의 등장, 치열한 경쟁, 예상치 못한 정부 규제 등에 따라 큰 타격을 받을 수도 있습니다.

VGT는 저렴한 비용으로 미국 IT 기술 섹터 전반에 가장 효과적으로 분산 투자할 때 투자하는 섹터 ETF입니다.

### ❖ VGT ETF 운용 현황

# VGT
분류: 주식(IT) 대형혼합형

Vanguard Information Technology

## 기본정보

| | | | |
|---|---|---|---|
| 설정일 | 2004/01/30 | 보수율 | 0.0900 |
| 기초자산 | MSCI US IMI/Info Tech 25-50 GR USD | 추적오차 | 1.4800 |
| 운용사 | Vanguard | Beta | 0.9900 |
| 순자산(천,$) | 72,906,400 | 배당주기 | Quarterly |
| 주식수(천) | 140,070 | 배당률 | 0.61 |
| 보유종목수 | 317 | 프리미엄/디스카운트 | 0.0700 |

상기 상품은 MSCI US Investable Market Index (IMI)/Information Technology 25/50 을 추종하며, 펀드의 대부분의 자산을 기준 지수를 구성하는 IT기업에 동일한 비율로 투자함. 기준 지수는 글로벌 산업분류기준에 의해 IT기업으로 분류되는 기
※ 해외벤더로 부터 입수한 내용을 기계번역을 통해 제공하고 있으며, 이 과정에서 정확성(완결성)을 보장할 수 없음
더보기

### NAV-순자산

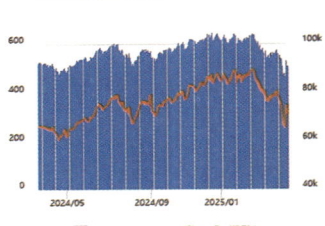

■ NAV(좌)  — 순자산(우, 백만$)

## 배당추이

전체 | 자본이익 | 배당

| 연번 | 공시일 | 권리락일 | 기준일 | 지급일 | 배당금 | 통화 | 비고 |
|---|---|---|---|---|---|---|---|
| 1 | 2025/03/21 | 2025/03/25 | 2025/03/25 | 2025/03/27 | 0.72940 | USD | 배당 |
| 2 | 2024/12/16 | 2024/12/18 | 2024/12/18 | 2024/12/20 | 0.77660 | USD | 배당 |
| 3 | 2024/09/25 | 2024/09/27 | 2024/09/27 | 2024/10/01 | 0.91710 | USD | 배당 |
| 4 | 2024/06/26 | 2024/06/28 | 2024/06/28 | 2024/07/02 | 0.76240 | USD | 배당 |

12개월 배당총액  3.18550      최근 종가  520.14      수익률  0.61%

## 주요 투자 국가
데이터 기준일 : 2025/02/28

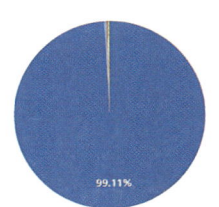

| | 국가 | 비중 |
|---|---|---|
| ● | United States | 99.11 |
| ● | Netherlands | 0.39 |
| ● | Singapore | 0.19 |
| ● | Mexico | 0.16 |
| ● | Israel | 0.08 |

## 섹터별 분포
데이터 기준일 : 2025/02

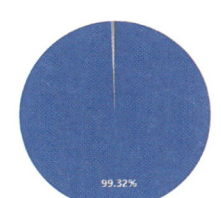

| | 섹터 | 비중 |
|---|---|---|
| ● | it | 99.32 |
| ● | 산업재 | 0.41 |
| ● | 금융 | 0.26 |
| ● | 헬스케어 | 0.01 |
| ● | 소재 | 0 |

# 1. VO(Vanguard Mid-Cap ETF)

　미국 중형주 ETF의 또 다른 강자! 블랙록의 IJH와 함께 미국 중형주 시장을 대표하는 양대 산맥!

　VO는 어떤 중형주들을 담고 있을까요? VO는 'CRSP 미국 중형주 지수'를 추종합니다. 앞서 IJH(S&P Mid-Cap 400 지수 추종) 설명처럼, 미국의 탄탄한 중견/중형 기업들에 투자하는 ETF입니다. 초대형 기업과 소형주 사이, 그 중간 지대에서 활약하며 미래 성장을 꿈꾸는 알짜 기업들을 골고루 담고 있다고 생각하시면 됩니다.

　중형주 투자의 매력은 이미 덩치가 커진 대형주보다 더 높은 성장률을 기록할 가능성입니다. 미래의 대형주가 될 예비 스타들이 바로 이 중형주 그룹에 많이 숨어 있습니다.

　그럼 여기서 당연히 드는 질문! "앞서 본 블랙록의 IJH랑 뱅가드의 VO 중에 뭘 사야 해요?" 둘 다 미국 중형주에 투자하는 매우 훌륭하고 대표적인 ETF입니다. 하지만 몇 가지 미세한 차이점을 비교해보고 선택할 수 있겠죠.

VO는 'CRSP 지수', IJH는 'S&P Mid-Cap 400 지수'를 따르기 때문에, 담고 있는 세부적인 종목이나 산업 비중은 약간 다를 수 있습니다. 운용 보수가 가장 실질적인 차이일 수 있는데, VO(연 0.04%)가 IJH(연 0.05%)보다 운용 보수가 아주 약간 더 저렴합니다.

장기적인 성과는 두 ETF 모두 매우 비슷하게 움직여왔으며, 어떤 시기에는 VO가, 어떤 시기에는 IJH가 약간 더 낫거나 뒤처지는 모습을 보였습니다.

VO는 초저비용으로 미국의 중형주 시장에 폭넓게 분산 투자할 수 있는, IJH와 더불어 최고의 선택지 중 하나입니다. 특히 운용 보수를 단 0.01%라도 아끼고 싶다면, 또는 뱅가드 운용사를 더 선호한다면 VO가 좀 더 매력적인 선택이 될 수 있겠죠.

❖ VO ETF 운용 현황

# VO
분류: 주식(가치) 중형혼합형

Vanguard Mid Cap

## 기본정보

| | | | |
|---|---|---|---|
| 설정일 | 2004/01/30 | 보수율 | 0.0400 |
| 기초자산 | CRSP US Mid Cap TR USD | 추적오차 | 0.8700 |
| 운용사 | Vanguard | Beta | 0.9800 |
| 순자산(천,$) | 70,348,500 | 배당주기 | Quarterly |
| 주식수(천) | 288,728 | 배당률 | 1.70 |
| 보유종목수 | 321 | 프리미엄/디스카운트 | 0.0300 |

상기 ETF는 중간 자본주의 투자 수익을 측정하는 벤치 마크 지수의 성과를 추적하고자합니다. 이 펀드는 미국 중견 기업 주식의 다양한 인덱스 인 CRSP 미국 중간 지수 (Mid Cap Index)의 성과를 추적하기 위해 설계된 인덱싱 투자 접근법을 사용

※ 해외벤더로 부터 입수한 내용을 기초번역을 통해 제공하고 있으므로, 이 과정에서 정확성(완결성)을 보장할 수 없음

더보기

### NAV-순자산

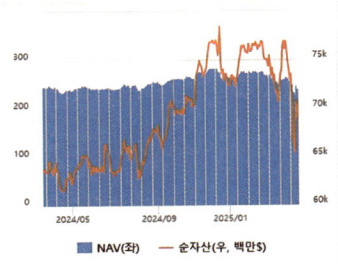

## 배당추이 [전체] [자본이익] [배당]

| 연번 | 공시일 | 권리락일 | 기준일 | 지급일 | 배당금 | 통화 | 비고 |
|---|---|---|---|---|---|---|---|
| 1 | 2025/03/25 | 2025/03/27 | 2025/03/27 | 2025/03/31 | 1.16710 | USD | 배당 |
| 2 | 2024/12/19 | 2024/12/23 | 2024/12/23 | 2024/12/26 | 1.09280 | USD | 배당 |
| 3 | 2024/09/24 | 2024/09/26 | 2024/09/26 | 2024/09/30 | 0.94740 | USD | 배당 |
| 4 | 2024/06/25 | 2024/06/27 | 2024/06/27 | 2024/07/01 | 0.92880 | USD | 배당 |
| 12개월 배당총액 | 4.13610 | | 최근 종가 | 243.62 | 수익률 | | 1.70% |

## 주요 투자 국가
데이터 기준일 : 2025/02/28

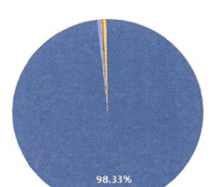

| 국가 | 비중 |
|---|---|
| United States | 98.33 |
| Canada | 0.58 |
| Switzerland | 0.42 |
| United Kingdom | 0.41 |
| Singapore | 0.26 |

## 섹터별 분포
데이터 기준일 : 2025/02/28

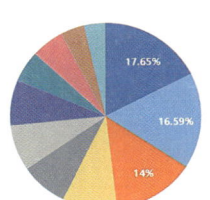

| 섹터 | 비중 |
|---|---|
| IT | 17.65 |
| 산업재 | 16.59 |
| 금융 | 14 |
| 헬스케어 | 9.22 |
| 경기소비재 | 8.11 |

# 2. RSP(Invesco S&P 500 Equal Weight ETF)

이번에는 S&P 500 ETF 중에서도 아주 독특하고 특별한 개성을 가진 ETF입니다. 이름부터 뭔가 다르죠. Equal Weight!

S&P 500 지수에 포함된 기업들에 투자하는데, 운용 방식이 아주 특이해요. '동일 가중(Equal Weight)' 방식입니다.

우리가 일반적으로 아는 S&P 500 ETF, 예를 들어 VOO, IVV, SPY 같은 친구들은 '시가총액 가중 방식'을 사용합니다. 이게 뭐냐면, 시가총액이 큰 형님(애플, 마이크로소프트)에게는 투자 비중을 많이 실어주고, 덩치가 작은 동생들에게는 비중을 조금만 주는 방식이죠. 그래서 이들 ETF의 성과는 소수의 초대형 기술주 움직임에 큰 영향을 받습니다.

그런데 RSP는? 아주 공평하고 민주적입니다. S&P 500 지수에 포함된 500개 기업 모두에게 공평하게 1/N(500분의 1, 약 0.2%) 비중을 나눠줍니다! 대기업이든 중견기업이든 모두 동등하게요. 물론 주가가 매일 변동하기 때문에 비중은 계속 바뀌지만, 주기적으로 다시 동일 비중으로 리밸런싱하여 맞춰줍니다. 이렇게 동일 가중 방식을 쓰면 어떤 효과가 있을까요? 초대형 기술주 쏠림 현상이 완화됩니다. 애플, 마이크로소프트 같은 몇몇 공룡 기업들의 영향력이 확 줄어듭니다. 즉, 이들 몇몇 기업의 주가 등락에 전체 ETF가 크게 휘둘리는 위험을 줄일 수 있죠. 반대로 S&P 500 지수 내에서 상대적으로 덩치가 작은 기업들의 영향력은 시가총액 가중 방식보다 훨씬 커집니다. 즉, 진짜 500개 기업에 좀 더 골고루 분산 투자하는 효과가 더 커진다고 볼 수 있어요.

그래서 시장 상황에 따라서는 RSP가 아주 매력적인 성과를 보여주기도 합니다. 특히 시장이 특정 빅테크 기업 쏠림에서 벗어나 다양한 기업들이 골고루 상승하거나, 혹은 중소형주 또는 가치주가 상대적으로 강세를 보일 때는 RSP가 VOO나 SPY 같은 일반 S&P 500 ETF보다 더 좋은 성과를 내는 경향이 있습니다.

하지만 세상에 공짜는 없죠. 500개 기업 비중을 주기적으로 똑같이 맞춰줘야 하니 잦은 리밸런싱이 필요합니다. 그래서 운용 보수가 연 0.20%로 VOO/IVV(0.03%)보다 훨씬 비쌉니다.

또 애플, 테슬라, 엔비디아 같은 초대형주가 시장 전체를 이끌고 훨훨 날아가는 시기에는 이들 기업 비중이 낮은 RSP는 당연히 일반 S&P 500 ETF보다 성과가 뒤처질 수밖에 없습니다. 그리고 모든 종목에 똑같은 비중을 둔다는 것이 말이 안 되지요. 하지만 이런 방식으로 새로운 성과를 낼 수도 있음으로 많은 투자자에게 관심을 받고 있는 것이겠죠.

RSP는 S&P 500 기업들에 동일 가중이라는 독특한 방식으로 투자하여, 빅테크 쏠림 위험을 줄이고 진정한 분산 효과를 추구하며, 시장 상황에 따라 차별화된 성과를 기대해볼 수 있는 매력적인 대안 ETF입니다.

❖ RSP ETF 운용 현황

# RSP
분류: 주식(종합) 중형혼합형

Invesco S&P 500 Equal Weight

## 기본정보

| | | | |
|---|---|---|---|
| 설정일 | 2003/04/30 | 보수율 | 0.2000 |
| 기초자산 | S&P 500 Equal Weighted TR USD | 추적오차 | 7.4800 |
| 운용사 | Guggenheim Investments | Beta | 0.8900 |
| 순자산(천,$) | 67,211,200 | 배당주기 | Quarterly |
| 주식수(천) | 419,743 | 배당률 | 1.73 |
| 보유종목수 | 508 | 프리미엄/디스카운트 | -0.0600 |

RSP는 S&P 500 Index의 수익률을 추종하나 SPY나 IVV보다 상대적으로 비싸며 적은 유동성을 보인다.

※ 해외벤더로 부터 입수한 내역을 기계번역을 통해 제공하고 있으며, 이 과정에서 정확성(완결성)을 보장할 수 없음

### NAV-순자산

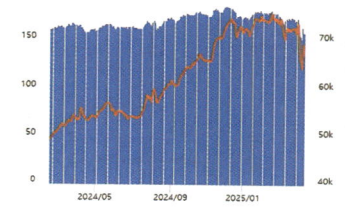

## 배당추이  전체 / 자본이익 / 배당

| 연번 | 공시일 | 권리락일 | 기준일 | 지급일 | 배당금 | 통화 | 비고 |
|---|---|---|---|---|---|---|---|
| 1 | 2025/01/14 | 2025/03/24 | 2025/03/24 | 2025/03/28 | 0.83084 | USD | 배당 |
| 2 | 2024/12/23 | 2024/12/23 | 2024/12/23 | 2024/12/27 | 0.61965 | USD | 배당 |
| 3 | 2024/09/23 | 2024/09/23 | 2024/09/23 | 2024/09/27 | 0.69481 | USD | 배당 |
| 4 | 2024/06/24 | 2024/06/24 | 2024/06/24 | 2024/06/28 | 0.66342 | USD | 배당 |
| 12개월 배당총액 | | 2.80872 | 최근 종가 | 162.02 | | 수익률 | 1.73% |

## 주요 투자 국가
데이터 기준일 : 2025/04/09

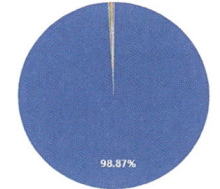

## 섹터별 분포
데이터 기준일 : 2025/04/10

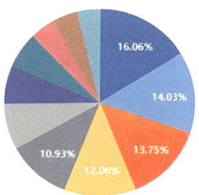

| | 국가 | 비중 |
|---|---|---|
| ● | United States | 98.87 |
| ● | Switzerland | 0.4 |
| ● | Ireland | 0.19 |
| ● | United Kingdom | 0.19 |
| ● | Netherlands | 0.17 |

| | 섹터 | 비중 |
|---|---|---|
| ● | IT | 16.06 |
| ● | 산업재 | 14.03 |
| ● | 금융 | 13.75 |
| ● | 헬스케어 | 12.06 |
| ● | 경기소비재 | 10.93 |

# 3. SCHD(Schwab U.S. Dividend Equity ETF)

이번에는 요즘 서학개미들 사이에서 정말 **빼놓을** 수 없는 이름이죠? '배당주 투자의 끝판왕' '배당 투자의 아이콘'으로 불리며 엄청난 사랑을 받고 있는 바로 그 ETF! 미국의 우량 배당주에 투자하며 큰 인기를 누리고 있는 ETF 맞습니다. 운용사는 찰스 슈왑이고, 운용 보수는 연 0.06%입니다.

SCHD가 투자자의 마음을 사로잡은 이유는 SCHD가 추종하는 'Dow Jones U.S. Dividend 100™ 지수'의 아주 특별하고 깐깐한 종목 선정 방식에 있습니다. SCHD는 단순히 지금 당장 배당률만 높은 기업이나, 그냥 배당만 꾸준히 늘려온 기업을 담는 것이 아니에요.

이 지수는 최소 10년 이상 꾸준히 배당금을 지급한 역사+튼튼한 재무 상태+꾸준한 배당금 증가율+매력적인 현재 배당수익률, 이 네 가지 박자를 모두 갖춘 그야말로 '진짜 알짜배기 우량 배당주' 약 100개를 엄격하게 선별해서 담습니다.

그래서 SCHD의 포트폴리오를 보면 단순히 배당만 높은 함정 종목이 아니라, 오랫동안 주주들에게 배당으로 보답해왔고, 돈도 잘 벌어서 앞으로도 그럴 가능성이 높으며, 망할 위험도 적은 정말 믿음직한 우량 기업들이 주로 포진해 있습니다.

SCHD에 투자하는 이유는 단순히 높은 배당률만이 아닙니다! 투자자들은 SCHD를 통해, 꾸준하고 안정적으로 성장하는 배당금을 받으면서, 이 우량 기업들의 장기적인 주가 상승까지 함께 기대하는, 그야말로 총수익률을 극대화하려는 전략을 추구하는 겁니다. 즉, 안정적인 현금 흐름과 자산 성장, 이 두 가지 목표를 동시에 달성하려는 투자자들에게 아주 안성맞춤인 ETF라고 할 수 있죠.

그래서 SCHD는 많은 투자자들이 배당주 투자의 핵심으로 가져가거나, S&P 500 같은 시장 대표 ETF와 함께 포트폴리오에 퀄리티와 배당 성장이라는 매력적인 색깔을 더하는 역할로 아주 효과적으로 활용하고 있습니다.

SCHD는 저렴한 비용으로 재무적으로 튼튼하고 배당도 꾸준히 잘 늘려온, 미국의 알짜 우량 기업 약 100개에 효과적으로 분산 투자하여, 안정적인 배당 수익과 장기적인 성장을 함께 추구할 수 있는, 현재 가장 인기 있고 검증된 배당 관련 ETF 중 하나입니다.

❖ SCHD ETF 운용 현황

# SCHD
분류: 주식(배당) 대형가치형

**Schwab US Dividend Equity**

## 기본정보

| | | | |
|---|---|---|---|
| 설정일 | 2011/10/20 | 보수율 | 0.0600 |
| 기초자산 | DJ US Dividend 100 TR USD | 추적오차 | 5.0100 |
| 운용사 | Schwab ETFs | Beta | 0.8300 |
| 순자산(천,$) | 64,374,200 | 배당주기 | Quarterly |
| 주식수(천) | 2,578,500 | 배당률 | 4.16 |
| 보유종목수 | 103 | 프리미엄/디스카운트 | 0.0000 |

## NAV-순자산

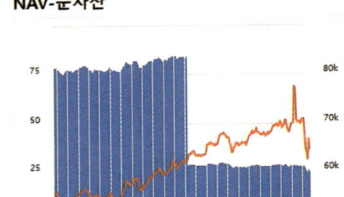

상기 ETF는 수수료 및 비용을 지불하기 전에 가능한 Dow Jones 미국 Dividend 100 ™ 지수의 총 수익률 추적합니다. 이 펀드는 순자산의 90 % 이상을 인덱스에 포함 된 주식에 투자합니다. 이 지수는 재무 비율을 기준으로 동료와 비교하여 근

※해외벤더로 부터 입수한 내용을 기계번역을 통해 제공하고 있으므로, 이 과정에서 정확성(완결성)을 보장할 수 없음    더보기

## 배당추이

| 전체 | 자본이익 | 배당 |

| 연번 | 공시일 | 권리락일 | 기준일 | 지급일 | 배당금 | 통화 | 비고 |
|---|---|---|---|---|---|---|---|
| 1 | 2025/03/26 | 2025/03/26 | 2025/03/26 | 2025/03/31 | 0.24880 | USD | 배당 |
| 2 | 2024/12/11 | 2024/12/11 | 2024/12/11 | 2024/12/16 | 0.26450 | USD | 배당 |
| 3 | 2024/09/25 | 2024/09/25 | 2024/09/25 | 2024/09/30 | 0.25150 | USD | 배당 |
| 4 | 2024/02/19 | 2024/06/26 | 2024/06/26 | 2024/07/01 | 0.27470 | USD | 배당 |

| 12개월 배당총액 | 1.03950 | 최근 종가 | 24.97 | 수익률 | 4.16% |

## 주요 투자 국가

데이터 기준일: 2025/04/10

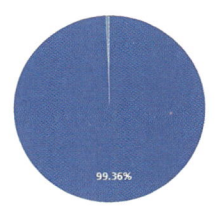

## 섹터별 분포

데이터 기준일: 2025/04/

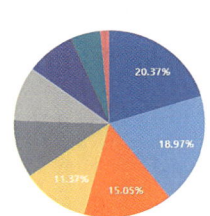

| 국가 | 비중 |
|---|---|
| ● United States | 99.36 |
| ● United Kingdom | 0.57 |
| ● Puerto Rico | 0.07 |
| ● Other | 0 |

| 섹터 | 비중 |
|---|---|
| ● 필수소비재 | 20.37 |
| ● 에너지 | 18.97 |
| ● 헬스케어 | 15.05 |
| ● 산업재 | 11.37 |
| ● it | 9.9 |

# 4. XLK
## (Technology Select Sector SPDR Fund)

 이번에는 미국 기술주에 투자하는 또 다른 강력한 선택지, 그중에서도 S&P 500 지수 안에 있는 기술주 대장들에 집중 투자하는 ETF입니다. 섹터 ETF 중 인기 상위권입니다.

 XLK는 앞서 소개한 VGT나 QQQ와는 다른 점이 있습니다. VGT는 미국 전체 시장의 IT 기업 약 300개 이상을 담았습니다. QQQ는 나스닥 상장 기업 중 비금융 100개를 담았고요. XLK는 S&P 500이라는 미국 대표 우량주 500개 중에서 정보기술 섹터로 분류된 기업들만(72개) 쏙쏙 골라 담았습니다. 선별된 최정예 기술 부대라고 할까요.

 XLK의 포트폴리오를 열어보면, 애플, 마이크로소프트, 엔비디아 같은 초대형 기술주 빅3의 비중이 VGT나 QQQ보다도 훨씬 더 높은, 아주 아주 집중적인 모습을 보입니다. 거의 빅테크로 전면 승부 수준입니다. S&P 500 지수 내에서도 가장 영향력 있는 기술 대장주들의 움직임을 가장 잘 따라가는 ETF라고 할 수 있습니다.

XLK에 투자하는 이유는 미국 경제, 아니 세계 경제를 이끌어가는 것은 결국 최상위 소수의 빅테크 기업들이라는 강한 믿음으로, 가장 집중적으로 올라타고 싶기 때문입니다. 한마디로 "난 대장만 믿고 간다!"입니다. 또한 XLK는 거래량이 매우 풍부해서 언제든 쉽게 사고팔 수 있고, 운용보수도 연 0.08% 수준으로 섹터 ETF 중에서는 아주 저렴하다는 장점도 있습니다.

하지만 소수 초대형 기술주에 대한 집중도가 너무 높기 때문에, 이들 몇몇 기업의 주가 변동이나 특정 악재에 따라 ETF 전체가 매우 크게 휘청거릴 수 있습니다. 대형 기술주가 기침하면 XLK는 독감 걸릴 수도 있지요. 앞서 본 VGT나 QQQ보다도 분산 효과는 훨씬 낮고, 변동성은 더 클 수 있다는 점은 꼭 체크해야 합니다.

XLK는 저렴한 비용으로 S&P 500 지수 내 초대형 기술주에 가장 화끈하게 집중 투자할 수 있는 가장 대표적인 섹터 ETF입니다. 다만 단순히 기술주 ETF가 아니라 미국 초대형 기술주 ETF라는 점을 꼭 기억하고 투자하세요.

❖ XLK ETF 운용 현황

# XLK
분류: 주식(IT) 대형혼합형
SPDR Technology Select Sector

## 기본정보

| | | | |
|---|---|---|---|
| 설정일 | 1998/12/22 | 보수율 | 0.0800 |
| 기초자산 | S&P Technology Select Sector TR USD | 추적오차 | 2.7200 |
| 운용사 | SPDR State Street Global Advisors | Beta | 0.9100 |
| 순자산(전,$) | 59,983,200 | 배당주기 | Quarterly |
| 주식수(전) | 308,406 | 배당률 | 0.79 |
| 보유종목수 | 72 | 프리미엄/디스카운트 | -0.0600 |

상기 상품은 Technology Select Sector Index 투자수익률(수수료 및 비용 차감 전)을 추종하며, 총자산의 95% 이상을 벤치마크와 동일하게 구성하고 있다.
※ 해외벤더로 부터 입수한 내용을 기계번역을 통해 제공하며, 이 과정에서 정확성(완결성)을 보장할 수 없음

더보기

### NAV-순자산

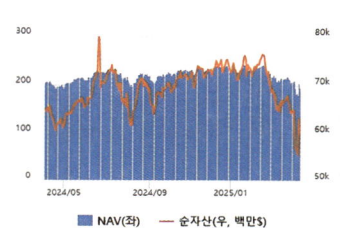

## 배당추이

[전체] [자본이익] [배당]

| 연번 | 공시일 | 권리락일 | 기준일 | 지급일 | 배당금 | 통화 | 비고 |
|---|---|---|---|---|---|---|---|
| 1 | 2025/03/24 | 2025/03/24 | 2025/03/24 | 2025/03/26 | 0.37489 | USD | 배당 |
| 2 | 2024/01/05 | 2024/12/23 | 2024/12/23 | 2024/12/26 | 0.38596 | USD | 배당 |
| 3 | 2024/09/23 | 2024/09/23 | 2024/09/23 | 2024/09/25 | 0.39851 | USD | 배당 |
| 4 | 2024/06/24 | 2024/06/24 | 2024/06/24 | 2024/06/26 | 0.40000 | USD | 배당 |
| 12개월 배당총액 | | 1.55936 | 최근 증가 | | 198.35 | 수익률 | 0.79% |

## 주요 투자 국가
데이터 기준일 : 2025/04/09

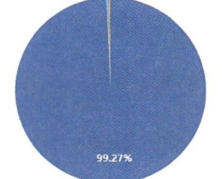

| 국가 | 비중 |
|---|---|
| ● United States | 99.27 |
| ● Netherlands | 0.54 |
| ● Singapore | 0.19 |
| ● Other | 0 |

## 섹터별 분포
데이터 기준일 : 2025/04/10

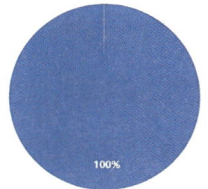

| 섹터 | 비중 |
|---|---|
| ● IT | 100 |
| ● 소재 | 0 |
| ● 통신 | 0 |
| ● 경기소비재 | 0 |
| ● 필수소비재 | 0 |

## 5. IWM(iShares Russell 2000 ETF)

미국 소형주 투자의 또 다른 대표주자입니다. 미국 소형주(러셀 2000 지수)에 투자하며 운용사는 역시 블랙록입니다.

IWM이 추종하는 '러셀 2000 지수'(Russell 2000 Index)는 가장 널리 쓰이는 소형주 벤치마크입니다. 이건 미국 전체 상장 기업들을 시가총액 순서대로 쫙~ 줄 세웠을 때, 상위 1,000개 대형주(러셀 1000 지수)를 제외한 그 아래, 1,001등부터 3,000등까지, 약 2,000개의 작은 기업들을 모아놓은 지수입니다. 즉, 미국 소형주 시장의 전반적인 흐름을 가장 넓게 보여주는 대표적인 지표 역할을 합니다. 별거 다 ETF로 만들죠. 그냥 대형주만 해도 될 것 같은데요. 하지만 소형주 투자의 매력은 앞서 IJR 설명에서도 이야기했듯이 높은 성장 잠재력과 포트폴리오 분산 효과를 기대하는 거죠.

앞서 배운 IJR(S&P 600 추종)과 이 IWM(러셀 2000 추종)은 둘 다 소형주 ETF인데, 과연 비슷할까요? 아닙니다. 아주 아주 중요한 차이가 있어요. 퀄리티 필터의 유무가 가장 큰 차이점입니다. IJR은 S&P의 최근 4분기 흑자라는 깐깐한 필터를 통과한 알짜배기 소형 우량주 중심이라고 했습니다. 반면 IWM은 그런 필터 없이 단순히 시가총액 작은 순서대로 약 2,000개를 담습니다. 이게 무슨 뜻일까요? IWM 안에는 아직 돈을 벌지 못하는 적자 기업이나 재무적으로 다소 부실한 소형주들도 상당히 많이 포함되어 있다는 겁니다! 옥석 구분 없이 그냥 작은 애들 다 모은 거죠.

운용 보수도 IWM(연 0.19%)이 IJR(연 0.06%)보다 훨씬 비쌉니다. 무려 3배 이상 차이가 납니다. 장기 투자 시에는 절대로 무시할 수 없는 비용 차이죠.

IWM의 장점을 찾아보자면 유동성입니다. 하루 거래량만큼은 보통 IWM이 IJR보다 훨씬 더 많습니다. 워낙 대표적인 소형주 지수 ETF라서, 단기적으로 소형주 시장의 방향성에 베팅하거나, 옵션거래 등 파생상품과 연계하거나, 헤지펀드 같은 기관 투자자들이 지수 자체를 추종하는 거래를 할 때는 IWM을 더 선호하는 경향이 있습니다.

IWM은 가장 널리 알려진 미국 소형주 지수(러셀 2000)를 추종하며 매우 높은 유동성을 자랑하는 대표적인 소형주 ETF입니다. 하지만 IJR에 비해 높은 운용 보수와, 포함된 기업들의 상대적으로 낮은 평균적인 퀄리티는 분명한 단점입니다. 따라서 단순히 러셀 2000이라는 이름값이나 높은 거래량만 보고 섣불리 투자하기보다는, IJR과의 차이점을 명확히 이해하고 자신의 투자 목적과 기업의 퀄리티 수준 등을 고려하여 신중하게 선택해야 합니다.

❖ IWM ETF 운용 현황

# IWM
분류: 주식(종합) 소형혼합형

iShares Russell 2000

## 기본정보

| | | | |
|---|---|---|---|
| 설정일 | 2000/05/26 | 보수율 | 0.1900 |
| 기초자산 | Russell 2000 TR USD | 추적오차 | 4.8500 |
| 운용사 | iShares | Beta | 1.1600 |
| 순자산(천,$) | 57,932,500 | 배당주기 | Quarterly |
| 주식수(천) | 318,800 | 배당률 | 1.34 |
| 보유종목수 | 1,957 | 프리미엄/디스카운트 | -0.0100 |

상기 상품은 미국 중소형주의 월별수익율을 추종하는 ETF로 대형주의 그것을 추종하는 ETF보다 위험성이 높기 ↔문에, 위험 선호도가 높은 투자자에게 적합하다. 고위험 ETF지만 특정 종목에 대한 의존도가 적고 섹터별 분포가 비교적 고르기 때

※ 해외벤더로 부터 입수한 내용을 기계번역을 통해 제공하고 있으며, 이 과정에서 정확성(완결성)을 보장할 수 없음
더보기

## NAV-순자산

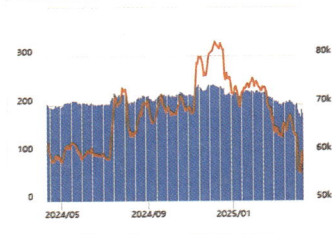

## 배당추이

| 연번 | 공시일 | 권리락일 | 기준일 | 지급일 | 배당금 | 통화 | 비고 |
|---|---|---|---|---|---|---|---|
| 1 | 2024/07/04 | 2025/03/18 | 2025/03/18 | 2025/03/21 | 0.45985 | USD | 배당 |
| 2 | 2023/11/24 | 2024/12/17 | 2024/12/17 | 2024/12/20 | 0.69400 | USD | 배당 |
| 3 | 2023/11/24 | 2024/09/25 | 2024/09/25 | 2024/09/30 | 0.75219 | USD | 배당 |
| 4 | 2023/11/24 | 2024/06/11 | 2024/06/11 | 2024/06/17 | 0.56720 | USD | 배당 |

| 12개월 배당총액 | 2.46825 | 최근 종가 | 184.36 | 수익률 | 1.34% |
|---|---|---|---|---|---|

## 주요 투자 국가
데이터 기준일: 2025/04/09

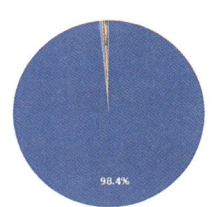

| 국가 | 비중 |
|---|---|
| United States | 98.4 |
| Brazil | 0.55 |
| Puerto Rico | 0.32 |
| Cameroon | 0.15 |
| Other | 0.12 |

## 섹터별 분포
데이터 기준일: 2025/04/0

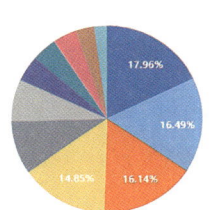

| 섹터 | 비중 |
|---|---|
| 금융 | 17.96 |
| 산업재 | 16.49 |
| 헬스케어 | 16.14 |
| IT | 14.85 |
| 경기소비재 | 9.25 |

# 6. BNDX
## (Vanguard Total International Bond ETF)

채권 투자도 전 세계로! 미국을 제외한 '글로벌 채권 시장'에 투자하는 대표 선수입니다. 미국 빼고 전세계 채권을 모았습니다. 운용사는 뱅가드에 운용 보수도 연 0.07% 수준으로 아주 착하네요.

BNDX는 어떤 채권들을 담고 있을까요? 이름(Total International Bond) 그대로 미국을 제외한 전 세계 주요 국가(예: 일본, 프랑스, 독일, 영국, 캐나다 등 선진국+일부 신흥국)의 정부(국채) 및 신용도 높은 우량 기업(회사채)들이 발행한 수천 개의 투자 등급 채권들을 몽땅 담고 있습니다. 미국 제외 글로벌 우량 채권 종합 선물 세트라고 할까요.

미국 국채만으로도 충분하지 않나요? 왜 굳이 다른 나라 채권까지 투자해야 할까요? 역시 지역 분산 효과 때문입니다. 미국과 다른 나라들은 기준금리 정책이나 경제 성장률, 물가 상황 등이 다르게 움직이는 경우가 많습니다. 따라서 미국 채권(AGG, BND)과 함께 BNDX 같은 해외 채권 ETF를 담으면, 특정 국가의 금리 위험이나 경제 위험에서 벗어나 포트폴리오 전체의 안정성을 더욱 높일 수 있습니다.

우선 주목해야 할 것이 BNDX는 보통 '환헤지' 상품이라는 점입니다. BNDX의 환헤지는 우리나라 원화 기준이 아니라, 미국 달러 기준입니다. 이게 무슨 말이냐면 이 ETF는 주로 미국 투자자들을 위해 만들어져서, 유로화, 엔화, 파운드화 등 다른 나라 통화 가치가 달러 대비 변동하는 위험을 없애주는 전략을 사용합니다.

즉, 미국 투자자가 오롯이 해외 채권 자체의 이자 수익과 가격 변동 성과를 얻도록 설계된 거예요. 따라서 우리나라 원화로 투자하는 한국 투자자 입장에서는, BNDX에 투자해도 원/달러 환율 변동 위험에는 그대로 노출됩니다. BNDX가 막아주는 것은 '유로/달러' '엔/달러' 같은 위험이지, '달러/원' 위험이 아니라는 점을 기억하셔야 합니다.

BNDX는 초저비용으로 미국 제외 전 세계 우량 채권에 투자하면서 환율 변동 위험을 줄인 대표적인 글로벌 채권 ETF입니다. 미국 채권(AGG, BND)과 함께 채권 포트폴리오의 지역 분산을 추구하고 싶을 때 고려해볼 수 있습니다. 단, 한국 투자자에게는 원/달러 환율 위험은 여전히 존재한다는 점! 절대 잊지 마세요.

❖ BNDX ETF 운용 현황

# BNDX
분류: 채권(종합)

Vanguard Total International Bond

### 기본정보

| | | | |
|---|---|---|---|
| 설정일 | 2013/06/04 | 보수율 | 0.0700 |
| 기초자산 | BBgBarc Gbl Agg x USD Fl AJ RIC TR HUSD | 추적오차 | 1.5200 |
| 운용사 | Vanguard | Beta | 0.8800 |
| 순자산(천,$) | 63,387,200 | 배당주기 | Monthly |
| 주식수(천) | 1,299,450 | 배당률 | 4.28 |
| 보유종목수 | 6,882 | 프리미엄/디스카운트 | 0.3100 |

상기 상품은 Bloomberg Barclays Global Aggregate ex-USD Float Adjusted RIC Capped Index (USD Hedged)를 추종하며 미국 달러화 이외 통화로 표시된 투자적격등급 채권을 중심으로 투자하고 있으며, 다양한 통화의 환율 변동에 대한 별 ... 더보기
※ 해외벤더로 부터 입수된 내용을 기계번역을 통해 제공하고 있으며, 이 과정에서 정확성이 완결성을 보장할 수 없음

### NAV-순자산

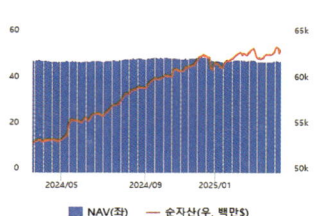

### 배당추이  전체  자본이익  배당

| 연번 | 공시일 | 권리락일 | 기준일 | 지급일 | 배당금 | 통화 | 비고 |
|---|---|---|---|---|---|---|---|
| 1 | 2025/03/28 | 2025/04/01 | 2025/04/01 | 2025/04/03 | 0.10760 | USD | 배당 |
| 2 | 2025/02/27 | 2025/03/03 | 2025/03/03 | 2025/03/05 | 0.09500 | USD | 배당 |
| 3 | 2025/01/30 | 2025/02/03 | 2025/02/03 | 2025/02/05 | 0.10290 | USD | 배당 |
| 4 | 2024/12/20 | 2024/12/24 | 2024/12/24 | 2024/12/27 | 1.01390 | USD | 배당 |
| 5 | 2024/11/27 | 2024/12/02 | 2024/12/02 | 2024/12/04 | 0.09820 | USD | 배당 |
| 6 | 2024/10/30 | 2024/11/01 | 2024/11/01 | 2024/11/05 | 0.09800 | USD | 배당 |
| 7 | 2024/09/27 | 2024/10/01 | 2024/10/01 | 2024/10/03 | 0.09650 | USD | 배당 |
| 8 | 2024/08/29 | 2024/09/03 | 2024/09/03 | 2024/09/05 | 0.10110 | USD | 배당 |
| 9 | 2024/07/30 | 2024/08/01 | 2024/08/01 | 2024/08/05 | 0.10050 | USD | 배당 |
| 10 | 2024/06/27 | 2024/07/01 | 2024/07/01 | 2024/07/03 | 0.09310 | USD | 배당 |
| 11 | 2024/05/30 | 2024/06/03 | 2024/06/03 | 2024/06/05 | 0.09590 | USD | 배당 |
| 12 | 2024/01/17 | 2024/05/01 | 2024/05/02 | 2024/05/06 | 0.08920 | USD | 배당 |

| 12개월 배당총액 | 2.09190 | 최근 증가 | 48.9 | 수익률 | 4.28% |

## 주요 투자 국가  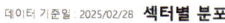 데이터 기준일: 2025/02/28    섹터별 분포   데이터 기준일: 2024/09/30

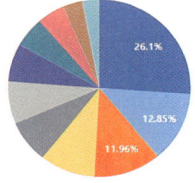  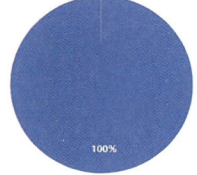

# 7. IWD(iShares Russell 1000 Value ETF)

이번에는 미국 대형 성장주 ETF(VUG, IWF)의 영원한 단짝이자 라이벌이자 가치주 투자의 대표 선수 중 하나인 IWD입니다.

IWD는 러셀 1000 가치 지수를 추종합니다. 미국 대형주 약 1,000개를 포함하는 러셀 1000 지수 안에서, 화려한 미래 성장 기대감보다는 현재 기업이 가진 가치(PBR, PER, 배당률 등)에 비해 주가가 상대적으로 저렴하다고 판단되는 종목들만 골라 담은 지수입니다.

그래서 IWD의 포트폴리오를 보면, 성장주 ETF와는 정반대의 특징을 보입니다. 기술주 비중은 낮고, 대신 금융, 헬스케어, 산업재, 에너지, 필수소비재 같은 전통적이고 성숙한 산업의 기업들 비중이 높은 경향이 있죠. IWF와는 완전히 다른 색깔이죠.

시장에서 잠시 소외되었거나 저평가되었지만, 내실이 튼튼한 기업들을 남들보다 싼 가격에 사서, 언젠가 그 기업의 진짜 가치를 시장이 알아줄 때까지 기다리는 것이 가치 투자의 매력입니다. 일반적으로 화려한 성장주보다는 주가 변동성이 낮아 심리적으로 안정적인 투자를 추구할 수 있습니다. 포함된 기업들이 성숙한 경우가 많아, 성장주 ETF보다 높은 배당 수익률을 기대할 수 있습니다.

그럼 뱅가드의 VTV와 아이셰어즈의 IWD, 뭘 골라야 할까요? 둘 다 미국 대형 가치주에 투자하는 매우 훌륭하고 대표적인 ETF입니다. 하지만 역시 미세한 차이가 존재합니다. IWD는 '러셀 1000 가치 지수', VTV는 'CRSP 미국 대형 가치 지수'를 따르기 때문에, 세부적인 종목 선정 기준이 달라 담고 있는 종목이나 산업 비중은 약간 다를 수 있습니다.

어쩌면 운용 보수가 가장 큰 차이일 수 있습니다. IWD(연 0.19%)가 VTV(연 0.04%)보다 운용 보수가 훨씬 비쌉니다. 장기 투자자에게는 무시할 수 없는 비용 차이죠. 장기적인 성과는 두 ETF 모두 매우 비슷하게 움직여왔으며, 시기에 따라 우위가 약간 달라졌습니다.

IWD는 러셀 1000 가치 지수를 통해 미국 대형 가치주에 투자하는 대표적인 ETF입니다. 다만 거의 동일한 투자 목표를 가진 경쟁 상품 VTV에 비해 운용 보수가 상당히 높다는 점은 고려해야 합니다. 따라서 미국 대형 가치주 ETF를 고를 때는, IWD와 VTV를 놓고 운용 보수, 추종 지수의 차이를 비교해보고 선택해야 합니다. 특히 포트폴리오에 성장주와 짝을 맞춰 투자 스타일을 분산시키고 싶을 때, VTV와 함께 꼭 비교해봐야 할 중요한 옵션입니다!

❖ IWD ETF 운용 현황

# IWD
분류: 주식(가치) 대형가치형

iShares Russell 1000 Value

iShares Russell 1000 Value

## 기본정보

| | | | |
|---|---|---|---|
| 설정일 | 2000/05/26 | 보수율 | 0.1900 |
| 기초자산 | Russell 1000 Value TR USD | 추적오차 | 0.0100 |
| 운용사 | iShares | Beta | 1.0000 |
| 순자산(천,$) | 58,611,500 | 배당주기 | Quarterly |
| 주식수(천) | 332,650 | 배당률 | 1.99 |
| 보유종목수 | 876 | 프리미엄/디스카운트 | -0.0400 |

IWD는 Russell 1000 Value Index를 추종하며 대형 가치주에 대한 투자를 제공한다. 대형가치주는 배당과 안정성을 포함하여 균형있는 포트폴리오를 추구한다. 기초자산지수인 Russell 1000 Value index는 약 650개의 편입종목으로 이루어져

※ 해외벤더로 부터 입수한 내용을 기계번역을 통해 제공하고 있으며, 이 과정에서 정확성(완결성)을 보장할 수 없음      더보기

## NAV-순자산

## 배당추이

| 연번 | 공시일 | 권리락일 | 기준일 | 지급일 | 배당금 | 통화 | 비고 |
|---|---|---|---|---|---|---|---|
| 1 | 2024/07/04 | 2025/03/18 | 2025/03/18 | 2025/03/21 | 0.80180 | USD | 배당 |
| 2 | 2023/12/05 | 2024/12/17 | 2024/12/17 | 2024/12/20 | 0.97949 | USD | 배당 |
| 3 | 2023/12/05 | 2024/09/25 | 2024/09/25 | 2024/09/30 | 1.02303 | USD | 배당 |
| 4 | 2023/12/05 | 2024/06/11 | 2024/06/11 | 2024/06/17 | 0.69751 | USD | 배당 |
| 12개월 배당총액 | | 3.50283 | 최근 종가 | | 176.12 | 수익률 | 1.99% |

## 주요 투자 국가

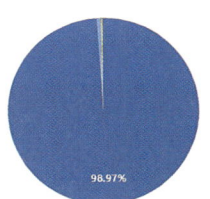

| 국가 | 비중 |
|---|---|
| United States | 98.97 |
| Switzerland | 0.61 |
| United Kingdom | 0.13 |

## 섹터별 분포

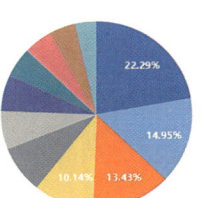

| 섹터 | 비중 |
|---|---|
| 금융 | 22.29 |
| 헬스케어 | 14.95 |
| 산업재 | 13.43 |

# 8. SPLG(SPDR Portfolio S&P 500 ETF)

 이번 ETF는 S&P 500 ETF 삼대장(SPY, IVV, VOO)의 바로 뒤를 잇는 강력한 후발주자입니다. 나중에 출발했으니 수수료는 당연히 싸겠죠. 초저비용 S&P 500의 숨겨진 강자라고 할까요. S&P 500 지수를 추종하며 저비용을 강력한 무기로 내세우는 ETF 맞고요. 결코 무시할 수 없는 인기 상품입니다.

 SPLG, 어느 회사가 만들었을까요? 바로 ETF의 원조, SPY를 만든 바로 그 회사 스테이트 스트리트의 SPDR 브랜드에서 만든 또 다른 S&P 500 ETF입니다. 같은 회사에서 또 만들었네요. 자기 복제인가요?

 이유가 있습니다. 원조 맛집 SPY가 역사도 깊고 거래량도 압도적이지만, 딱 하나 아쉬운 점이 바로 운용 보수가 VOO나 IVV보다 비싸다는 거였죠(연 0.09% 수준). 그래서 스테이트 스트리트가 "우리도 뱅가드(VOO), 블랙록(IVV)처럼 초저비용 S&P 500 ETF를 원하는 장기 투자자들을 잡겠다!" 하고 야심 차게, 가성비에 초점을 맞춰 내놓은 상품이 바로 이 SPLG입니다. "뱅가드, 블랙록아. 기다려라! 우리도 간다!"라고 할까요.

그래서 SPLG의 가장 강력한 매력 포인트는 깃털처럼 가벼운 운용 보수입니다! 연 0.02%입니다. 정말 싸죠. VOO, IVV와 맞먹는 업계 최저 수준의 초저비용을 자랑합니다. 장기 투자자에게는 정말 매력적인 조건입니다.

게다가 SPY와는 달리, VOO나 IVV처럼 일반적인 ETF 구조(개방형 펀드)를 가지고 있어서, 배당금을 즉시 재투자하거나 유가증권 대여를 통해 약간의 추가 수익을 꾀하는 등 장기 투자에 이론적으로 약간 더 유리할 수 있는 구조적인 장점도 갖췄습니다.

그럼 VOO, IVV, SPLG 이 세 개 중에 뭘 골라야 할까요? 결론부터 말씀드리면! 셋 다 너무 훌륭하고, 너무 저렴하고, S&P 500 지수도 아주 잘 추종하는 ETF라서, 개인 장기 투자자 입장에서는 그 성능 차이를 체감하기 거의 어렵습니다. 어떤 것을 고르든 미국 대표 500개 기업에 가장 저렴한 비용으로 투자할 수 있습니다.

SPLG는 초저비용으로 S&P 500 지수에 투자할 수 있는 VOO, IVV와 어깨를 나란히 하는 최고의 선택지 중 하나입니다. SPY를 만든 명가에서 내놓은 가성비 끝판왕 S&P 500 ETF! VOO, IVV와 함께 비교하며 가장 마음에 드는 것을 고르시면 됩니다.

❖ SPLG ETF 운용 현황

# SPLG

분류: 주식(종합) 대형혼합형

SPDR Portfolio S&P 500

## 기본정보

| 설정일 | 2005/11/08 | 보수율 | 0.0200 |
| --- | --- | --- | --- |
| 기초자산 | S&P 500 TR USD | 추적오차 | 0.7400 |
| 운용사 | SPDR State Street Global Advisors | Beta | 0.9700 |
| 순자산(천,$) | 56,214,400 | 배당주기 | Quarterly |
| 주식수(천) | 910,450 | 배당률 | 1.45 |
| 보유종목수 | 506 | 프리미엄/디스카운트 | -0.0700 |

SPLG는 일반적으로 S&P 500 지수의 총 수익 성과에 해당하는 투자 결과를 제공하며 총 자산의 80% 이상을 지수를 구성하는 증권에 투자합니다. 이 지수는 미국 주식 시장의 대형주 성과를 측정하도록 설계되었습니다.

※ 해외펀드로 부터 입수한 내용을 기계번역을 통해 제공하고 있으므로, 이 과정에서 정확성(완결성)을 보장할 수 없음

더보기

### NAV-순자산

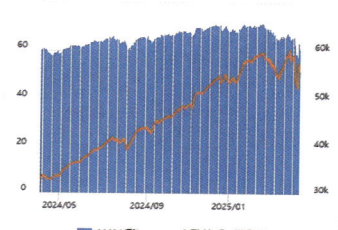

## 배당주이

| 전체 | 자본이익 | 배당 |

| 연번 | 공시일 | 권리락일 | 기준일 | 지급일 | 배당금 | 통화 | 비고 |
| --- | --- | --- | --- | --- | --- | --- | --- |
| 1 | 2025/03/28 | 2025/03/28 | 2025/03/28 | 2025/03/31 | 0.21741 | USD | 배당 |
| 2 | 2024/12/27 | 2024/12/27 | 2024/12/27 | 2024/12/31 | 0.23860 | USD | 배당 |
| 3 | 2024/09/23 | 2024/09/23 | 2024/09/23 | 2024/09/25 | 0.21577 | USD | 배당 |
| 4 | 2024/06/24 | 2024/06/24 | 2024/06/24 | 2024/06/26 | 0.22282 | USD | 배당 |
| 12개월 배당총액 | 0.89460 | | 최근 종가 | 61.7 | 수익률 | | 1.45% |

## 주요 투자 국가

데이터 기준일 : 2025/04/09

### 섹터별 분포

데이터 기준일 : 2025/04/10

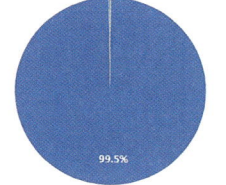

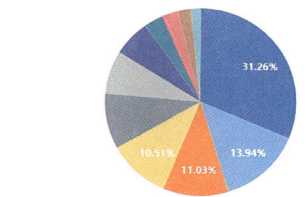

| 국가 | 비중 |
| --- | --- |
| ● United States | 99.5 |
| ● Switzerland | 0.3 |
| ● Netherlands | 0.09 |
| ● Ireland | 0.04 |
| ● Singapore | 0.03 |

| 섹터 | 비중 |
| --- | --- |
| ● it | 31.26 |
| ● 금융 | 13.94 |
| ● 헬스케어 | 11.03 |
| ● 경기소비재 | 10.51 |
| ● 통신 | 9.55 |

## 9. VYM(Vanguard High Dividend Yield ETF)

월세처럼 꾸준한 수입을 기대하나요? VYM은 배당 수익을 기대하는 투자자들이 주목할 만한 ETF입니다. 미국 고배당주에 투자하는 배당 ETF계의 터줏대감이자 매우 인기 있는 상품이죠. 배당 투자자들의 스테디셀러입니다. 뱅가드가 운용하여 운용 보수도 연 0.06% 수준으로 아주 착합니다.

VYM은 앞서 본 VIG(배당 성장)나 SCHD(배당 퀄리티/성장)와는 목표가 조금 다릅니다. VIG나 SCHD가 배당의 성장성이나 퀄리티까지 함께 고려한다면, VYM의 최우선 목표는 바로 '지금 당장!' 배당 수익률이 시장 평균보다 높은 기업들을 싹~ 모아서 투자하는 겁니다. 현재 고배당률을 집중 공략하는 것이죠.

그래서 VYM의 포트폴리오를 열어보면, 일반적으로 배당을 많이 주는 성숙하고 안정적인 기업들이 많이 포함되어 있습니다. 주로 금융, 필수소비재, 헬스케어, 에너지, 산업재 같은 가치주 성격의 섹터 비중이 높은 경향을 보이죠.

VYM에 투자하는 이유는 아주 명확합니다. 시장 평균보다 높은 배당 수익률을 통해 꾸준하고 안정적인 현금 흐름을 만들고 싶기 때문입니다. 특히 매달 꾸준한 생활비가 필요한 은퇴 생활자나, 주가 변동성에 지쳐 안정적인 배당 수입원을 확보하고 싶은 투자자들에게 큰 인기를 얻고 있습니다.

하지만 단순히 현재 배당률이 높다는 이유만으로 덥석 투자하면 안 됩니다. VYM에도 고려해야 할 점들이 있어요.

고배당주는 보통 이미 성숙기에 접어든 기업들이 많아서, 미래의 폭발적인 주가 상승을 기대하기는 어려울 수 있습니다. 즉, 배당은 많이 받아도 총수익률(주가 상승+배당)은 VIG나 SCHD, 혹은 시장 평균(VOO)보다 낮을 수 있다는 점입니다.

또 배당률이 높은 이유가 단순히 기업 실적이 나빠져서 주가가 폭락했기 때문일 수도 있습니다. 이런 경우, 재무 상태가 악화되어 나중에 배당금을 삭감하거나 아예 없애버릴 위험도 존재합니다. 배당주 중 일부는 금리가 오르면 채권처럼 매력이 떨어져 주가가 부진할 수도 있습니다.

VYM은 저렴한 비용으로 미국의 고배당주에 폭넓게 분산 투자하여 시장 평균보다 높은 현재 배당 수익률을 추구하는 가장 대표적인 ETF 중 하나입니다. 다만 투자의 목표가 배당+시세차익이라면 VYM보다는 SCHD나 VIG가 더 적합할 수 있으며, VYM은 성장성은 다소 포기하더라도 안정적인 현재의 현금 흐름을 더 중요하게 생각하는 투자자에게 좋은 선택지가 될 수 있습니다.

❖ VYM ETF 운용 현황

# VYM

분류: 주식(배당) 대형가치형

Vanguard High Dividend Yield

Vanguard High Dividend Yield

## 기본정보

|  |  |  |  |
|---|---|---|---|
| 설정일 | 2006/11/16 | 보수율 | 0.0600 |
| 기초자산 | FTSE High Dividend Yield TR USD | 추적오차 | 3.2000 |
| 운용사 | Vanguard | Beta | 0.8100 |
| 순자산(천,$) | 54,921,000 | 배당주기 | Quarterly |
| 주식수(천) | 460,785 | 배당률 | 3.10 |
| 보유종목수 | 532 | 프리미엄/디스카운트 | -0.0200 |

상기 상품은 미국 대형 고배당주로 구성된 FTSE High Dividend Yield Index를 추종하고 있다. 기준 지수는 평균보다 높은 배당수익률을 보이는 약 440개의 종목으로 구성되어 있으며 소비재, 에너지 섹터 투자비중이 높다.
※ 해외벤더로 부터 입수한 내용을 기계번역을 통해 제공하고 있으며, 이 과정에서 정확성(완결성)을 보장할 수 없음     더보기

### NAV-순자산

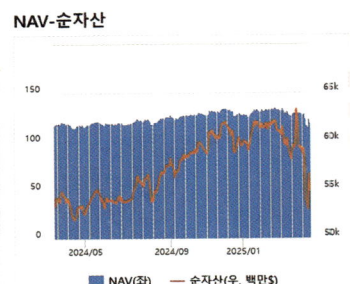

## 배당추이

| 연번 | 공시일 | 권리락일 | 기준일 | 지급일 | 배당금 | 통화 | 비고 |
|---|---|---|---|---|---|---|---|
| 1 | 2025/03/19 | 2025/03/21 | 2025/03/21 | 2025/03/25 | 0.85000 | USD | 배당 |
| 2 | 2024/12/18 | 2024/12/20 | 2024/12/20 | 2024/12/24 | 0.96420 | USD | 배당 |
| 3 | 2024/09/18 | 2024/09/20 | 2024/09/20 | 2024/09/24 | 0.85110 | USD | 배당 |
| 4 | 2024/06/18 | 2024/06/21 | 2024/06/21 | 2024/06/25 | 1.02370 | USD | 배당 |
| 12개월 배당총액 | | 3.68900 | 최근 종가 | 119.17 | 수익률 | | 3.10% |

## 주요 투자 국가

데이터 기준일 : 2025/02/28

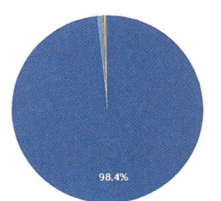

| 국가 | 비중 |
|---|---|
| United States | 98.4 |
| Switzerland | 0.82 |
| Netherlands | 0.3 |
| United Kingdom | 0.16 |
| Singapore | 0.11 |

## 섹터별 분포

데이터 기준일 : 2025/02/28

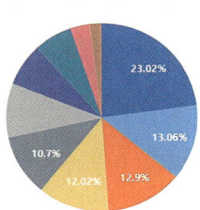

| 섹터 | 비중 |
|---|---|
| 금융 | 23.02 |
| it | 13.06 |
| 필수소비재 | 12.9 |
| 헬스케어 | 12.02 |
| 산업재 | 10.7 |

# 10. TLT
## (iShares 20+ Year Treasury Bond ETF)

TLT는 채권 ETF 중에서도 아주 특별하고, 또 어떻게 보면 가장 화끈한 변동성을 보여줄 수 있는, 그래서 반드시 특징과 위험을 정확히 알고 투자해야 하는 미국 초장기 국채 투자 ETF입니다.

만기가 20년 이상 아주 길~게 남은 미국 장기 국채에만 집중 투자하며, 막대한 운용 자산을 자랑하는 대표적인 채권 ETF 맞습니다. 운용사는 블랙록에 운용 보수는 연 0.15% 정도로, 초저비용 지수 ETF보다는 약간 높지만 이 분야에서는 일반적인 수준입니다.

TLT는 앞서 본 AGG나 BND 같은 종합 채권 ETF와는 달리, 회사채나 MBS 같은 건 싹~ 빼고 오직 미국 정부가 발행한 국채 중에서도 만기가 20년 이상 남은 초장기 국채들만 골라서 투자합니다. 미국 정부가 망하지 않는 한 원금과 이자를 떼일 염려는 거의 없는, 이론상 가장 안전한 채권에 투자하는 거죠.

"미국 정부 보증! 이건 무조건 안전한 거네!" 천만의 말씀! 채권 자체의 신용 위험은 거의 없다고 볼 수 있습니다. 하지만 TLT 투자에는 신용 위험과는 비교도 안 될 만큼 훨씬 더 무서운 위험이 도사리고 있습니다. 그것은 바로 금리 변동 위험입니다.

듀레이션(Duration)의 함정이라고 하는데 채권은 만기가 길수록 '듀레이션'이라는 것이 기하급수적으로 길어집니다. 이 듀레이션은 금리가 1% 변할 때 채권 가격이 몇 %나 변하는지를 나타내는 민감도 지표인데요, TLT는 만기 20년 이상 채권만 담기 때문에 이 듀레이션이 매우 매우 높습니다.

이게 무슨 말이냐? 예를 들어 TLT의 듀레이션이 17년 정도 된다면, 만약 앞으로 장기 금리가 단 1%만 올라도 TLT의 가격은 이론적으로 17%나 폭락할 수 있다는 뜻입니다. 반대로 금리가 1% 내리면 17% 폭등할 수도 있지요. "금리 방향 예측이 틀리면 완전 쪽박! 맞으면 대박!"인 것이죠. 하지만 예측은 신의 영역입니다. 최근 몇 년간 미국이 금리를 가파르게 올렸을 때, TLT 투자자들이 왜 엄청난 손실을 봤는지 이제 아시겠죠? 이름만 안전 자산이지, 실제로는 초고변동성 상품인 것이죠.

그럼에도 불구하고 TLT에 투자하는 이유는 최강의 분산 효과 및 위기 시 피난처이기 때문입니다. 역사적으로 보면 주식 시장이 폭락하는 금융 위기 같은 극단적인 상황에서, 이 초장기 미국 국채 가격은 오히려 가장 크게 오르는 경향을 보여왔습니다. 그래서 포트폴리오의 강력한 헤지 수단으로 활용되기도 합니다. 하지만 이것도 항상 통하는 법칙은 아닙니다.

또 앞으로 장기 금리가 떨어질 것 같다고 강하게 확신하는 투자자들이 금리 하락 시 가장 큰 가격 상승을 기대하며 TLT를 매수합니다. 단기 트레이더들의 영역인 것이죠.

TLT는 미국 초장기 국채에 투자하여 금리 하락에 베팅하거나 위기 시 헤지 효과를 노리는 ETF입니다. 하지만 금리 상승 시에는 치명적인 손실 위험을 안고 있는 위험하고 전문적인 상품입니다.

일반적인 안정 추구형 채권 투자를 원하시거나, 투자를 처음 시작하는 초보자분들에게는 추천하지 않습니다. 금리 방향성에 대한 깊은 이해와 확신, 그리고 큰 손실도 감내할 각오가 되어 있는 숙련된 투자자만이 포트폴리오의 아주 일부로 접근해야 하는 상품입니다.

❖ **TLT ETF 운용 현황**

# TLT

분류: 채권(국채)

iShares 20+Y Treasury Bond

### 기본정보

| | | | |
|---|---|---|---|
| 설정일 | 2002/07/26 | 보수율 | 0.1500 |
| 기초자산 | ICE U.S. Treasury 20+ Year Bond TR USD | 추적오차 | 1.1400 |
| 운용사 | iShares | Beta | 1.0700 |
| 순자산(천,$) | 47,763,300 | 배당주기 | Monthly |
| 주식수(천) | 552,400 | 배당률 | 4.36 |
| 보유종목수 | 49 | 프리미엄/디스카운트 | -0.0500 |

상기 상품은 ICE U.S. Treasury 20+ Year Bond Index를 추종하며, 자산의 90% 이상을 기준 지수에 속한 미국 국채에 투자한다. (나머지 10%는 기준 지수 외 미국 국채에 투자하고 있다.)

※ 해외벤더로 부터 입수한 내용을 기계번역을 통해 제공하고 있으며, 이 과정에서 정확성(완결성)을 보장할 수 없음

더보기

### NAV-순자산

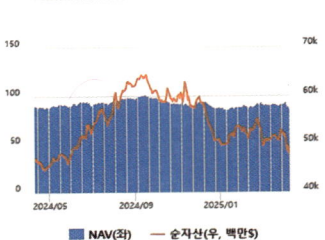

### 배당추이

| 연번 | 공시일 | 권리락일 | 기준일 | 지급일 | 배당금 | 통화 | 비고 |
|---|---|---|---|---|---|---|---|
| 1 | 2025/03/31 | 2025/04/01 | 2025/04/01 | 2025/04/04 | 0.32558 | USD | 배당 |
| 2 | 2025/02/28 | 2025/03/03 | 2025/03/03 | 2025/03/06 | 0.28982 | USD | 배당 |
| 3 | 2025/01/31 | 2025/02/03 | 2025/02/03 | 2025/02/06 | 0.31228 | USD | 배당 |
| 4 | 2024/06/24 | 2024/12/18 | 2024/12/18 | 2024/12/23 | 0.35103 | USD | 배당 |
| 5 | 2024/06/24 | 2024/12/02 | 2024/12/02 | 2024/12/05 | 0.32502 | USD | 배당 |
| 6 | 2024/06/24 | 2024/11/01 | 2024/11/01 | 2024/11/06 | 0.31054 | USD | 배당 |
| 7 | 2024/06/24 | 2024/10/01 | 2024/10/01 | 2024/10/04 | 0.31576 | USD | 배당 |
| 8 | 2024/06/24 | 2024/09/03 | 2024/09/03 | 2024/09/06 | 0.31278 | USD | 배당 |
| 9 | 2024/06/24 | 2024/08/01 | 2024/08/01 | 2024/08/06 | 0.31486 | USD | 배당 |
| 10 | 2024/06/24 | 2024/07/01 | 2024/07/01 | 2024/07/05 | 0.29110 | USD | 배당 |
| 11 | 2024/05/31 | 2024/06/03 | 2024/06/03 | 2024/06/07 | 0.30830 | USD | 배당 |
| 12 | 2024/04/30 | 2024/05/01 | 2024/05/02 | 2024/05/07 | 0.30774 | USD | 배당 |

| 12개월 배당총액 | 3.76481 | 최근 종가 | 86.42 | 수익률 | 4.36% |
|---|---|---|---|---|---|

### 주요 투자 국가

데이터 기준일 : 2025/04/09

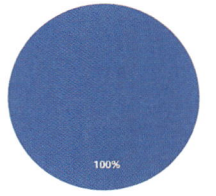

| 국가 | 비중 |
|---|---|
| ● United States | 100 |
| ● Other | 0 |

### 섹터별 분포

데이터 기준일 : 2024/10/

ⓘ 해당종목에 대한 정보가 없습니다

# 11. VCIT
## (Vanguard Intermediate-Term Corporate Bond ETF)

VCIT! 미국 우량 회사채 투자의 대표 주자! 이번에는 채권 ETF 중에서도 미국 정부가 발행한 국채가 아니라, 미국의 우량 기업들이 발행한 '회사채'에 투자하는 ETF입니다. 그중에서도 만기가 너무 길지도 짧지도 않은 중기 회사채에 집중하는 대표 선수입니다! 미국 중기 우량 회사채 ETF인 것이죠. 뱅가드가 운용하며 보수도 연 0.04% 수준으로 착합니다.

먼저 '회사채'가 뭔지 확실히 알아야겠죠? 국채와 뭐가 다를까요?

• **국채(Treasury Bond):** 미국 정부가 발행하는 채권 → 가장 안전(떼일 염려 거의 없음)!

• **회사채(Corporate Bond):** 애플, 마이크로소프트, 코카콜라, JP모건 같은 기업들이 사업 자금 등을 마련하기 위해 돈을 빌리면서 발행하는 채권 → 아무래도 정부보다는 기업이 망할 위험이 아주 약간이라도 더 있기 때문

에, 일반적으로 국채보다 이자를 조금 더 쳐주는 경향이 있습니다. 즉, 국채보다 높은 이자율이 회사채 투자의 매력인 것이죠.

VCIT는 이 수많은 회사채 중에서도 두 가지 기준으로 종목을 골라 담습니다. 채권은 너무 짧으면 수익률이 낮고, 너무 길면 금리 변동에 따른 위험이 큽니다. 그래서 '중간' 정도의 만기(보통 5년~10년)를 가진 채권들에 집중합니다. 위험성이 높은 '정크 본드'는 빼고, 신용 평가 기관으로부터 보통 BBB 등급 이상을 받은, 재무적으로 튼튼한 우량 기업들의 회사채만 고릅니다.

VCIT는 국채 ETF보다 조금 더 높은 이자 수익을 기대할 수 있고, 초장기 국채 ETF보다는 금리 변동에 따른 가격 변동 위험이 훨씬 낮으면서, 초단기 채권 ETF보다는 더 높은 수익을 추구하는, 중간 정도의 포지션입니다.

주의할 점은 회사채도 결국 채권이기 때문에 금리가 오르면 가격이 하락하는 위험은 당연히 가지고 있습니다. 아무리 우량 기업이라도 미국 정부보다는 약간의 부도 위험을 가지고 있습니다. 만약 심각한 경제 위기가 닥치면 이 신용 위험이 부각되면서 국채보다 가격이 더 많이 떨어질 수도 있습니다.

VCIT는 초저비용으로 미국의 우량 중기 회사채에 효과적으로 분산 투자하여, 국채 ETF보다는 조금 더 높은 이자 수익을 추구하면서도 적절한 수준의 안정성을 확보하고 싶은 투자자에게 아주 좋은 선택지입니다. AGG/BND 같은 종합 채권 ETF의 수익률 보강 역할을 하거나, 국채 ETF와 함께 구성하여 채권 포트폴리오 내에서 분산 효과를 노릴 수 있습니다.

## ❖ VCIT ETF 운용 현황

# VCIT
분류: 채권(회사채)

Vanguard Intermediate Term Corporate Bond

## 기본정보

| | | | |
|---|---|---|---|
| 설정일 | 2009/11/23 | 보수율 | 0.0300 |
| 기초자산 | BBgBarc US Credit Corp 5-10 Yr TR USD | 추적오차 | 0.5600 |
| 운용사 | Vanguard | Beta | 0.9500 |
| 순자산(천,$) | 50,656,400 | 배당주기 | Monthly |
| 주식수(천) | 637,508 | 배당률 | 4.56 |
| 보유종목수 | 2,267 | 프리미엄/디스카운트 | 0.0500 |

※ VCIT는 만기 스프레드의 중간에 있는 투자등급 회사채에 대한 투자를 제공함으로써 적당한 이자율과 신용위험을 제공한다.
VCIT는 채권수익률을 강화하고자 하나 듀레이션이 너무 길어지는 것을 망설이는 투자자들에게 유용할 수 있다.
※ 해외벤더로 부터 입수한 내용을 기재번역을 통해 제공하고 있으며, 이 과정에서 정확성(완결성)을 보장할 수 없음   더보기

### NAV-순자산

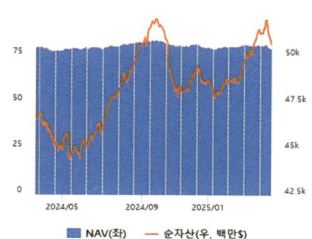

## 배당추이

| 전체 | 자본이익 | 배당 |

| 연번 | 공시일 | 권리락일 | 기준일 | 지급일 | 배당금 | 통화 | 비고 |
|---|---|---|---|---|---|---|---|
| 1 | 2025/03/28 | 2025/04/01 | 2025/04/01 | 2025/04/03 | 0.31890 | USD | 배당 |
| 2 | 2025/02/27 | 2025/03/03 | 2025/03/03 | 2025/03/05 | 0.28650 | USD | 배당 |
| 3 | 2025/01/30 | 2025/02/03 | 2025/02/03 | 2025/02/05 | 0.31290 | USD | 배당 |
| 4 | 2024/12/20 | 2024/12/24 | 2024/12/24 | 2024/12/27 | 0.31190 | USD | 배당 |
| 5 | 2024/01/17 | 2024/12/02 | 2024/12/02 | 2024/12/04 | 0.29920 | USD | 배당 |
| 6 | 2024/01/17 | 2024/11/01 | 2024/11/01 | 2024/11/05 | 0.31660 | USD | 배당 |
| 7 | 2024/01/17 | 2024/10/01 | 2024/10/01 | 2024/10/03 | 0.29700 | USD | 배당 |
| 8 | 2024/01/17 | 2024/09/03 | 2024/09/03 | 2024/09/05 | 0.30100 | USD | 배당 |
| 9 | 2024/01/17 | 2024/08/01 | 2024/08/01 | 2024/08/05 | 0.30110 | USD | 배당 |
| 10 | 2024/01/17 | 2024/07/01 | 2024/07/01 | 2024/07/03 | 0.28870 | USD | 배당 |
| 11 | 2024/01/17 | 2024/06/03 | 2024/06/03 | 2024/06/05 | 0.29920 | USD | 배당 |
| 12 | 2024/01/17 | 2024/05/01 | 2024/05/02 | 2024/05/06 | 0.29190 | USD | 배당 |
| 12개월 배당총액 | 3.62490 | | 최근 종가 | 79.56 | | 수익률 | 4.56% |

## 주요 투자 국가
데이터 기준일: 2025/02/28

## 섹터별 분포
데이터 기준일: 2024/09/30
ⓘ 해당종목에 대한 정보가 없습니다

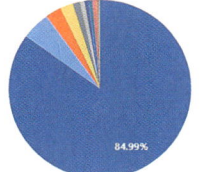

| 국가 | 비중 |
|---|---|
| United States | 84.99 |
| United Kingdom | 5.01 |
| Canada | 2.86 |
| Japan | 2.26 |
| Other | 1.33 |

# 12. IBIT (iShares Bitcoin Trust ETF)

이번에는 2024년도에 미국 증시는 물론 전 세계 금융 시장을 가장 뜨겁게 달궜던 주인공 중 하나죠. 찬반 논란도 뜨겁지만, 그 존재감만큼은 확실한 바로 그 비트코인 ETF입니다. 드디어 비트코인도 제도권 ETF로 들어왔습니다.

실물 비트코인에 투자하는 ETF이고요, 2024년 초 미국 SEC의 승인 이후 전 세계 투자자들의 엄청난 관심을 받으며 단기간에 운용 자산(AUM) 규모가 약 500억 달러까지 치솟았을 정도로 '초대형 신인'이자 시장의 뜨거운 감자가 됐습니다. 블랙록이 운용사인데 블랙록이 비트코인 현물 ETF 시장에 직접 뛰어들었다는 사실 자체만으로도 큰 화제가 되었습니다. "돈이 되면 뭐든지 ETF로 만든다"를 실천한 것 같네요.

IBIT는 기존에 있던 비트코인 선물 ETF와는 근본적으로 다릅니다. IBIT는 진짜 실물 비트코인을 사서 안전한 전문 수탁 기관에 맡겨놓고, 그 보관된 비트코인의 소유권을 주식처럼 잘게 쪼개서 우리가 증권 시장에서 쉽게 사고팔 수 있도록 만든 상품입니다. 내 증권 계좌에 진짜 비트코인을 담는 것이죠.

　IBIT 같은 비트코인 현물 ETF에 열광하는 이유는 바로 편리함 때문입니다. 이전에는 비트코인에 투자하려면 따로 가상자산 거래소에 가입해야 하는 등, 여러 번거롭고 불안한 점이 많았죠. 하지만 이제 IBIT 같은 ETF를 통해, 우리가 원래 사용하던 증권사 앱(MTS/HTS)에서 주식처럼 비트코인 가격 움직임에 투자할 수 있게 되었습니다. 비트코인 투자의 문턱이 낮아진 것이죠.

　하지만 IBIT 투자는 그 어떤 ETF보다도 초고위험 투자가 될 수도 있습니다. 왜냐하면 ETF 자체의 위험보다는 그 안에 담고 있는 비트코인 자산 자체가 인류 역사상 유례를 찾기 힘들 정도로 가격 변동성이 극심하고, 투기적인 성격이 매우 강하기 때문입니다. 아직도 그 가치에 대한 논란이 뜨거운 자산이죠. 한쪽에서는 비트코인이 10억을 간다고 하고, 한쪽에서는 0원이 될 수도 있다고 하니 극단적인 방향성을 가지고 있는 것이죠.

　내재 가치, 화폐로서의 기능, 규제 방향 등에 대해서는 여전히 전문가들 사이에서도 의견이 엇갈리며 미래가 매우 불확실합니다. 하지만 코인 중에 비트코인은 가치를 인정받고 있기 때문에 상당 기간 투자는 무리가 없어 보입니다. 비트코인이 하방 압력을 받을 수는 있으나 이는 다른 자산도 마찬가지입니다. 다만 운용 보수가 0.25%로 다소 비싸니 투자에 참고하시기 바랍니다. IBIT는 세계 최대 운용사가 만든, 실물 비트코인에 가장 간편하게 투자할 수 있는 ETF라는 점은 분명한 사실입니다. 하지만 안정적인 자산 증식 수단으로 삼기에는 정책에 따라 변동이 심할 수 있으므로 포트폴리오의 일부로 접근하는 것이 좋습니다.

❖ **IBIT ETF 운용 현황**

# IBIT
분류: 대체투자/기타(가상화폐)

## iShares Bitcoin Trust

### 기본정보

| | | | |
|---|---|---|---|
| 설정일 | 2022/09/08 | 보수율 | 0.2500 |
| 기초자산 | - | 추적오차 | 54.1800 |
| 운용사 | | Beta | - |
| 순자산(천,$) | 47,837,100 | 배당주기 | Annually |
| 주식수(천) | 1,004,800 | 배당률 | 0.00 |
| 보유종목수 | 2 | 프리미엄/디스카운트 | -0.0400 |

The investment seeks to reflect generally the performance of the price of bitcoin. The shares are intended to constitute a simple means of making an investment similar to an investment in bitcoin rather than by acquiring,holding and

※ 해외벤더로 부터 입수된 내용을 기계번역을 통해 제공하고 있으며, 이 과정에서 정확성(완결성)을 보장할 수 없음     더보기

### NAV-순자산

### 배당추이    전체 | 자본이익 | 배당

ⓘ 해당종목에 대한 정보가 없습니다.

| 12개월 배당총액 | 최근 종가 | 47.67 | 수익률 | % |
|---|---|---|---|---|

ⓘ "자본이익"과 "배당"은 펀드 내 분배 재원을 뜻합니다.
ⓘ 최초 공시 이후 최종 공시가 수정되어 해당 내용이 업데이트 되거나 삭제 될 수 있습니다. 또한, 본 정보는 해당 기업의 공시정보를 벤더사가 수기 처리한 내용으로 언제든지 상이하거나, 누락 및 오류의 가능성이 있습니다.

### 주요 투자 국가    데이터 기준일 : 2025/02/19

### 섹터별 분포    데이터 기준일 : 2024/10/31

ⓘ 해당종목에 대한 정보가 없습니다

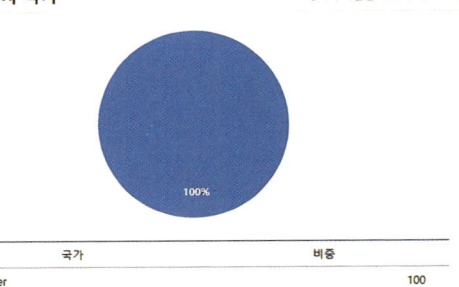

| 국가 | 비중 |
|---|---|
| ● Other | 100 |

# 13. QUAL
## (iShares MSCI USA Quality Factor ETF)

 이번에는 ETF 이름에 '퀄리티'가 붙어 있는 아주 흥미로운 ETF입니다. 미국의 퀄리티 높은 기업들에 투자하는 대표적인 '팩터(Factor) ETF' 중 하나입니다.

 '퀄리티 팩터'는 처음 들어보시죠? 우리가 보통 좋은 기업이라고 하면 성장성이나 저평가를 많이 떠올립니다. 그런데 그것 말고도, 기업의 재무 상태가 얼마나 튼튼하고 얼마나 안정적인지, 얼마나 돈을 잘 버는지 그 질적인 측면(퀄리티) 역시 장기적으로 주식 성과에 중요한 영향을 미치는 요인(팩터)이라는 겁니다.

 퀄리티가 높은 기업은 ROE가 높고 이익 성장도 들쭉날쭉하지 않고 꾸준하고 안정적이며 낮은 부채 비율을 가지고 있는 종목을 말합니다. QUAL ETF는 바로 이런 퀄리티 지표 점수가 높은 미국 대형주 및 중형주들을 까다롭게 선별해서 투자하는 상품입니다.

 QUAL에 투자하는 이유는 이렇게 퀄리티가 높은 기업들이 장기적으로 시장 평균보다 더 높은 수익률을 기록하는 경향을 보여왔기 때문입니다. 또한, 퀄리티가 높은 기업들은 아무래도 펀더멘털이 튼튼하다 보니, 경제 위기나 시장 하락 국면에서 상대적으로 덜 떨어지고 안정적인 모습을 보여주는 경향이 있습니다.

그래서 QUAL은 변동성은 낮추면서 안정적인 장기 성장을 추구하는 투자자들이 핵심 포트폴리오 자산으로 가져가기에 아주 좋은 선택지가 될 수 있습니다. 또는 시장 전체 ETF(VOO, VTI)에 추가하여 포트폴리오에 퀄리티라는 든든한 색깔을 더하는 전략으로도 효과적이죠. 운용 보수도 연 0.15% 수준으로, 팩터 ETF 중에서는 비교적 합리적인 편입니다.

QUAL은 미국의 재무적으로 튼튼하고, 수익성 높고, 안정적인 퀄리티 기업들에 분산 투자하여, 장기적으로 안정적인 초과 성과를 추구하는 대표적인 팩터 ETF입니다. 단순히 시장 평균을 따라가는 것을 넘어, 질 좋은 기업에 선별적으로 투자하고 싶다면? QUAL!

❖ QUAL ETF 운용 현황

## QUAL
분류: 주식(가치) 대형혼합형

iShares Edge MSCI USA Quality Factor

### 기본정보

|  |  |  |  |
|---|---|---|---|
| 설정일 | 2013/07/18 | 보수율 | 0.1500 |
| 기초자산 | MSCI USA Sector Neutral Quality GR USD | 추적오차 | 2.6600 |
| 운용사 | iShares | Beta | 0.9800 |
| 순자산(천,$) | 46,452,900 | 배당주기 | Quarterly |
| 주식수(천) | 283,950 | 배당률 | 1.12 |
| 보유종목수 | 128 | 프리미엄/디스카운트 | -0.0500 |

상기 상품은 우량 대형주 및 중형주로 구성된 MSCI USA Sector Neutral Quality Index를 추종하며, 총자산의 90% 이상을 기준 지수에 포함된 종목에 투자하도록 설계되어 있다. 나머지 자산은 선물옵션, 스왑, 현금 및 현금성 자산에 투자하고 있 ※ 해외밴더로 부터 입수된 내용을 기계번역을 통해 제공하고 있으며, 이 과정에서 정확성(완결성)을 보장할 수 없음     더보기

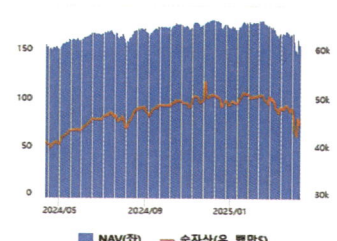
NAV-순자산

### 배당추이 | 전체 | 자본이익 | 배당

| 연번 | 공시일 | 권리락일 | 기준일 | 지급일 | 배당금 | 통화 | 비고 |
|---|---|---|---|---|---|---|---|
| 1 | 2024/07/05 | 2025/03/18 | 2025/03/18 | 2025/03/21 | 0.39073 | USD | 배당 |
| 2 | 2023/12/06 | 2024/12/17 | 2024/12/17 | 2024/12/20 | 0.54752 | USD | 배당 |
| 3 | 2023/12/06 | 2024/09/25 | 2024/09/25 | 2024/09/30 | 0.54305 | USD | 배당 |
| 4 | 2023/12/06 | 2024/06/11 | 2024/06/11 | 2024/06/17 | 0.34527 | USD | 배당 |

| 12개월 배당총액 | 1.82657 | 최근 종가 | 163.45 | 수익률 | 1.12% |

### 주요 투자 국가

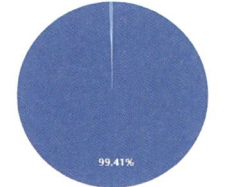

데이터 기준일: 2025/04/09

### 섹터별 분포

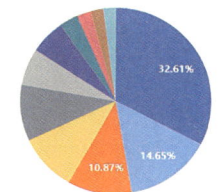

데이터 기준일: 2025/04/09

| 국가 | 비중 | | 섹터 | 비중 |
|---|---|---|---|---|
| United States | 99.41 | | it | 32.61 |
| Switzerland | 0.59 | | 금융 | 14.65 |
| Netherlands | 0 | | 헬스케어 | 10.87 |
| Ireland | 0 | | 경기소비재 | 9.86 |
| Singapore | 0 | | 통신 | 9.8 |

# 14. BIL
## (SPDR Bloomberg 1-3 Month T-Bill ETF)

 이번에는 채권 ETF 중에서도 가장 짧은 만기와 가장 높은 안정성을 자랑하는, 어떻게 보면 주식 계좌 속 '파킹 통장' 같은 역할을 하는 ETF입니다. 초단기 미국 국채입니다.

 만기가 1개월에서 3개월 사이로 아주 짧게 남은 미국 초단기 국채(T-Bill)에 투자하며, 현금성 자산 ETF의 대표 주자입니다.

 BIL은 다른 채권 ETF들처럼 회사채나 장기 국채 같은 거 전혀 없습니다. 오직 미국 정부가 발행하는 채권 중에서도 만기가 딱 1달에서 3달! 아주 짧게 남은 초단기 국채만 골라서 담습니다. 거의 현금 그 자체이죠. 미국 정부가 망하지 않는 한 원금과 이자를 떼일 염려는 거의 제로에 가깝다고 볼 수 있겠죠. 기간이 짧기 때문에 안정성은 최고입니다.

 하지만 기간이 짧기 때문에 안전하기만 하고 수익은 거의 없습니다. BIL은 높은 수익을 추구하는 투자 상품이라기보다는, 현금 관리 목적이 훨씬 큽니다. 현금을 은행 대신 보관해주는 역할을 하는 거죠. 마땅히 투자할 곳은 아직 못 찾았는데, 현금을 그냥 증권 계좌에 놀리기는 아까울 때 돈을 보관해놓는 것이죠. 예를 들어, 주식 시장이 너무 불안정해서 잠시 "소나기는 피하고 보자!" 하고 안전하게 대피하고 싶을 때! 또는 곧 써야 할 목돈(예: 주택 계약금, 자동차 구매 자금 등)을 단기간 안전하게 보관하고 싶을 때! 이럴 때 아주 유용하게 활용되는 '초안전 현금 보관소' 같은 ETF입니다.

그래서 BIL의 가장 큰 장점은 압도적인 안정성입니다. 만기가 1~3개월로 워낙 짧아서 금리가 오르든 내리든 ETF 가격 변동이 거의 없습니다. 금리 변동에 따른 위험성이 거의 제로에 가깝죠. 주식 시장이 폭락하는 날에도 BIL의 가격은 거의 미동도 하지 않습니다.

이렇게 극도로 안전한 만큼, 기대 수익률은 매우 낮습니다. 딱 미국 초단기 기준금리 수준의 이자 정도만 기대해야 해요. 여기에 운용 보수(연 0.14% 수준)까지 빼고 나면 정말 얼마 안 될 수도 있습니다. 그냥 현금 보관소입니다.

BIL은 극강의 안정성을 바탕으로 투자 대기 자금이나 단기 비상 자금을 잠시 파킹해두는 용도로 활용하는 현금 관리형 ETF입니다. 이걸로 돈 벌 생각은 절대 하시면 안 되고, '안전한 현금 보관' 정도로만 생각하고 활용하셔야 합니다.

❖ BIL ETF 운용 현황

# BIL
분류: 채권(국채)

SPDR Bloomberg 1-3M T-Bill

### 기본정보

| | | | |
|---|---|---|---|
| 설정일 | 2007/05/30 | 보수율 | 0.1356 |
| 기초자산 | BBgBarc US Treasury Bill 1-3 Mon TR USD | 추적오차 | 1.3900 |
| 운용사 | SPDR State Street Global Advisors | Beta | 0.0100 |
| 순자산(천,$) | 46,868,200 | 배당주기 | Monthly |
| 주식수(천) | 512,145 | 배당률 | 4.77 |
| 보유종목수 | 18 | 프리미엄/디스카운트 | 0.0100 |

상기 상품은 Bloomberg Barclays 1-3 Month U.S. Treasury Bill 지수를 추종하며, 총자산의 80% 이상(실질적으로 100%)을 기준 지수를 구성하는 종목에 투자한다. 기준 지수는 1개월 이상 3개월 미만 만기의 미국 재무증권의 투자수익률을 기반으로
※ 해외벤더로 부터 입수한 내용을 기계번역을 통해 제공하고 있으므로, 이 과정에서 정확성(완결성)을 보장할 수 없음    더보기

### NAV-순자산

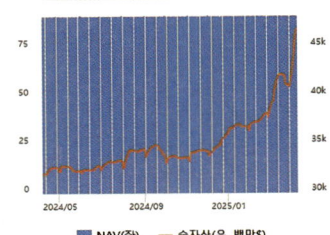

### 배당추이

| 연번 | 공시일 | 권리락일 | 기준일 | 지급일 | 배당금 | 통화 | 비고 |
|---|---|---|---|---|---|---|---|
| 1 | 2025/04/01 | 2025/04/01 | 2025/04/01 | 2025/04/04 | 0.32138 | USD | 배당 |
| 2 | 2025/01/09 | 2025/03/03 | 2025/03/03 | 2025/03/06 | 0.28933 | USD | 배당 |
| 3 | 2025/02/03 | 2025/02/03 | 2025/02/03 | 2025/02/06 | 0.32582 | USD | 배당 |
| 4 | 2024/12/19 | 2024/12/19 | 2024/12/19 | 2024/12/24 | 0.38280 | USD | 배당 |
| 5 | 2024/12/02 | 2024/12/02 | 2024/12/02 | 2024/12/05 | 0.33457 | USD | 배당 |
| 6 | 2024/11/01 | 2024/11/01 | 2024/11/01 | 2024/11/06 | 0.35853 | USD | 배당 |
| 7 | 2024/10/01 | 2024/10/01 | 2024/10/01 | 2024/10/04 | 0.37128 | USD | 배당 |
| 8 | 2024/09/03 | 2024/09/03 | 2024/09/03 | 2024/09/06 | 0.39609 | USD | 배당 |
| 9 | 2024/08/01 | 2024/08/01 | 2024/08/01 | 2024/08/06 | 0.40231 | USD | 배당 |
| 10 | 2024/07/01 | 2024/07/01 | 2024/07/01 | 2024/07/05 | 0.39220 | USD | 배당 |
| 11 | 2024/06/03 | 2024/06/03 | 2024/06/03 | 2024/06/06 | 0.40504 | USD | 배당 |
| 12 | 2024/05/01 | 2024/05/01 | 2024/05/02 | 2024/05/07 | 0.38754 | USD | 배당 |
| 12개월 배당총액 | | 4.36688 | 최근 증가 | | 91.56 | 수익률 | 4.77% |

### 주요 투자 국가
데이터 기준일: 2025/04/09

### 섹터별 분포
데이터 기준일: 2024/11/0

ⓘ 해당종목에 대한 정보가 없습니다

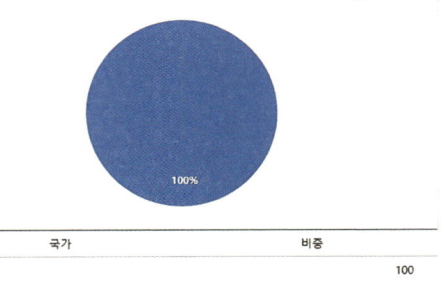

| 국가 | 비중 |
|---|---|
| ● Other | 100 |

# 15. IAU(iShares Gold Trust)

    IAU는 GLD(SPDR Gold Shares)의 강력한 라이벌이자, 가성비를 중시하는 투자자들에게 많은 선택을 받는 ETF입니다. GLD에 이어 금 ETF 시장에서 두 번째로 큰 규모를 자랑하는 대표적인 ETF입니다.

    IAU 역시 금 광산 회사 주식이나 금 선물 계약 같은 것이 아니라, 진짜 실물 금괴를 사서 런던, 뉴욕 등의 안전한 금고에 보관하고, 그 금에 대한 소유권을 주식처럼 잘게 쪼개서 우리가 증권 시장에서 쉽게 사고팔 수 있도록 만든 상품입니다. 한마디로 금을 금은방에서 사는 것이 아니라 ETF로 사는 것이죠.

    금에 투자하는 이유는 역시 위기 시 안전 자산 역할과 인플레이션 위험 회피이죠. 포트폴리오 분산 효과 등 투자 목적과 기능은 GLD와 완전히 동일하다고 보시면 됩니다.

    그럼 GLD랑 IAU랑 완전히 똑같은 걸까요? 내용물과 역할은 거의 같지만, 투자자에게 아주 아주 중요한 결정적인 차이점이 있습니다! 그것은 바로 운용 보수입니다.

- **GLD 운용 보수:** 연 0.40%
- **IAU 운용 보수:** 연 0.25%

GLD보다 IAU의 운용 보수가 저렴합니다. 이게 바로 IAU가 가진 가장 강력한 경쟁력이자, 많은 장기 투자자들이 GLD 대신 IAU를 선택하는 가장 큰 이유입니다.

물론 전체 운용 규모(AUM)나 하루 평균 거래량은 역사적으로 GLD가 IAU보다 조금 더 큽니다. 그리고 ETF 한 주당 가격은 IAU가 GLD보다 훨씬 낮습니다. 이는 ETF 한 주당 포함된 금의 양이 달라서 그렇습니다. 가격이 싸기 때문에 돈이 부족하다면 IAU가 유리합니다. 거래량도 우리 같은 개인 투자자가 투자하고 거래하는 데는 IAU도 규모나 유동성 면에서 전혀 부족함이 없습니다.

IAU는 GLD보다 훨씬 저렴한 비용으로 실물 금에 거의 동일하게 투자할 수 있는 매우 합리적이고 매력적인 ETF입니다. 따라서 장기적인 관점에서 금 투자를 통해 포트폴리오의 안정성과 분산 효과를 높이고 싶다면, 이왕이면 운용 보수가 더 낮은 IAU를 선택하는 것이 장기 수익률에 조금이나마 더 유리할 수 있습니다.

❖ IAU ETF 운용 현황

## IAU
분류: 상품(귀금속)

### iShares Gold Trust

#### 기본정보

| | | | |
|---|---|---|---|
| 설정일 | 2005/01/28 | 보수율 | 0.2500 |
| 기초자산 | LBMA Gold Price PM USD | 추적오차 | 12.2600 |
| 운용사 | iShares | Beta | 0.6000 |
| 순자산(천,$) | 44,665,500 | 배당주기 | None |
| 주식수(천) | 732,900 | 배당률 | 0.00 |
| 보유종목수 | 1 | 프리미엄/디스카운트 | -1.8600 |

GLD(SPDR Gold Trust)와 함께 선물이 아닌 금 현물에 투자하는 대표 상품으로, 벤치마크는 LBMA Gold Price PM(London Bullion Market Association, 런던귀금속연합)이 발표하는 오후 4시 가격)이다. 가격 변동에 대한 헤지전략을 사용하지 않아

※ 해외벤더로 부터 입수한 내용을 기계번역을 통해 제공하고 있으므로, 이 과정에서 정확성(완결성)을 보장할 수 없음

더보기

#### NAV-순자산

(chart: 2024/05 – 2025/01, NAV(좌), 순자산(우, 백만$))

#### 배당추이

| 전체 | 자본이익 | 배당 |

ⓘ 해당종목에 대한 정보가 없습니다.

| 12개월 배당총액 | 최근 종가 | 60.96 | 수익률 | % |

ⓘ "자본이익"과 "배당"은 펀드 내 분배 재원을 뜻합니다.
ⓘ 최초 공시 이후 최종 공시가 수정되어 해당 내용이 업데이트 되거나 삭제 될 수 있습니다. 또한, 본 정보는 해당 기업의 공시정보를 벤더사가 수기 처리한 내용으로 언제든지 상이하거나, 누락 및 오류의 가능성이 있습니다.

#### 주요 투자 국가
데이터 기준일 : 2025/02/28

#### 섹터별 분포
데이터 기준일 : 2024/09/30

ⓘ 해당종목에 대한 정보가 없습니다.

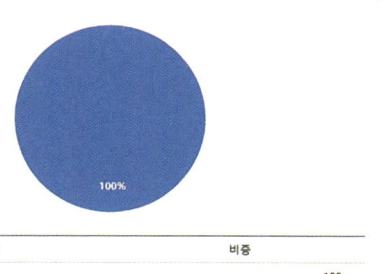

| 국가 | 비중 |
|---|---|
| ● Other | 100 |

# 16. XLF(Financial Select Sector SPDR Fund)

미국 경제의 핏줄! 돈이 도는 길목이라고 할 수 있는 '금융 섹터'에 집중적으로 투자하는 SPDR의 섹터 대표 선수 ETF입니다.

XLF는 아주 명확하고 단순합니다. 미국 대표 선수 500명(S&P 500 지수 구성 기업) 중에서 오직 '금융업'을 주력으로 하는 선수들만 쏙쏙 골라 담는 것입니다. 다른 섹터(기술, 헬스케어 등)는 쳐다보지도 않아요. 오직 금융! 그야말로 '미국 대형 금융주 올인' 입니다.

XLF 바구니 안을 들여다보면 미국의 쟁쟁한 금융계 거물들이 자리 잡고 있습니다.

- **거대 은행들:** JP모건 체이스, 뱅크 오브 아메리카, 웰스 파고 등
- **투자 은행 & 증권사:** 골드만삭스, 모건 스탠리, 찰스 슈왑 등

보험 회사와 카드 회사, 자산 운용사까지 있습니다.

XLF는 대표적인 경기 순환주입니다. 금융 섹터는 실물 경제의 흐름과

아주 밀접하게 움직이죠. 경제가 활활 타오를 때는 기업 대출도 늘고, 소비도 늘고, 주식 시장도 활발해지니 은행, 증권사들 실적이 좋아지겠죠. XLF도 함께 훨훨 날아갈 수 있습니다. 반대로 경기가 꽁꽁 얼어붙으면 대출 부실 위험도 커지고 투자도 위축되니, 가장 먼저 타격을 받을 수도 있습니다. 즉, 미국 경제의 방향성에 베팅하고 싶을 때 고려해볼 수 있는 ETF입니다.

특히 은행주들은 금리 변동에 민감하게 반응합니다. 일반적으로 금리가 완만하게 상승하는 시기에는 은행의 수익성이 개선되어 긍정적일 수 있지만, 금리가 너무 급격하게 오르거나 경제 침체 우려가 동반되면 오히려 악영향을 받을 수도 있습니다. 금리 방향성에 대한 예측도 XLF 투자 시 중요한 고려 요소가 될 수 있지요. 물론 금리 예측은 신의 영역입니다. 연준은 미국 대통령 말도 안 듣습니다.

금융 섹터의 매력이라면 오랜 기간 안정적으로 사업을 영위하며 배당을 꾸준히 지급해온 우량 기업들이 상당히 많다는 겁니다. 그래서 S&P 500 전체 평균보다 약간 더 높은 수준의 괜찮은 배당수익률을 기대해볼 수 있습니다.

XLF는 앞으로 미국 금융주가 시장을 주도할 것 같은 확신이 있을 때, 경기가 바닥을 찍고 회복하는 국면이라고 판단될 때, S&P 500 ETF를 기본으로 가져가면서, 금융 섹터 비중을 늘리는 전략에 활용할 수 있는 ETF입니다.

❖ **XLF ETF 운용 현황**

# XLF
분류: 주식(금융) 대형혼합형

SPDR Financial Select Sector

## 기본정보

| | | | |
|---|---|---|---|
| 설정일 | 1998/12/22 | 보수율 | 0.0800 |
| 기초자산 | S&P Financial Select Sector TR USD | 추적오차 | 1.7800 |
| 운용사 | SPDR State Street Global Advisors | Beta | 0.9400 |
| 순자산(천,$) | 46,966,300 | 배당주기 | Quarterly |
| 주식수(천) | 1,006,200 | 배당률 | 1.53 |
| 보유종목수 | 76 | 프리미엄/디스카운트 | 0.0000 |

상기 상품은 ETF로 Financial Select Sector Index를 추종하며, 총자산의 95% 이상을 기준 지수에 포함된 종목에 투자하도록 설계되어 있다. 기준 지수가 금융서비스, 보험, 은행, 캐피털, 리츠, 소비자금융, 저축 및 모기지, 부동산 개발 및 관리 등 금융
※ 해외벤더로 부터 입수한 내용을 기계번역을 통해 제공하고 있으며, 이 과정에서 정확성(완결성)을 보장할 수 없음   더보기

### NAV-순자산

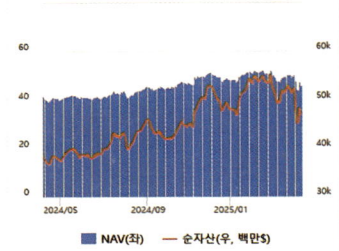

## 배당추이

전체 | 자본이익 | 배당

| 연번 | 공시일 | 권리락일 | 기준일 | 지급일 | 배당금 | 통화 | 비고 |
|---|---|---|---|---|---|---|---|
| 1 | 2025/03/24 | 2025/03/24 | 2025/03/24 | 2025/03/26 | 0.17878 | USD | 배당 |
| 2 | 2024/01/05 | 2024/12/23 | 2024/12/23 | 2024/12/26 | 0.20624 | USD | 배당 |
| 3 | 2024/09/23 | 2024/09/23 | 2024/09/23 | 2024/09/25 | 0.16531 | USD | 배당 |
| 4 | 2024/06/24 | 2024/06/24 | 2024/06/24 | 2024/06/26 | 0.16280 | USD | 배당 |
| 12개월 배당총액 | | 0.71312 | 최근 종가 | | 46.67 | 수익률 | 1.53% |

## 주요 투자 국가
데이터 기준일 : 2025/04/09

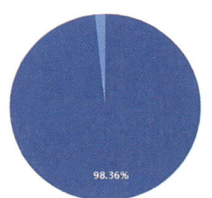

| 국가 | 비중 |
|---|---|
| ● United States | 98.36 |
| ● Switzerland | 1.64 |
| ● Other | 0 |

## 섹터별 분포
데이터 기준일 : 2025/04/10

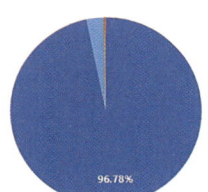

| 섹터 | 비중 |
|---|---|
| ● 금융 | 96.78 |
| ● it | 2.9 |
| ● 산업재 | 0.32 |
| ● 소재 | 0 |
| ● 통신 | 0 |

# 17. IVW(iShares S&P 500 Growth ETF)

앞에서 미국 시장 대표팀 S&P 500(VOO, SPLG 등)을 만나봤죠. 그 500명의 선수들 중에서도 미래를 향해 거침없이 질주하는 '성장형 스트라이커'들만 뽑아서 한 팀으로 묶어놓은 ETF가 있습니다! 바로 IVW입니다.

이름하여 'S&P 500 성장주 ETF'! 성장주에 올인한 ETF입니다. IVW의 전략은 아주 명확하고 화끈합니다. 미국 대표 선수 500명(S&P 500) 중에서 앞으로 매출과 이익이 성장하여 주가도 훨훨 날 것 같은 성장 잠재력이 높은 기업들만 엄선해서 투자하는 것입니다. S&P 500 전체를 담는 것이 아니라, 그 안에서 '성장성'을 기준으로 필터링해서 뽑힌 정예 멤버들만 담는 거죠.

IVW의 포트폴리오를 들여다보면 애플, 마이크로소프트, 아마존, 엔비디아, 구글, 메타 등이 있습니다. 빅테크들이 포트폴리오의 압도적인 비중을 차지하고 있습니다. 그 외에도 헬스케어 분야의 혁신 기업이나, 소비 트렌드를 주도하는 성장 기업들이 함께 포함되어 있습니다.

이런 성장주 몰빵 ETF는 시장을 주도하는 기술주나 성장주들이 훨훨 날아가는 시기에는 S&P 500 전체 지수(VOO/SPLG)를 가뿐히 뛰어넘는 초과 수익률을 안겨줄 잠재력이 있습니다. 성장주로 한 방 노리는 거죠.

하지만 세상에 공짜 점심은 없지요. 성장주, 특히 기술주들은 시장 분위기, 금리 변화, 미래에 대한 기대감 등에 매우 민감하게 반응합니다. 그래서 시장이 좋을 땐 더 많이 오르지만, 반대로 시장이 꺾이거나 금리가 오르거나 성장성에 대한 의문이 제기되면 S&P 500보다 훨씬 더 큰 폭으로, 더 아프게 하락할 수 있습니다. ETF계의 하이 리스크, 하이 리턴이죠.

그리고 배당금은 거의 기대하지 마세요. 성장주들은 보통 벌어들인 이익을 주주들에게 배당으로 나눠주기보다는, 더 큰 미래 성장을 위해 연구개발(R&D)이나 사업 확장에 재투자하는 경우가 많습니다. 그래서 IVW의 배당 수익률은 S&P 500 평균보다 훨씬 낮은 경우가 많습니다. 배당보다는 주가 상승에 집중하는 ETF죠.

IVW는 내 포트폴리오 전체의 성장 잠재력을 최대한 끌어올리고 싶을 때, 미국 대형주 안에서도 성장이라는 특정 투자 스타일에 집중적으로 투자하고 싶을 때 추가하는 전략이 좋습니다.

IVW는 S&P 500 지수 내에서도 성장이라는 키워드에 가장 집중하는 대표적인 성장주 ETF입니다! 화끈한 성장 잠재력이라는 강력한 무기를 가졌지만, 동시에 높은 변동성과 낮은 배당률이라는 약점도 명확한 개성 강한 ETF입니다. 미국 대형 성장주의 시대가 앞으로도 계속될 것이라고 강하게 믿는다면, IVW! 담으세요!

❖ **IVW ETF 운용 현황**

# IVW
분류: 주식(성장) 대형혼합형

## iShares S&P 500 Growth

### 기본정보

| | | | |
|---|---|---|---|
| 설정일 | 2000/05/26 | 보수율 | 0.1800 |
| 기초자산 | S&P 500 Growth TR USD | 추적오차 | 1.3300 |
| 운용사 | iShares | Beta | 0.9800 |
| 순자산(천,$) | 49,296,200 | 배당주기 | Quarterly |
| 주식수(천) | 544,800 | 배당률 | 0.51 |
| 보유종목수 | 216 | 프리미엄/디스카운트 | -0.0500 |

상기 ETF는 미국 주식 시장의 대규모 자본화 성장 부문의 성과를 측정하는 S & P 500 Growth IndexTM의 투자 성과를 추적하고자합니다. 펀드는 일반적으로 자산의 90 % 이상을 기초 지수의 증권이나 기초 인덱스의 증권을 나타내는 예탁

※ 해외벤더로 부터 입수한 내용을 기계번역을 통해 제공하고 있으며, 이 과정에서 정확성(완결성)을 보장할 수 없음

더보기

### NAV-순자산

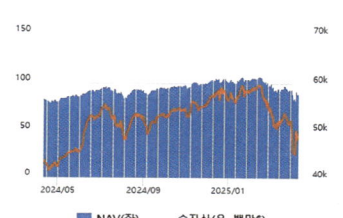

### 배당추이  전체 | 자본이익 | 배당

| 연번 | 공시일 | 권리락일 | 기준일 | 지급일 | 배당금 | 통화 | 비고 |
|---|---|---|---|---|---|---|---|
| 1 | 2025/03/17 | 2025/03/18 | 2025/03/18 | 2025/03/21 | 0.10785 | USD | 배당 |
| 2 | 2023/12/04 | 2024/12/17 | 2024/12/17 | 2024/12/20 | 0.13336 | USD | 배당 |
| 3 | 2024/09/24 | 2024/09/25 | 2024/09/26 | 2024/09/30 | 0.14513 | USD | 배당 |
| 4 | 2023/12/04 | 2024/06/11 | 2024/06/11 | 2024/06/17 | 0.07418 | USD | 배당 |

12개월 배당총액  0.46051  최근 종가  90.39  수익률  0.51%

### 주요 투자 국가
데이터 기준일 : 2025/04/09

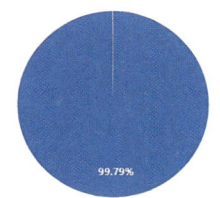

| 국가 | 비중 |
|---|---|
| ● United States | 99.79 |
| ● Switzerland | 0.13 |
| ● Netherlands | 0.08 |
| ● Brazil | 0 |
| ● United Kingdom | 0 |

### 섹터별 분포
데이터 기준일 : 2025/04/09

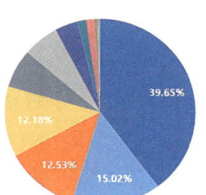

| 섹터 | 비중 |
|---|---|
| ● it | 39.65 |
| ● 통신 | 15.02 |
| ● 금융 | 12.53 |
| ● 경기소비재 | 12.18 |
| ● 산업재 | 6.78 |

# 18. QQQM(Invesco NASDAQ 100 ETF)

나스닥 100 지수를 내 포트폴리오에 담고 싶을 때, 가장 먼저 떠오르는 ETF가 바로 QQQ였습니다. 그런데 QQQ가 워낙 슈퍼스타가 되면서 주당 가격도 비싸지고, 운용 보수도 살짝 부담스러워지기 시작했습니다. 그래서 QQQ를 만든 바로 그 회사인 인베스코(Invesco)에서 아주 스마트한 결정을 내립니다.

"우리 회사 QQQ가 너무 비싸서 개인 투자자들이 좀 부담스러워하는 것 같습니다. 저렴한 ETF를 찾는 투자자를 빼앗길 것 같군요. 내용물과 성능은 QQQ랑 거의 똑같지만 가격은 훨씬 싸고 수수료도 저렴한 동생 버전을 만들어봅시다!"

그렇게 탄생한 것이 가성비 나스닥 100 ETF인 QQQM입니다. QQQM은 미국 나스닥에 상장된 기업 중에서 금융 회사를 제외하고 가장 덩치가 크고 세상을 이끌어가는 대표 기업 100개를 모아놓은 '나스닥 100 지수'를 그대로 똑같이 따라 하는 것이 목표입니다. 형님인 QQQ와 추종하는 지수가 완전히 동일합니다. 그래서 QQQM의 투자 바구니 안을 들여다보면 미국, 아니 전 세계를 대표하는 최첨단 기술 기업들이 몰려 있습니다.

QQQM vs QQQ의 결정적 차이점이자, QQQM의 강력한 매력 포인트는 바로 가성비입니다. 수수료가 싼 것이 전부라 해도 과언이 아닙니다. QQQM은 QQQ(0.20%)보다 운용 보수가 낮습니다(0.15%) '겨우 0.05% 차이'라고 생각하실 수 있지만, 장기 투자의 세계에서는 이 작은 수수료 차이가 '복리의 마법'과 만나 시간이 지날수록 엄청난 수익률 격차를 만들어냅니다(그런데 좀 생색 내기네요. 절반 정도는 내려야지!).

QQQM은 처음 상장할 때부터 QQQ보다 한 주당 가격을 훨씬 낮게 설정했습니다. 그래서 우리처럼 매달 꾸준히 적립식으로 투자하거나, 소액으로 투자를 시작하는 개인 투자자들이 훨씬 더 부담 없이 접근할 수 있습니다. 매달 10만 원, 20만 원씩 사 모으기 딱 좋은 적립식 투자자 맞춤형 ETF인 것이죠.

가장 중요한 포인트는 추종하는 지수가 같기 때문에, 장기적인 수익률 성과는 QQQ와 거의 동일합니다. QQQM 역시 나스닥 100 지수를 추종하기 때문에, QQQ와 마찬가지로 다음과 같은 특징을 공유합니다. 높은 변동성과 기술주에 대한 매우 높은 집중도! 그리고 배당 수익률이 매우 낮습니다.

QQQM은 미국 기술주 성장의 핵심 동력인 나스닥 100 지수에 투자하는 가장 스마트하고 효율적인 방법 중 하나입니다. 낮은 운용 보수와 저렴한 주당 가격이라는 강력한 장점 덕분에, 장기적인 관점에서 적립식 투자를 하는 개인 투자자들에게는 기존의 QQQ보다 더 나은 선택지가 될 수 있습니다.

❖ QQQM ETF 운용 현황

# QQQM
분류: 주식(종합) 대형혼합형

Invesco NASDAQ 100

## 기본정보

| | | | |
|---|---|---|---|
| 설정일 | 2020/10/13 | 보수율 | 0.1500 |
| 기초자산 | Nasdaq -100 USD | 추적오차 | 2.2200 |
| 운용사 | - | Beta | 0.9200 |
| 순자산(천,$) | 38,291,200 | 배당주기 | Quarterly |
| 주식수(천) | 208,400 | 배당률 | 0.68 |
| 보유종목수 | 106 | 프리미엄/디스카운트 | 0.0100 |

The investment seeks to track the investment results (before fees and expenses) of the NASDAQ-100 Index® (the 'underlying index'). The fund generally will invest at least 90% of its total assets in the securities that comprise the

※ 해외벤더로 부터 입수한 내용을 기계번역을 통해 제공하고 있으며 이 과정에서 정확성(완결성)을 보장할 수 없음    더보기

### NAV-순자산

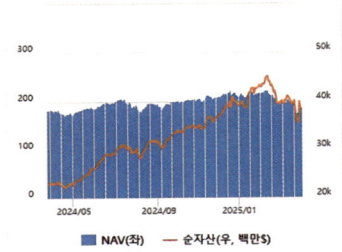

## 배당추이  [전체] [자본이익] [배당]

| 연번 | 공시일 | 권리락일 | 기준일 | 지급일 | 배당금 | 통화 | 비고 |
|---|---|---|---|---|---|---|---|
| 1 | 2025/03/21 | 2025/03/24 | 2025/03/24 | 2025/03/28 | 0.31763 | USD | 배당 |
| 2 | 2024/12/23 | 2024/12/23 | 2024/12/23 | 2024/12/27 | 0.31031 | USD | 배당 |
| 3 | 2024/09/23 | 2024/09/23 | 2024/09/23 | 2024/09/27 | 0.29987 | USD | 배당 |
| 4 | 2024/06/24 | 2024/06/24 | 2024/06/24 | 2024/06/28 | 0.31990 | USD | 배당 |
| 12개월 배당총액 | | 1.24771 | 최근 종가 | 183.75 | 수익률 | | 0.68% |

## 주요 투자 국가                         데이터 기준일 : 2025/04/09

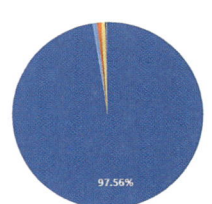

| 국가 | 비중 |
|---|---|
| United States | 97.56 |
| Netherlands | 0.73 |
| Brazil | 0.71 |
| United Kingdom | 0.56 |
| China | 0.43 |

## 섹터별 분포                         데이터 기준일 : 2025/04/10

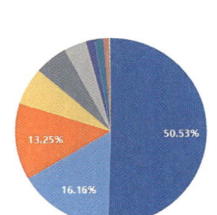

| 섹터 | 비중 |
|---|---|
| it | 50.53 |
| 통신 | 16.16 |
| 경기소비재 | 13.25 |
| 필수소비재 | 6.47 |
| 헬스케어 | 5.63 |

# 19. MUB(iShares National Muni Bond ETF)

　MUB는 채권 ETF 중에서도 아주 특별합니다. 미국에서는 상당히 인기가 많지만 한국 투자자들에게는 약간의 함정이 있을 수 있는 ETF입니다. '미국 지방채 ETF', 그리고 더 중요한 '면세(Tax-Exempt) ETF'입니다. 세금을 안 낸다고? 이게 대체 무슨 소리일까요?

　MUB가 담고 있는 채권은 우리가 흔히 아는 미국 정부가 발행한 국채나, 애플이나 삼성전자 같은 회사가 발행한 회사채와는 조금 다릅니다. 미국 내의 '지방 정부'들이 발행한 채권, 즉 '지방채(Municipal Bond, 줄여서 뮤니 본드(Muni Bond))'에 집중 투자하는 ETF입니다.

　누가 발행하냐 하면, 뉴욕 시, 캘리포니아 주, 텍사스 주의 특정 카운티, 지역 병원, 공항, 고속도로 관리청, 대학교 등등…. 미국 전역의 다양한 주 정부 및 지방 공공기관들이 발행합니다.

　왜 발행하냐고요? 주로 학교, 병원, 도로, 공원 같은 우리 생활에 필요한 공공시설을 짓거나 개선하는 데 필요한 자금을 마련하기 위해서 발행하는 거죠.

이렇게 미국 전역에서 발행된 수많은 지방채들 중에서, 신용도가 비교적 안전한 '투자 등급' 채권들을 골고루 수백, 수천 개를 모아서 한 바구니에 담아 분산 투자합니다.

이런 MUB가 유명해진 가장 결정적인 이유는 바로 '면세' 혜택입니다. 이게 무슨 말이냐면, MUB가 보유한 대부분의 지방채에서 발생하는 이자 소득에 대해서 미국에 세금을 내는 미국 거주자들은 '미국 연방 정부 소득세'를 내지 않는다는 겁니다. 세금을 안 낸다니, 이거 정말 엄청난 혜택이죠?

그래서 미국의 고소득층 투자자들, 즉 소득세율이 높은 사람들에게 MUB는 세금을 내야 하는 다른 채권(국채, 회사채)보다 세금을 제외한 실제 수익률이 더 높을 수 있기 때문에 매력적인 투자처로 인기가 높습니다. 미국 부자들의 대표적인 절세 상품 중 하나인 것이죠. 그래서 운용자금이 큰 ETF가 되었습니다.

여기서 잠깐! 이 좋은 혜택이 대한민국 서학개미 여러분도 해당이 될까요? 이 '미국 연방세 면제'라는 파격적인 혜택은 기본적으로 '미국 거주 납세자'들을 위한 것입니다. 우리처럼 한국에 거주하는 투자자들에게는 이 미국 연방세 면제 혜택이 직접적으로 적용되지 않습니다. 아쉽죠.

미국 내 투자자에게는 MUB의 이자소득이 비과세이지만, 한국 투자자가 MUB에서 발생한 수익을 받을 때는, 채권 이자라도 배당소득으로 분류되어 15% 세율로 미국에서 원천징수됩니다.

그런데, 이게 끝이 아닙니다. 미국에서 세금이 이미 원천징수되었더라도, 이 배당소득은 한국에서도 금융소득으로 포함되어, 연간 2천만 원을 넘는다면 종합소득과세 대상이 될 수 있습니다. 서학개미 입장에서 보면, MUB의 '면세'라는 매력은 사실상 무의미한 셈입니다. 오히려 세금 측면에서는 불리할 수도 있습니다.

"어! 이거 면세 ETF야?" 혹해서 들어갔다가 세금으로 두들겨 맞을 수 있습니다. '맥주 1병 공짜!'를 보고 들어갔다가 술값 덮어쓰고 나오는 꼴이 될 수 있습니다.

MUB는 투자 등급 중심이라 비교적 안전하지만, 아주 드물게 지방 정부도 파산할 수 있다는 점은 기억해야 합니다. 또 다른 채권 ETF들처럼 금리가 오르면 가격은 떨어지고, 금리가 내리면 가격은 오릅니다.

MUB는 미국 지방 정부들이 발행한 투자 등급 채권에 분산 투자하는 매우 대표적이고 안정적인 ETF입니다. 미국 투자자에게는 '연방세 면제'라는 강력한 절세 혜택 덕분에 큰 사랑을 받지만, 안타깝게도 우리 한국 투자자에게는 그 핵심적인 면세 혜택이 거의 의미가 없기 때문에 투자 매력도가 크게 떨어집니다.

따라서 서학개미는 MUB보다 미국 국채 ETF(IEF, GOVT) 또는 미국 종합 채권 ETF(AGG, BND), 조금 더 높은 수익률을 원한다면 미국 투자 등급 회사채 ETF(LQD) 등을 고려하는 것이 세후 수익률 관점에서 더 유리합니다.

❖ MUB ETF 운용 현황

# MUB
분류: 채권(지방채)

**iShares National Muni Bond**

## 기본정보

| | | | |
|---|---|---|---|
| 설정일 | 2007/09/10 | 보수율 | 0.0500 |
| 기초자산 | S&P National AMT Free Muni TR USD | 추적오차 | 0.8600 |
| 운용사 | iShares | Beta | 1.0600 |
| 순자산(천,$) | 38,318,600 | 배당주기 | Monthly |
| 주식수(천) | 374,100 | 배당률 | 3.18 |
| 보유종목수 | 5,799 | 프리미엄/디스카운트 | -0.5400 |

상기 ETF는 S & P National AMT-Free Municipal Bond IndexTM의 투자 결과를 추적하고자합니다. 펀드는 일반적으로 자산의 최소 90 %를 기본 지수의 구성 요소 증권에 투자하고 특정 선물, 옵션 및 스왑 계약, 현금 및 현금 등가물에 대해 자산의
※ 해외벤더로 부터 입수한 내용을 기계번역을 통해 제공하고 있으므로, 이 과정에서 정확성(완결성)을 보장할 수 없음
더보기

## NAV-순자산

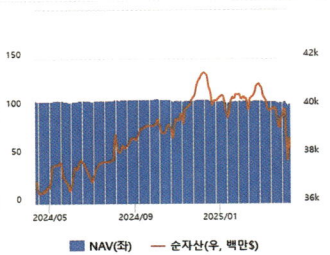

## 배당추이

| 전체 | 자본이익 | 배당 |

| 연번 | 공시일 | 권리락일 | 기준일 | 지급일 | 배당금 | 통화 | 비고 |
|---|---|---|---|---|---|---|---|
| 1 | 2024/07/04 | 2025/04/01 | 2025/04/01 | 2025/04/04 | 0.27735 | USD | 배당 |
| 2 | 2024/07/04 | 2025/03/03 | 2025/03/03 | 2025/03/06 | 0.28153 | USD | 배당 |
| 3 | 2024/07/04 | 2025/02/03 | 2025/02/03 | 2025/02/06 | 0.27072 | USD | 배당 |
| 4 | 2023/11/22 | 2024/12/18 | 2024/12/18 | 2024/12/23 | 0.27224 | USD | 배당 |
| 5 | 2023/11/22 | 2024/12/02 | 2024/12/02 | 2024/12/05 | 0.27043 | USD | 배당 |
| 6 | 2023/11/22 | 2024/11/01 | 2024/11/01 | 2024/11/01 | 0.26804 | USD | 배당 |
| 7 | 2023/11/22 | 2024/10/01 | 2024/10/01 | 2024/10/04 | 0.27586 | USD | 배당 |
| 8 | 2023/11/22 | 2024/09/03 | 2024/09/03 | 2024/09/06 | 0.26826 | USD | 배당 |
| 9 | 2023/11/22 | 2024/08/01 | 2024/08/01 | 2024/08/06 | 0.26433 | USD | 배당 |
| 10 | 2023/11/22 | 2024/07/01 | 2024/07/01 | 2024/07/05 | 0.26040 | USD | 배당 |
| 11 | 2023/11/22 | 2024/06/03 | 2024/06/03 | 2024/06/07 | 0.27815 | USD | 배당 |
| 12 | 2024/04/30 | 2024/05/01 | 2024/05/02 | 2024/05/07 | 0.26142 | USD | 배당 |

12개월 배당총액 **3.24873**    최근 종가 **102.31**    수익률 **3.18%**

## 주요 투자 국가

데이터 기준일 : 2025/04/09

### 섹터별 분포

데이터 기준일 : 2024/10/3

ⓘ 해당종목에 대한 정보가 없습니다

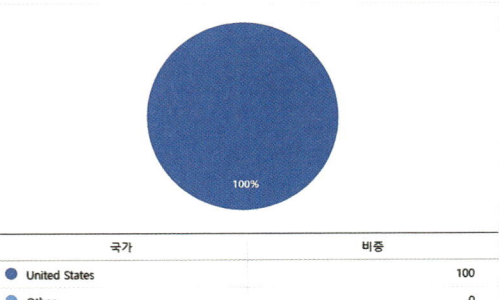

| 국가 | 비중 |
|---|---|
| ● United States | 100 |
| ● Other | 0 |

# 20. ITOT
## (iShares Core S&P Total U.S. Stock Market ETF)

　이번에는 블랙록에서 내놓은 미국 시장 전체를 통째로 담아버리는 ETF입니다. 앞에서 뱅가드의 VTI를 알아보았죠. 목표가 거의 똑같은, 그야말로 미국 전체 시장 ETF계의 라이벌입니다.

　미국 주식 시장이라는 거대한 뷔페 식당의 모든 음식을 남김없이 맛볼 수 있게 해주는 두 개의 최고급 접시가 VTI와 ITOT라고 할 수 있습니다.

　ITOT는 이름처럼 미국 주식 시장에 상장된 거의 모든 기업들! 즉, 우리가 아는 거대 기업인 대형주부터 시작해서, 허리 역할을 하는 중형주, 그리고 미래의 성장 잠재력을 품은 소형주까지 수천 개(2,449개)의 미국 기업들을 싹 다 하나의 ETF 바구니에 담아서 미국 주식 시장 전체의 움직임을 그대로 따라가려는 목표를 가진 ETF입니다.

　엄청나게 많은 기업에 투자를 하기 때문에 특정 기업 하나가 잘못되어도 내 포트폴리오 전체에 미치는 영향은 거의 제로에 가깝겠죠? 문제는 하나가 잘돼도 크게 상승하지 않는다는 겁니다. 성장을 맛보려면 미국 시장 전체가 성장해야 하는 거죠.

뱅가드의 VTI와 아이셰어즈의 ITOT는 둘 다 미국 전체 시장을 추종하고, 운용 보수도 0.03%로 똑같고, 운용사도 둘 다 세계 최고 수준이고… 도대체 뭐가 다른지, 뭘 사야 하는지 헷갈리실 수 있습니다. 결론부터 말씀드리면 그냥 똑같다고 보셔도 무방합니다. 뭘 사셔도 차이가 없어요. 굳이 찾자면 운용 자산에서 차이가 나는데 유동성에는 문제가 없습니다. 지난 수십 년간의 장기적인 투자 성과를 비교해보면 거의 구별하기 어려울 정도로 비슷하게 움직여왔습니다. 연평균 수익률 차이가 나봤자 0.0X% 수준일 정도죠.

S&P 500 ETF(VOO/IVV)와 함께, 여러분의 투자 포트폴리오의 중심으로 삼기에 전혀 부족함이 없는 최고의 선택지 중 하나입니다. 여기에 여러분의 투자 목표에 따라 다른 ETF들을 추가해나가면 되는 겁니다.

### ❖ ITOT ETF 운용 현황

# ITOT
분류: 주식(종합) 대형혼합형

iShares Core S&P Total US Stock Market

## 기본정보

| | | | |
|---|---|---|---|
| 설정월 | 2004/01/23 | 보수율 | 0.0300 |
| 기초자산 | S&P US TMI TR USD | 추적오차 | 1.0900 |
| 운용사 | iShares | Beta | 1.0300 |
| 순자산(천,$) | 61,537,700 | 배당주기 | Quarterly |
| 주식수(천) | 529,300 | 배당률 | 1.40 |
| 보유종목수 | 2,449 | 프리미엄/디스카운트 | -0.0300 |

ITOT는 미국 국내주식 투자에 대한 원스탑샵이 될 수 있다. 기초자산지수인 S&P Composite 1500 Index.은 S&P 500와 인기있는 중소형주를 결합하여 만든 지수로 다양한 섹터와 규모의 미국 국내주식에 대한 폭넓은 투자 바스켓을 제공한다.
※해외벤더로 부터 입수된 내용을 기계번역을 통해 제공하고 있으며, 이 과정에서 정확성(완결성)을 보장될 수 없음    더보기

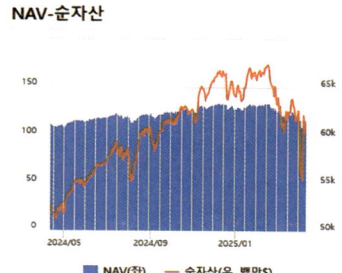
NAV-순자산

## 배당주이

| 전체 | 자본이익 | 배당 |
|---|---|---|

| 연번 | 공시일 | 권리락일 | 기준일 | 지급일 | 배당금 | 통화 | 비고 |
|---|---|---|---|---|---|---|---|
| 1 | 2024/07/05 | 2025/03/28 | 2025/03/28 | 2025/03/21 | 0.35830 | USD | 배당 |
| 2 | 2023/12/06 | 2024/12/27 | 2024/12/27 | 2024/12/20 | 0.46818 | USD | 배당 |
| 3 | 2023/12/06 | 2024/09/25 | 2024/09/25 | 2024/09/30 | 0.46556 | USD | 배당 |
| 4 | 2023/12/06 | 2024/06/11 | 2024/06/11 | 2024/06/17 | 0.33583 | USD | 배당 |

| 12개월 배당총액 | 1.62788 | 최근 종가 | 115.99 | 수익률 | 1.40% |
|---|---|---|---|---|---|

### 주요 투자 국가
데이터 기준일: 2025/04/09

### 섹터별 분포
데이터 기준일: 2025/04/09

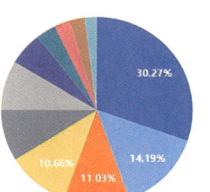

| 국가 | 비중 |
|---|---|
| ● United States | 99.39 |
| ● Switzerland | 0.27 |
| ● Netherlands | 0.09 |
| ● United Kingdom | 0.06 |
| ● Ireland | 0.04 |

| 섹터 | 비중 |
|---|---|
| ● IT | 30.27 |
| ● 금융 | 14.19 |
| ● 헬스케어 | 11.03 |
| ● 경기소비재 | 10.66 |
| ● 통신 | 8.89 |

# 5장

## 서학개미가 가장 좋아하는 공격형 ETF

# 1. 난 상승에 3배 건다! 레버리지 ETF

## 레버리지란 무엇인가

주식을 하든, ETF를 하든 꼭 듣게 되는 단어가 '레버리지'입니다. 레버리지를 어렵게 생각할 것 없어요. '지렛대 효과'입니다.

땅에 박힌 무거운 돌덩이를 꺼내려고 한다고 생각해보세요. 내 혼자 힘으로는 꿈쩍도 안 하는 무거운 돌멩이도, 튼튼한 삽(지렛대)을 돌 밑에 끼우고 힘을 주면 생각보다 훨씬 적은 힘으로도 돌을 들어 올릴 수 있잖아요. 투자에서의 레버리지가 바로 이 지렛대와 똑같은 원리입니다.

예를 들어볼게요. 내가 1억 원을 가지고 있습니다. 이 돈으로 집을 한

채 사려고 해요. 내가 가진 돈 1억 원에다가, 은행에서 4억 원을 대출(레버리지) 받아서 총 5억 원짜리 아파트를 샀다고 가정해봅시다(내 돈 1억+빌린 돈 4억=5억 투자).

집값이 오른 경우: 1년 뒤 5억 → 6억

집값이 1억 원 올랐네요(+20% 상승). 이제 집을 팔아서 6억 원을 받습니다. 그리고 은행 대출 4억 원을 갚습니다. 내 손에 남는 돈은?

> 6억-4억=2억 원!

나는 분명 1억 원만 투자했는데 2억 원이 되었습니다. 내 원래 투자금 대비 수익률이 무려 +100%입니다. 집값은 20% 올랐는데, 레버리지 덕분에 내 돈은 2배가 된 거죠. 이게 바로 레버리지의 힘입니다.

집값이 떨어진 경우: 1년 뒤 5억 → 4억

집값이 1억 원 떨어졌네요…. 곡소리 납니다(20% 하락). 이제 집을 팔아서 4억 원을 받습니다. 그리고 은행 대출 4억 원을 갚습니다. 내 손에 남는 돈은?

> 4억-4억=0원….

5장 서학개미가 가장 좋아하는 공격형 ETF

제가 투자했던 원금 1억 원이 몽땅 사라졌습니다. 투자금 대비 수익률 −100%…. 만약 집값이 더 내려갔다면? 원금 다 날리고 빚까지 생기는 끔찍한 상황이 발생하게 되는 것이죠.

레버리지는 잘되면 남들보다 훨씬 빠르게 부자가 될 수 있지만, 잘못 되면 순식간에 모든 것을 잃고 빚더미에 앉는, 파멸의 지름길이 될 수도 있습니다.

우리가 주식 시장에서 이야기하는 '신용/미수 거래' '선물/옵션 거래' 그리고 '레버리지 ETF' 등이 모두 이 '지렛대 효과', 즉 레버리지를 활용하는 대표적인 투자 방법들입니다. 레버리지는 나의 투자 결과를 원래보다 훨씬 크게 만드는 기술로 '하이 리스크, 하이 리턴'의 전형입니다.

### 음의 복리란 무엇인가

레버리지나 인버스 ETF를 할 때 알아야 하는 개념 중 하나가 바로 '음의 복리' 효과입니다. 레버리지 ETF는 어제까지의 수익률은 잊고, 매일매일 그 전날 마감 가격을 기준으로 정해진 배수(2배 또는 3배)만큼의 수익률을 추구합니다. 예를 들어볼까요.

**첫째 날: 시장 대폭등!**
기초지수하고 3배 레버리지 둘 다 사이좋게 100원에서 시작합니다. 그런데 시장이 대폭등합니다. 그러면

- **기초 지수**: +10% 상승(100원 → 110원)!
- **3배 레버리지 ETF**: 약속대로 3배! +30% 상승(100원 → 130원)!

역시 3배가 최고네요.

둘째 날: 시장 대폭락!

- **기초 지수**: 10% 하락(어제 110원에서 10% 하락 = 11원 하락 → 99원)
- **3배 레버리지 ETF**: 약속대로 3배! 30% 하락!

어디서부터 30%가 하락할까요? 네, 맞습니다! 어제 마감 가격인 130원에서 30%가 하락합니다. 130원의 30%는 얼마죠? 130 × 0.3 = 39원입니다. 그럼 ETF 최종 가격은? 130원 − 39원 = 91원

이틀 동안의 최종 결과를 볼까요.

- **기초 지수**: 100원 → 110원 → 99원(결과적으로 1% 손실)
- **3배 레버리지 ETF**: 100원 → 130원 → 91원(결과적으로 9% 손실)

이게 어떻게 된 일이죠? 기초 지수는 고작 1% 빠졌을 뿐인데, 3배 레버리지 ETF는 3배인 3%가 아니라, 무려 9%나 폭락했습니다. 이게 '음의 복리'의 정체입니다.

왜 이런 현상이 발생할까요? 바로 수익률을 계산하는 기준점이 매일 달라지기 때문입니다. 오를 때는 100원에서 30% 올랐지만, 내릴 때는 더 커진 130원에서 30%가 내리니까 손실 금액이 훨씬 더 커지는 것이죠.

그래서 기초 지수가 결과적으로는 본전이거나 약간만 하락/상승했는데도, 그 과정에서 위아래로 출렁이는 변동성이 크면 클수록 레버리지 ETF의 가치는 이 음의 복리 효과 때문에 스르르 녹아내리게 되는 것입니다. 시장이 제자리걸음만 해도 레버리지 ETF는 손해 볼 수 있다는 겁니다.

이 음의 복리 효과는 인버스(-2배, -3배) 레버리지 ETF에도 그대로 적용됩니다. 그래서 레버리지나 인버스는 지수가 방향성이 정해지고, 그걸 맞췄을 때 힘을 발휘됩니다. 이제 서학개미들이 어떤 레버리지 ETF를 가장 많이 사는지 알아보겠습니다.

### 1) TQQQ(ProShares UltraPro QQQ)

TQQQ는 '나스닥 100 지수'를 추종하는데… 그냥 추종하는 게 아닙니다. 무려 3배 레버리지로 추종하는 아주 화끈한 ETF입니다. 이 짜릿한 ETF는 누가 만들었을까요? 바로 레버리지/인버스 ETF의 명가로 불리는 프로셰어즈입니다.

TQQQ의 작동 원리는 나스닥 100 지수가 1일 동안 1% 오르면 TQQQ는 그 3배인 3% 상승을 목표로 합니다. 반대로 나스닥 100이 하루 1% 내리면 TQQQ는 3배인 3% 하락을 목표로 움직여요.

어떻게 이게 가능하냐고요? 선물, 스왑 같은 파생상품이라는 도구를 써서 레버리지 효과를 극대화하는 겁니다.

이 3배 추종은 매일매일 정산됩니다. 딱 하루 동안의 수익률만 3배로 따라가고, 다음 날은 그 상태에서 다시 시작하는 거예요. TQQQ의 목표는 명확합니다. 나스닥 100의 일일 등락률을 3배로 뻥튀기해서 짧은 기간 안에 극강의 수익률을 맛보는 것이죠. 시장 방향만 제대로 예측하고, 시장이 예측대로 쭉쭉 올라주기만 한다면 정말 순식간에 엄청난 부자가 될 수도 있습니다.

하지만 TQQQ는 방향성이 틀렸을 경우 치명적입니다. 이때는 곡소리 나기 전에 빨리 팔고 나와야 합니다. 또 하나 주의할 점이 '음의 복리'입니다. 아까 3배 추종이 매일 리셋된다고 했죠? 시장이 한 방향으로 쭉~ 가지 않고, 오르락~ 내리락~ 횡보만 해도 TQQQ의 가치는 눈 녹듯이 스르르 녹아내릴 수 있습니다. 더 무서운 것은 오를 때 3배, 떨어질 때도 3배입니다. 나스닥 100이 하루 10% 빠지면? TQQQ는 −30% 박살! 20% 빠지면? −60% 박살! 순식간에 투자금이 반 토막, 깡통까지 갈 수 있습니다.

또 수수료도 비싸요. 이런 특수 상품은 수수료도 일반 ETF보다 훨씬 비쌉니다. 가만히 있어도 돈이 새어나가는 구조인 것이죠. 그래서 레버리지 ETF는 무조건 우상향을 맞힐 자신이 있어야 하는 겁니다.

레버리지는 상승에 대한 강력한 확신을 가진 초고수 트레이더들이 단기적인 시세 차익을 노리고 사용하는 초고위험 상품입니다. 그런데 서학개미들이 한 방 노리고 놀라울 정도로 달려들고 있으니 대단하다고 해야 하나요. "인생은 한 방"이라고 하는 투자자 앞에서 위험성을 이야기해봐야 소용없겠죠.

❖ TQQQ ETF 운용 현황

# TQQQ
분류: 주식(종합) 대형혼합형

ProShares QQQ 3X

## 기본정보

| | | | |
|---|---|---|---|
| 설정일 | 2010/02/11 | 보수율 | 0.8400 |
| 기초자산 | NASDAQ 100 TR USD | 추적오차 | 34.2300 |
| 운용사 | ProShares | Beta | 3.3100 |
| 순자산(천,$) | 19,083,900 | 배당주기 | Quarterly |
| 주식수(천) | 413,200 | 배당률 | 2.14 |
| 보유종목수 | 129 | 프리미엄/디스카운트 | -0.1000 |

### NAV-순자산

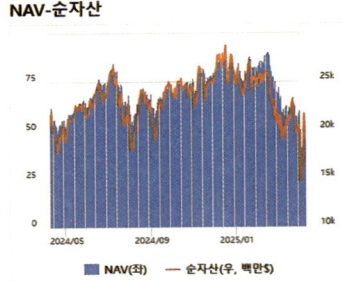

상기 상품은 주식과 파생상품을 조합하여 나스닥 100 지수 일별수익률의 3배(수수료 및 비용 차감 전)를 추종합니다. 기준지수는 미국 나스닥 시장에 상장된 종목 중 비금융 종목중에서 시가총액과 유동성을 고려하여 선정된 100개 종목으로 구성되어 있습니다.
※ 해외벤더로 부터 입수한 내용을 기계번역을 통해 제공하고 있으며, 이 과정에서 정확성(완결성)을 보장할 수 없음
더보기

## 배당추이 [전체] [자본이익] [배당]

| 연번 | 공시일 | 권리락일 | 기준일 | 지급일 | 배당금 | 통화 | 비고 |
|---|---|---|---|---|---|---|---|
| 1 | 2025/03/25 | 2025/03/26 | 2025/03/26 | 2025/04/01 | 0.19773 | USD | 배당 |
| 2 | 2024/12/20 | 2024/12/23 | 2024/12/23 | 2024/12/31 | 0.27541 | USD | 배당 |
| 3 | 2024/09/24 | 2024/09/25 | 2024/09/25 | 2024/10/02 | 0.23021 | USD | 배당 |
| 4 | 2024/06/25 | 2024/06/26 | 2024/06/26 | 2024/07/03 | 0.28278 | USD | 배당 |

| 12개월 배당총액 | 0.98613 | 최근 종가 | 46.14 | 수익률 | 2.14% |
|---|---|---|---|---|---|

## 주요 투자 국가
데이터 기준일 : 2025/04/08

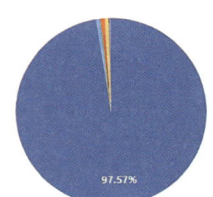

## 섹터별 분포
데이터 기준일 : 2025/04/10

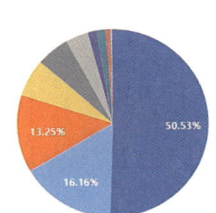

| 국가 | 비중 |
|---|---|
| United States | 97.57 |
| Netherlands | 0.73 |
| Brazil | 0.71 |
| United Kingdom | 0.56 |
| China | 0.43 |

| 섹터 | 비중 |
|---|---|
| IT | 50.53 |
| 통신 | 16.16 |
| 경기소비재 | 13.25 |
| 필수소비재 | 6.47 |
| 헬스케어 | 5.63 |

## 2) SOXL(Direxion Daily Semiconductor Bull 3x Shares)

SOXL의 전략은 TQQQ랑 기본 골격은 똑같아요! 그런데 무대가 다릅니다. 어떻게 보면 TQQQ보다 더 화끈합니다.

TQQQ가 나스닥 100이라는 기술주 운동장에서 3배 뜀뛰기를 한다면, SOXL은 오직 반도체라는 직선 라인에서 뛰는 것과 같습니다. 미국 반도체 대표 기업들을 모아놓은 지수가 하루 1% 오르면 SOXL은 +3% 상승 목표! 반도체 지수가 하루 1% 내리면 SOXL은 3% 하락 목표로 움직입니다. 물론 수수료 등 제외입니다. 당연히 이 과정에서 파생상품을 사용하고, 매일 수익률을 리셋합니다(반도체+3배+매일 리셋).

SOXL의 목표는 단 하나! 반도체 섹터의 일일 등락률을 3배로 증폭시켜서, 단기간에 최고의 수익률을 노리는 것입니다. 만약 반도체 슈퍼 사이클이라도 제대로 만나서 시장이 미친 듯이 연일 상승한다면 정말이지 계좌에 불기둥이 치솟는 경험을 할 수 있을 것입니다.

TQQQ는 그나마 여러 기술주에 분산 투자하는 효과라도 있죠. SOXL은 반도체 하나에 전부를 거는 겁니다. 반도체 업황이 갑자기 꺾이거나, 대만에 지진이 나거나, 미국이 반도체에 관세를 붙이는 악재 하나 터지면 수직으로 다이빙할 수 있습니다. 순식간에 설국열차 꼬리칸에 탑승하는 거죠.

SOXL은 반도체 섹터 지수의 일일 수익률을 3배로 추종하도록 설계된, 현존하는 ETF 중 가장 위험한 상품 중 하나입니다. 극심한 변동 시기에는 천국과 지옥을 하루에도 몇 번씩 오가는 극한의 스릴을 체험하면서 소중한 투자 원금이 순식간에 증가하거나, 증발할 수 있습니다.

❖ SOXL ETF 운용 현황

# SOXL
분류: 주식(반도체) 대형혼합형

Direxion Semiconductor Daily 3X

## 기본정보

| | | | | |
|---|---|---|---|---|
| 설정일 | 2010/03/11 | 보수율 | | 0.7500 |
| 기초자산 | ICE Semiconductor TR USD | 추적오차 | | 46.8200 |
| 운용사 | Direxion Funds | Beta | | 3.0400 |
| 순자산(천,$) | 6,903,500 | 배당주기 | | Quarterly |
| 주식수(천) | 718,150 | 배당률 | | 3.64 |
| 보유종목수 | 39 | 프리미엄/디스카운트 | | 0.1800 |

상기 상품은 PHLX Semiconductor Sector 지수 일별수익률(수수료 및 비용 차감 전)의 3배를 추종하며, 순자산과 차입의 80% 이상을 투자 목표에 부합하는 금융상품에 투자한다. 기준 지수는 반도체 설계, 유통, 생산, 판매와 관련된 종목들로 구

※ 해외벤더로 부터 입수한 내용을 기계번역을 통해 제공하고 있으므로, 이 과정에서 정확성(완결성)을 보장할 수 없음 더보기

### NAV-순자산

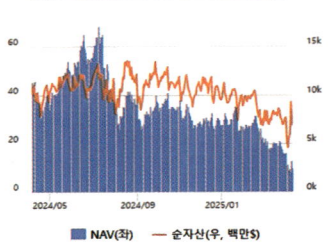

## 배당추이 [전체] [자본이익] [배당]

| 연번 | 공시일 | 권리락일 | 기준일 | 지급일 | 배당금 | 통화 | 비고 |
|---|---|---|---|---|---|---|---|
| 1 | 2025/01/15 | 2025/03/25 | 2025/03/25 | 2025/04/01 | 0.06477 | USD | 배당 |
| 2 | 2024/01/18 | 2024/12/23 | 2024/12/23 | 2024/12/31 | 0.07683 | USD | 배당 |
| 3 | 2024/01/18 | 2024/09/24 | 2024/09/24 | 2024/10/01 | 0.05955 | USD | 배당 |
| 4 | 2024/01/18 | 2024/06/25 | 2024/06/25 | 2024/07/02 | 0.14796 | USD | 배당 |
| | 12개월 배당총액 | 0.35061 | 최근 종가 | 9.63 | 수익률 | 3.64% | |

## 주요 투자 국가

데이터 기준일 : 2025/04/09

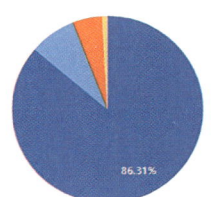

## 섹터별 분포

데이터 기준일 : 2025/04/09

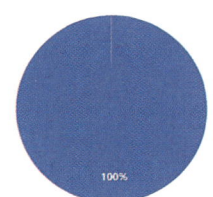

| | 국가 | 비중 | | 섹터 | 비중 |
|---|---|---|---|---|---|
| ● | United States | 86.31 | ● | it | 100 |
| ● | Netherlands | 7.82 | ● | 소재 | 0 |
| ● | Taiwan | 5.04 | ● | 통신 | 0 |
| ● | Singapore | 0.83 | ● | 경기소비재 | 0 |
| ● | Other | 0 | ● | 필수소비재 | 0 |

### 3) TSLL(Direxion Daily TSLA Bull 2x Shares)

이 ETF는 다이렉시온(Direxion)의 작품으로 2배의 짜릿함을 선물합니다. 테슬라 주식이 단 하루 만에 1% 상승하면 TSLL은 그 두 배인 +2% 상승을 목표로 합니다(수수료 등 제외). 즉, 테슬라 주가 상승의 기쁨을 정확히 2배로 증폭시켜 누릴 수 있다는 겁니다. 상승장에서 그 효과는 정말 강력하겠죠.

테슬라 주가의 일일 상승률을 2배로 끌어올려, 같은 기간 동안 테슬라에 직접 투자하는 것보다 훨씬 더 높은 수익률을 추구할 수 있는 가능성을 열어줍니다. 특히 테슬라 주가가 연속적으로 상승하는 강력한 추세를 보일 때, 그 효과는 복리 마법처럼 더욱 커질 수 있습니다.

TSLL은 테슬라의 밝은 미래와 단기적인 주가 상승에 대해 누구보다 강한 확신을 가진 투자자들에게 그 믿음을 실질적인 고수익으로 연결해줄 수 있는 다리 역할을 합니다.

테슬라 주가의 방향성을 예측하고 정확한 타이밍에 진입하고 청산하는 능력이 있다면, TSLL의 2배 레버리지는 엄청난 시너지를 발휘할 것입니다.

TSLL은 테슬라 주식의 일일 상승률을 2배로 증폭시켜, 단기간에 시장을 압도하는 놀라운 수익률을 경험할 수 있는 잠재력을 가진 매우 매력적인 ETF입니다. 문제는 반대인 경우인데 이때는 빨리 도망치는 게 상책입니다. 그러나 지난 테슬라 주가를 살펴보면 우상향하는 경우가 더 많았기 때문에 테슬라 투자 2배에 배팅하여 수익을 낸 투자자가 많았으리라 생각됩니다.

❖ **TSLL ETF 운용 현황**

# TSLL
분류: 주식(개별종목) 대형성장형

Direxion TSLA Daily 2X

## 기본정보

| | | | |
|---|---|---|---|
| 설정일 | 2022/08/09 | 보수율 | 0.9500 |
| 기초자산 | - | 추적오차 | 117.6200 |
| 운용사 | - | Beta | 4.7900 |
| 순자산(천,$) | 4,346,430 | 배당주기 | Quarterly |
| 주식수(천) | 515,425 | 배당률 | 11.68 |
| 보유종목수 | 8 | 프리미엄/디스카운트 | 0.2000 |

### NAV-순자산

The investment seeks daily investment results,before fees and expenses,of 200% of the daily performance of TSLA. The fund,under normal circumstances,invests at least 80% of its net assets (plus any borrowings for investment purposes) in

※ 해외벤더로 부터 입수한 내용을 기계번역을 통해 제공하고 있으며, 이 과정에서 정확성(완결성)을 보장받 수 없음   더보기>

## 배당추이    전체 | 자본이익 | 배당

| 연번 | 공시일 | 권리락일 | 기준일 | 지급일 | 배당금 | 통화 | 비고 |
|---|---|---|---|---|---|---|---|
| 1 | 2025/03/24 | 2025/03/25 | 2025/03/25 | 2025/04/01 | 0.08448 | USD | 배당 |
| 2 | 2024/01/18 | 2024/12/23 | 2024/12/23 | 2024/12/31 | 0.13986 | USD | 배당 |
| 3 | 2024/12/11 | 2024/12/12 | 2024/12/12 | 2024/12/19 | 0.30040 | USD | 배당 |
| 4 | 2024/12/11 | 2024/12/12 | 2024/12/12 | 2024/12/19 | 0.30040 | USD | 자본이익 |
| 5 | 2024/01/18 | 2024/09/24 | 2024/09/24 | 2024/10/01 | 0.08028 | USD | 배당 |
| 6 | 2024/01/18 | 2024/06/25 | 2024/06/25 | 2024/07/02 | 0.08177 | USD | 배당 |

| 12개월 배당총액 | 0.98719 | 최근 종가 | 8.45 | 수익률 | 11.68% |
|---|---|---|---|---|---|

### 주요 투자 국가    데이터 기준일 : 2025/04/09     섹터별 분포    데이터 기준일 : 2025/04/0

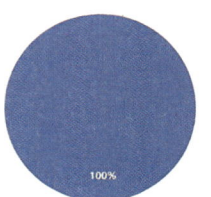
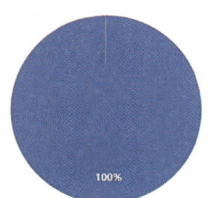

| 국가 | 비중 | | 섹터 | 비중 |
|---|---|---|---|---|
| ● United States | 100 | | ● 경기소비재 | 100 |
| ● Other | 0 | | ● 소재 | 0 |
| | | | ● 통신 | 0 |
| | | | ● 필수소비재 | 0 |
| | | | ● 에너지 | 0 |

## 2. 하락에 3배 건다! 인버스 ETF

### 인버스란 무엇인가

주식은 상승해야 돈을 법니다. 그런데 떨어져도 돈을 벌 수 있게 만들어 놓은 것이 있어요. 바로 '인버스'입니다. 인버스가 대체 뭐길래 시장이 떨어져야 돈을 번다는 건지, 그 원리를 시원하게 파헤쳐봅시다.

인버스! 어렵게 생각할 필요 없이 이것만 생각하면 됩니다. '반대로!' 인버스는 영어로 'Inverse', 우리말로는 '역(逆)' 반대(反對)' 라는 뜻이에요. 아주 직관적이죠?

놀이터에 있는 시소 다들 한번씩 타보셨죠? 시소 한쪽 끝에 '시장 지수'가 타고 있고 다른 쪽 끝에는 '인버스 ETF'가 타고 있다고 해봅시다. 시장 지수 쪽이 쑥~ 위로 올라가면 반대편에 있는 인버스 ETF 쪽은 자동으로 푹~ 아래로 내려가죠. 반대로 시장 지수 쪽이 푹~ 아래로 내려가면 인버스 ETF 쪽은 자동으로 쑥~ 위로 올라갑니다. 이처럼 인버스 ETF는 추종하는 시장 지수와 정확히 반대 방향으로 움직이도록 설계된 금융 상품입니다.

예를 들어볼게요. 삼성전자, 하이닉스 등 코스피 200 우량주들을 1,000만 원어치 가지고 있다고 해봅시다. 그런데 단기적으로 시장이 좀 불안해서 하락할 것 같아요. 그래서 보험 드는 셈치고, 'KODEX 200 인버스' ETF를 100만 원어치 함께 사둡니다. 며칠 후 예상대로 코스피 200 지수가 5% 하락했습니다.

> **결과**
> - 내 주식 계좌: 약 50만 원 손실(1,000만 원의 -5%)
> - 내 인버스 ETF 계좌: 약 5만 원 이익(100만 원의 +5%)
> - 총 손실: -50만 원+5만 원 = -45만 원

인버스 ETF가 없었다면 50만 원 손실이었겠지만, 인버스 ETF 덕분에 손실을 5만 원 줄일 수 있었던 것이죠.

"어떻게 반대로 움직이게 만들어요?" 궁금해 하실 분도 있을 텐데 이것도 마법이 아니라, 우리가 레버리지에서 봤던 것과 비슷한 파생상품이라는 도구를 사용합니다.

인버스는 선물을 미리 팔아두는 전략을 쓰는데, 나중에 지수가 떨어질 것을 예상하고 선물을 미리 팔아두면, 실제로 떨어졌을 때 싸게 되사서 갚으면서 이익을 얻습니다. 아니면 금융기관과 "지수가 오르면 당신이 손해 보고, 내리면 내가 이익 보는 걸로 합시다!" 하고 반대 계약을 맺는 거죠.

인버스는 필요한 목적이 있습니다. "앞으로 주식 시장이 폭락할 것 같

다!"라는 강한 예측이 들 때, 인버스 ETF를 사서 하락에 베팅하고 수익을 추구하는 전략입니다. 아니면 내가 가진 주식들이 와르르 떨어질까 불안할 때, 보험처럼 인버스 ETF를 함께 사두는 거예요. 그럼 주식에서 손실이 나더라도 인버스 ETF에서 이익이 나서 전체적인 손실을 줄여주는 효과를 기대할 수 있습니다.

지금 설명 드린 인버스는 보통 시장이 −1% 움직일 때 +1% 움직이는 −1배(마이너스 1배) 상품을 말합니다. SQQQ, SOXS 같은 ETF는 여기에 레버리지까지 더해서 −3배로 움직이는 '인버스 레버리지' 상품입니다. 당연히 그냥 인버스보다 수익이 좋지만 반대로 갈 경우 감당할 수 없는 결과를 얻을 수도 있습니다.

인버스 ETF도 레버리지 ETF처럼 매일매일 수익률을 리셋하기 때문에, 여러 날 동안 시장이 오르락내리락~ 변동성을 보이면 우리가 전에 이야기했던 '음의 복리' 효과가 똑같이 발생합니다. 그래서 장기적으로 보면 실제 지수가 움직인 것과 −1배가 정확히 맞지 않고 차이가 벌어질 수 있다는 점을 꼭 기억하셔야 합니다.

### 1) SQQQ(ProShares UltraPro Short QQQ)

이 아찔한 상품 역시 TQQQ를 만든 바로 그 회사! 레버리지/인버스 ETF의 명가 프로셰어즈(ProShares)입니다. SQQQ는 TQQQ를 거울에 비춰놓은 모습이죠. 정확히 모든 것을 반대로 한다고 생각하시면 됩니다. 나스닥 100 지수가 하루 동안 1% 하락하면? SQQQ는 반대로 3% 상승하는 것을 목표로 합니다. 시장이 망해야 내가 웃을 수 있는 상품입니다.

반대로 나스닥 100 지수가 하루 동안 1% 상승하면? SQQQ는 -3배인 3% 하락하는 것을 목표로 합니다. 남들 다 웃는데 혼자 "폭싹 망했수다"가 되는 것이죠.

TQQQ/SOXL과 마찬가지로 스왑 계약이나 선물 매도 등 복잡한 파생상품을 이용해서 이렇게 지수 움직임과 반대로, 그것도 3배로 움직이는 효과를 만들어냅니다. 그리고 이 -3배의 효과는 오직 하루 동안만 유효하며, 매일 장이 끝날 때마다 수익률을 정산하고 다음 날 새로 리셋합니다.

SQQQ은 나스닥 100 지수의 일일 하락률을 3배로 증폭시켜서, 시장이 폭락하는 날, 다른 모든 사람들이 절망할 때 혼자서 극적인 수익을 거두겠다는 목표를 가지고 있습니다. 하락장을 귀신같이 예측하고 정확한 타이밍에 SQQQ에 올라탈 수 있다면 남들이 엄청난 손실을 볼 때 혼자서 큰돈을 벌 수 있습니다. 하지만 반대의 경우는 재앙이라는 것을 잊으시면 안 됩니다.

❖ SQQQ ETF 운용 현황

# SQQQ

분류: 주식(종합)

ProShares QQQ −3X

### 기본정보

| | | | |
|---|---|---|---|
| 설정일 | 2010/02/11 | 보수율 | 0.9500 |
| 기초자산 | NASDAQ 100 TR USD | 추적오차 | 54.7800 |
| 운용사 | ProShares | Beta | -3.2200 |
| 순자산(천,$) | 2,663,070 | 배당주기 | Quarterly |
| 주식수(천) | 69,717.7 | 배당률 | 7.87 |
| 보유종목수 | 40 | 프리미엄/디스카운트 | 0.0300 |

### NAV-순자산

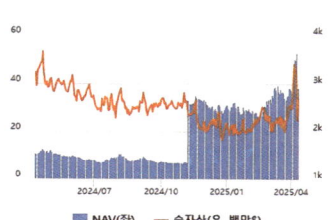

상기 상품은 주식과 파생상품을 조합하여 NASDAQ 100 지수 일별수익률의 인버스 3배(수수료 및 비용 차감 전)를 추종함. 기준지수는 미국 나스닥 시장에 상장된 종목 중 비금융 종목중에서 시가총액과 유동성을 고려하여 선정된 100개 종목
※ 해외벤더로 부터 입수한 내용을 기계번역을 통해 제공하고 있으며, 이 과정에서 정확성(완결성)을 보장할 수 없음     더보기>

### 배당추이    전체 | 자본이익 | 배당

| 연번 | 공시일 | 권리락일 | 기준일 | 지급일 | 배당금 | 통화 | 비고 |
|---|---|---|---|---|---|---|---|
| 1 | 2025/03/25 | 2025/03/26 | 2025/03/26 | 2025/04/01 | 0.48730 | USD | 배당 |
| 2 | 2024/12/20 | 2024/12/23 | 2024/12/23 | 2024/12/31 | 0.81676 | USD | 배당 |
| 3 | 2024/09/24 | 2024/09/25 | 2024/09/25 | 2024/10/02 | 0.74748 | USD | 배당 |
| 4 | 2024/06/25 | 2024/06/26 | 2024/06/26 | 2024/07/03 | 0.80235 | USD | 배당 |
| 12개월 배당총액 | | 2.84888 | 최근 종가 | 36.22 | 수익률 | | 7.87% |

### 주요 투자 국가
데이터 기준일 : 2022/07/31

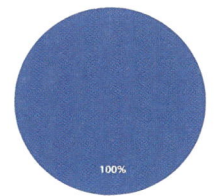

### 섹터별 분포
데이터 기준일 : 2022/07/31

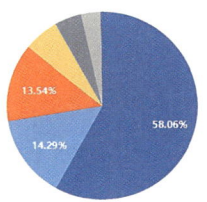

| | 국가 | 비중 |
|---|---|---|
| ● | United States | 100 |
| ● | Other | 0 |

| | 섹터 | 비중 |
|---|---|---|
| ● | it | 58.06 |
| ● | 헬스케어 | 14.29 |
| ● | 경기소비재 | 13.54 |
| ● | 통신 | 5.96 |
| ● | 필수소비재 | 4.61 |

## 2) SOXS(Direxion Daily Semiconductor Bear 3x Shares)

이건 누가 만들었을까요? SOXL과 같은 회사입니다. 이런 극단적인 상품 전문 다이렉시온입니다. 오르면 SOXL, 내리면 SOXS! 양쪽 방향으로 극단적인 상품을 만들어 팔고 있습니다.

SOXS의 전략은 SOXL을 완벽하게 180도 뒤집어놓은 것입니다. 미국 반도체 대표 지수가 하루 1% 하락하면 SOXS는 그 반대로 3% 상승을 목표로 합니다. 반대로 반도체 지수가 하루 1% 상승하면 SOXS는 3% 하락을 목표로 움직입니다. 즉, 반도체 섹터가 처참하게 박살 나야 돈을 버는 구조입니다. 어떻게 -3배를 만들까요? 두 가지 방법이 있습니다.

① ETF 운용사가 금융기관과 약속을 맺습니다. "형님! 제가 수수료 드릴 테니, 반도체 지수가 오르면 오른 것의 3배만큼 제가 돈을 내고, 내리면 내린 것의 3배만큼 형님이 저에게 돈을 주십시오!" 이렇게 하락했을 때 돈을 받기로 약속하는 겁니다. 그래서 실제로 지수가 하락하면 금융기관이 약속대로 SOXS에게 3배의 수익금을 주는 거죠.

② 주식 시장에는 공매도라는 것이 있죠? 주식을 빌려서 미리 팔고, 나중에 주가가 떨어지면 싼값에 다시 사서 갚고 차익을 남기는 방식입니다.

선물 시장에서도 비슷하게 할 수 있습니다. SOXS는 반도체 지수 선물 계약을 미리 매도함으로써 지수가 하락할 때 이익을 얻도록 포지션을 잡습니다. 그리고 이 선물 매도 규모를 ETF 자산의 3배가 되도록 정교하게 조절해서, 지수가 1% 하락했을 때 약 3%의 수익이 나도록 설계하는 거죠.

그리고 SOXS 역시 이 −3배 비율은 딱 하루만 유효합니다. 그래서 매일 시장이 끝나면 그날의 결과에 따라 −3배 비율이 틀어지게 되죠. 이걸 다음 날 시작 전에 다시 정확히 −3배로 맞춰줘야 합니다. 지수가 하락해서 SOXS 가치가 올랐다면 더 커진 덩치에 맞춰 −3배 비율을 유지하기 위해 선물 매도 포지션을 더 늘리거나 스왑 계약을 조정합니다.

지수가 상승해서 SOXS 가치가 떨어졌다면 쪼그라든 덩치에 맞춰 −3배 비율을 유지하기 위해 선물 매도 포지션의 일부를 청산해서 조정합니다. 이것 때문에 거래 비용이 발생하고, 시장이 방향 없이 오르락내리락만 해도 가치가 스르르 녹아내리는 겁니다.

> • 매일 반도체 폭락 베팅 + 3배 + 매일 리셋 = 쪽박 아니면 대박!

SOXS는 반도체 섹터의 일일 하락률을 3배로 증폭시켜서, 반도체 폭락장에서 남들이 피눈물 흘릴 때 혼자 인생 역전의 수익을 노립니다. 만약 당신이 반도체 사이클의 정확한 꼭지를 기가 막히게 예측하고 하락에 베팅하는 데 성공했다면 엄청난 돈을 벌 수도 있습니다. 그런데 만약 반대면? 말 안 해도 아시죠?

그런데 미국 시장을 보면 반도체 섹터는 한번 오르기 시작하면 정말 무섭게 오릅니다. 그때 SOXS는 어떻게 될까요? −3배로 수직으로 자유 낙하합니다. 반도체 지수 +10% 상승에 SOXS는 −30%! +20% 상승에

-60%! 그야말로 지옥행 특급 열차 편도 티켓을 끊는 겁니다. 순식간에 계좌가 녹을 수 있으니 "반도체 고점 신호 나왔다! SOXS 풀매수 가즈아!"를 외쳐서는 안 됩니다. 아시겠죠. 정 하고 싶다면 분산 투자가 답입니다.

❖ SOXS ETF 운용 현황

# SOXS
분류: 주식(반도체)

Direxion Semiconductor Daily -3X

## 기본정보

| | | | |
|---|---|---|---|
| 설정일 | 2010/03/11 | 보수율 | 0.9700 |
| 기초자산 | ICE Semiconductor TR USD | 추적오차 | 61.2300 |
| 운용사 | Direxion Funds | Beta | -3.2300 |
| 순자산(천,$) | 563,706 | 배당주기 | Quarterly |
| 주식수(천) | 22,036.5 | 배당률 | 4.17 |
| 보유종목수 | 14 | 프리미엄/디스카운트 | -0.5100 |

상기 ETF는 PHLX Semiconductor Sector Index의 일일 성과와 반비례 (또는 반대) 300 %의 비용 및 비용을 지불하기 전에 매일 투자 결과를 찾습니다. 펀드는 정상적인 상황에서 펀드 순매수의 80 % 이상에 해당하는 역 (반대) 또는 단기 레버
※해외벤더로 부터 입수한 내용을 기계번역을 통해 제공하오며, 이 과정에서 정확성(완결성)을 보장할 수 없음
더보기

### NAV-순자산

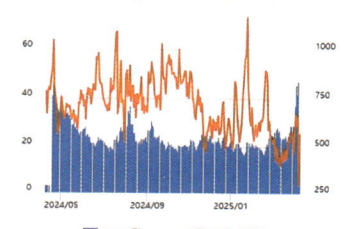

## 배당추이

전체 | 자본이익 | 배당

| 연번 | 공시일 | 권리락일 | 기준일 | 지급일 | 배당금 | 통화 | 비고 |
|---|---|---|---|---|---|---|---|
| 1 | 2025/01/15 | 2025/03/25 | 2025/03/25 | 2025/04/01 | 0.18461 | USD | 배당 |
| 2 | 2024/01/18 | 2024/12/23 | 2024/12/23 | 2024/12/31 | 0.30200 | USD | 배당 |
| 3 | 2024/01/18 | 2024/09/24 | 2024/09/24 | 2024/10/01 | 0.23430 | USD | 배당 |
| 4 | 2024/01/18 | 2024/06/25 | 2024/06/25 | 2024/07/02 | 0.27477 | USD | 배당 |

| 12개월 배당총액 | 0.99568 | 최근 종가 | 23.86 | 수익률 | 4.17% |

## 주요 투자 국가
데이터 기준일 : 2025/04/02

## 섹터별 분포
데이터 기준일 : 2024/10/30
ⓘ 해당종목에 대한 정보가 없습니다

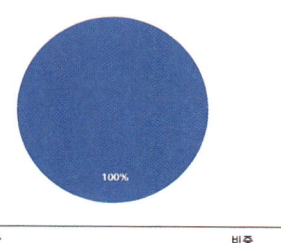

| 국가 | 비중 |
|---|---|
| ● Other | 100 |

### 3) SPXS(Direxion Daily S&P 500 Bear 3X Shares)

SQQQ(나스닥 100의 -3배 인버스)에 이어서 이번에는 사촌 격이자, 어쩌면 미국 시장 전체를 대표한다고 볼 수 있는 S&P 500 지수의 하락에 3배로 베팅하는 ETF에 대해 알아보겠습니다. SOXL/SOXS를 만든 다이렉시온의 작품입니다.

SPXS의 작동 원리는 바로 직전에 살펴본 SQQQ와 원리와 위험성이 쌍둥이처럼 똑같습니다. 다른 점은 바로 추종하는 대상(기초 지수)입니다.

- **SQQQ:** 나스닥 100 지수의 하루 등락률×(-3배)
- **SPXS:** S&P 500 지수의 하루 등락률×(-3배)

즉, SPXS는 미국 대표 기업 500개가 모인 S&P 500 지수가 하루 동안 움직이는 방향과 정반대로 그 변동 폭의 3배만큼 움직이는 것을 목표로 합니다.

> - S&P 500 지수가 하루 1% 하락하면 SPXS는 3% 상승 목표(S&P 500 하락해야 내가 웃는다!)
> - S&P 500 지수가 하루 1% 상승하면 SPXS는 3% 하락 목표(미국 시장 잔칫날에 나만 곡소리!)

당연히 이런 아찔한 -3배 역방향 추종을 위해 스왑 계약이나 선물 매도 같은 파생상품을 복잡하게 활용하고, 이 −3배 비율을 맞추기 위해 매일 장 마감 후 수익률을 정산하고 포지션을 리밸런싱하는 방식 또한 SQQQ와 완벽하게 동일합니다.

기초 지수인 S&P 500이 나스닥 100보다는 일반적으로 변동성이 조금 낮기 때문에, SPXS의 하루하루 등락폭이 SQQQ보다는 약간 작을 수는 있습니다. 하지만 "폭락장 대박! 급등 쪽박!"인 것은 변함이 없습니다.

❖ SPXS ETF 운용 현황

# SPXS
분류: 주식(종합)

Direxion S&P 500 Daily -3X

## 기본정보

| | | | |
|---|---|---|---|
| 설정일 | 2008/11/05 | 보수율 | 1.0200 |
| 기초자산 | S&P 500 TR USD | 추적오차 | 49.0100 |
| 운용사 | Direxion Funds | Beta | -2.9500 |
| 순자산(천,$) | 393,382 | 배당주기 | Quarterly |
| 주식수(천) | 53,376.9 | 배당률 | 4.53 |
| 보유종목수 | 13 | 프리미엄/디스카운트 | 0.1300 |

상기 상품은 S&P 500 지수의 일별수익률(수수료 및 비용 차감 전)에 대해 인버스 3배를 추종하며, 순자산과 차입의 80% 이상을 기준 지수에 대해 인버스 3배 효과를 내는 스왑, 선물, 숏 포지션, 기타 금융상품 등에 투자한다. 기준 지수인 S&P500

※ 해외벤더로 부터 입수한 내용을 기계번역을 통해 제공하고 있으며, 이 과정에서 정확성(완결성)을 보장할 수 없음   더보기

### NAV-순자산

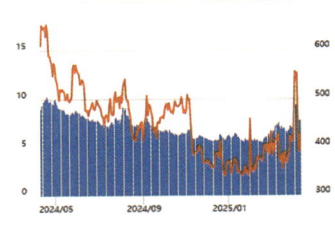

## 배당추이

전체 | 자본이익 | 배당

| 연번 | 공시일 | 권리락일 | 기준일 | 지급일 | 배당금 | 통화 | 비고 |
|---|---|---|---|---|---|---|---|
| 1 | 2025/01/16 | 2025/03/25 | 2025/03/25 | 2025/04/01 | 0.08421 | USD | 배당 |
| 2 | 2024/01/18 | 2024/12/23 | 2024/12/23 | 2024/12/31 | 0.04965 | USD | 배당 |
| 3 | 2024/01/18 | 2024/09/24 | 2024/09/24 | 2024/10/01 | 0.08428 | USD | 배당 |
| 4 | 2024/01/18 | 2024/06/25 | 2024/06/25 | 2024/07/02 | 0.11697 | USD | 배당 |
| 12개월 배당총액 | | 0.33511 | 최근 종가 | 7.39 | 수익률 | | 4.53% |

## 주요 투자 국가
데이터 기준일 : 2025/04/08

## 섹터별 분포
데이터 기준일 : 2024/10/31
ⓘ 해당종목에 대한 정보가 없습니다

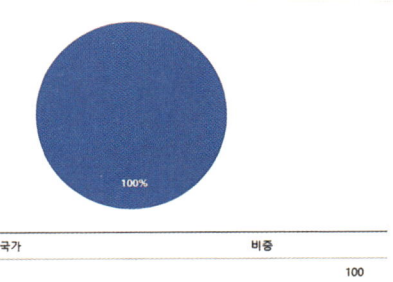

| 국가 | 비중 |
|---|---|
| ● Other | 100 |

# 3. 나는 그냥 월배당이나 받으련다! 커버드콜

## 커버드콜이란 무엇인가

'커버드콜'! 이름은 뭔가 영어라서 어려워 보이지만 그 원리는 우리 주변의 아주 흔한 상황에 빗대어보면 정말 별거 아닙니다.

예를 들어볼게요. 집에 50만 원 주고 산, 지금은 구하기 힘든 한정판 운동화가 있습니다. 그런데 아는 동생이 이 운동화를 보더니 너무 갖고 싶어해요. 그래서 나에게 이런 제안을 합니다.

| 동생의 제안<br>(콜옵션 매수자) | "형! 그 운동화 진짜 멋있다. 내가 한 달 뒤에 60만 원(행사가격)에 살 수 있는 '찜 예약권'(콜옵션)을 사고 싶어. 혹시 알아? 한 달 뒤에 가격이 더 오를 수도 있잖아. 이 찜 예약권 값으로 내가 형한테 지금 당장 현금 2만 원(프리미엄) 줄게. 어때?" |
|---|---|
| 나의 결정<br>(커버드콜 실행) | 내(콜옵션 매도자)는 속으로 '가만 이 운동화 시세가 60만 원 넘게 확 오를 것 같진 않은데? 가만히 놔두느니 일단 2만 원 공짜로 받는 건 완전 땡큐지! 좋아, 콜!' |

나는 동생에게 찜 예약권(콜옵션)을 팔고 현금 2만 원(프리미엄)을 받습니다(커버드콜 전략의 시작).

여기서 '커버드'는 무슨 뜻일까요? 내가 실제로 운동화(주식)를 가지고 있기 때문에, 나중에 동생이 진짜로 사겠다고 했을 때(옵션 행사) 팔아줄 물건이 있다는 뜻입니다. 즉, '담보(운동화)가 있는 상태에서 옵션을 팔았다'는 의미죠. 그리고 한 달 뒤, 운동화 중고 시세가 그대로 50만 원이거나, 인기가 식어서 40만 원으로 떨어졌어요.

동생은 "에이…, 시장에서 50이나 40이면 사는데, 내가 왜 60만 원 주고 사? 안 살래!" 하고 찜 예약권(콜옵션)을 그냥 포기합니다(예약권 휴지조각).

결과는 운동화는 그대로 내 소유입니다(신발장에 그대로 있는 거죠)! 그리고 처음에 동생에게 받은 현금 2만 원(프리미엄)은 내 추가 수입이 됩니다! 아끼는 운동화를 가지고 있으면서 용돈을 번 거죠. 이게 바로 커버드콜 전략이 추구하는 가장 기본적인 수익입니다.

반대로 한 달 뒤, 갑자기 유명 연예인이 이 운동화를 신고 나와서 시세가 80만 원으로 폭등했어요. 동생은? "대박! 횡재했다! 80만 원짜리를 60만 원에 살 수 있다니!"를 외치며 당연히 찜 예약권(콜옵션)을 사용해서 60만 원에 운동화를 사 갑니다(나는 약속했으니 무조건 팔아야 해요).

나는 운동화를 동생에게 60만 원에 팔았습니다. 계산해보면 운동화 시세 차익(60만 원-50만 원=10만 원)+처음에 받은 프리미엄 2만 원=총 12만 원의 이익을 얻었습니다. 일단 돈을 벌었어요. 기분 좋은 일입니다. 하지만 만약 내가 찜 예약권을 팔지 않았다면, 시장에 80만 원에 팔아서 30만 원의 이익을 얻을 수 있었겠죠? 즉, 콜옵션을 팔았기 때문에 더 큰 수익(80만 원-60만 원=20만 원)을 얻을 기회를 놓친 셈입니다. 나의 수익은 딱 60만 원(행사가격)+2만 원(프리미엄)에 제한된 거죠. 대박의 기회는 날아갔지만, 그래도 약속된 가격까지의 이익+프리미엄은 챙긴 것이죠.

커버드콜 전략은 내가 가진 자산(한정판 운동화/주식)을 담보로, 미래에 특정 가격에 살 수 있는 권리(찜 예약권/콜옵션)를 다른 사람에게 팔아서 지금 당장 현금(프리미엄)을 버는 전략입니다. 자산 가격이 미친 듯이 오르지만 않으면 꾸준히 용돈(프리미엄)을 벌 수 있다는 장점이 있지만, 대신 자산 가격이 폭등했을 때 얻을 수 있는 큰 수익의 기회는 일부 포기해야 하는 거죠.

그래서 커버드콜은 대박을 노리기보다는 안정적인 현금 흐름을 중요하게 생각하는 투자자에게 적합한 전략이라고 할 수 있습니다. 횡보장에서 '커버드콜 ETF'를 사라는 이유가 안정적인 월배당 수익을 노릴 수 있기 때문입니다.

### 1) JEPI(JPMorgan Equity Premium Income ETF)

JEPI는 도대체 어떻게 매달 따박따박 배당금을 지급하면서, 400억 달러나 되는 거대한 자금을 굴리는 걸까요? JEPI는 크게 두 개의 구조로 돌아갑니다.

① 주식 포트폴리오

JEPI는 자산의 상당 부분을 주식에 투자합니다. 그런데 아무 주식이나 막 사는 게 아니에요. 펀드매니저들이 상대적으로 변동성이 낮다고 판단되는 우량주들을 엄선해서 포트폴리오를 구성합니다. 이 주식들로부터 배당금 수익도 얻고, 주가가 오르면 시세 차익도 얻을 수 있겠죠. 이게 기본적인 수익의 바탕이 됩니다.

② 옵션 프리미엄 수익

이게 바로 JEPI의 가장 큰 특징이자 월배당 지급의 핵심 원천입니다. JEPI는 이 수익을 만들기 위해 앞서 언급한 '커버드콜 전략'과 유사한 효과를 내는 방법을 사용합니다.

JEPI는 여러분이 가진 개별 주식에 대해 직접 콜옵션을 하나하나 팔지는 않아요. 그보다는 더 정교하고 효율적인 방식을 사용합니다. 바로 ELN(주가연계증권)이라는 특별한 금융 상품에 투자하는 건데요, 이 ELN이 마치 'S&P 500 지수 전체'에 대해서 커버드콜 전략을 실행하는 것과 비슷한 결과를 만들어내도록 설계되어 있습니다.

JEPI는 프리미엄 수익을 얻기 위해, S&P 500 지수와 연동된 ELN에 투자합니다. 이 ELN은 S&P 500 지수가 특정 범위 내에서 움직이거나 크게 오르지 않을 경우, 꾸준히 프리미엄과 유사한 수익을 JEPI에게 지급하도록 구조화되어 있습니다.

그래서 시장이 횡보하거나 완만하게 상승/하락할 때 JEPI에게 Best입니다. 보유 주식 포트폴리오에서 안정적인 배당이나 시세차익이 발생합니다.

그리고 ELN에서 꾸준한 프리미엄 수익이 발생합니다. 이 두 가지 수익을 합쳐서 상대적으로 높은 월배당을 지급할 수 있게 되는 겁니다. 이게 JEPI가 추구하는 가장 이상적인 시나리오이지요.

하지만 시장이 급등할 때 보유 주식 가치는 오르지만, ELN에서 S&P 500 지수 상승분 중 상당 부분을 포기해야 됩니다. 지수 상승률보다는 낮은 수익률을 기록할 가능성이 높습니다. 그러니까 꾸준한 수익은 가능한데 대박은 불가능한 상품이라는 것이죠.

시장이 급락할 때 보유 주식 가치는 당연히 하락합니다. 하지만 커버드콜로 미리 받아둔 프리미엄 수익이 있기 때문에, 주식 하락으로 인한 손실을 어느 정도 완충해주는 효과를 기대할 수 있습니다.

JEPI는 변동성 낮은 우량주에 투자하여 기본적인 안정성을 확보하고, ELN이라는 도구를 통해 S&P 500 지수에 대한 커버드콜 전략 효과를 만들어내어 꾸준한 프리미엄 수익(월배당 재원)을 창출하는 방식으로 운영됩니다.

즉, 시장의 엄청난 변동성은 피하면서+매달 안정적인 현금 흐름(월배당)을 만들어내는 것을 목표로 하는, 아주 스마트하게 설계된 액티브 ETF라고 할 수 있겠습니다.

❖ **JEPI ETF 운용 현황**

# JEPI

분류: 주식(종합) 대형혼합형

JP Mogan Equity Premium Income

## 기본정보

| | | | |
|---|---|---|---|
| 설정일 | 2020/05/20 | 보수율 | 0.3500 |
| 기초자산 | S&P 500 TR USD | 추적오차 | 7.3500 |
| 운용사 | - | Beta | 0.7400 |
| 순자산(천,$) | 36,938,200 | 배당주기 | Monthly |
| 주식수(천) | 691,900 | 배당률 | 8.10 |
| 보유종목수 | 131 | 프리미엄/디스카운트 | 0.1400 |

Hamilton Reiner와 Raffaele Zingone이 운용하는 월 배당 ETF의 대표 종목. 패시브 전략이 아닌 액티브전략을 취하고 있으며, S&P500 편입종목을 대상을 커버드콜(해당 주식 매수 및 콜옵션 매도) 전략을 구사하여 배당재원 마련하는 운용전략을

※ 해외밴더로 부터 입수한 내용을 기계번역을 통해 제공하고 있으며, 이 과정에서 정확성(완결성)을 보장할 수 없음   더보기

### NAV-순자산

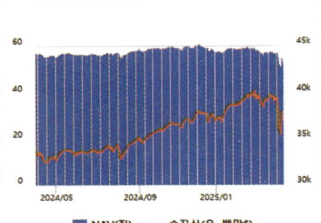

## 배당추이

전체 | 자본이익 | 배당

| 연번 | 공시일 | 권리락일 | 기준일 | 지급일 | 배당금 | 통화 | 비고 |
|---|---|---|---|---|---|---|---|
| 1 | 2025/01/03 | 2025/04/01 | 2025/04/01 | 2025/04/03 | 0.40794 | USD | 배당 |
| 2 | 2025/01/03 | 2025/03/03 | 2025/03/03 | 2025/03/05 | 0.32760 | USD | 배당 |
| 3 | 2025/01/03 | 2025/02/03 | 2025/02/03 | 2025/02/05 | 0.32586 | USD | 배당 |
| 4 | 2024/01/04 | 2024/12/31 | 2024/12/02 | 2025/01/03 | 0.39478 | USD | 배당 |
| 5 | 2024/01/04 | 2024/12/02 | 2024/12/02 | 2024/12/04 | 0.40177 | USD | 배당 |
| 6 | 2024/01/04 | 2024/11/01 | 2024/11/01 | 2024/11/05 | 0.37522 | USD | 배당 |
| 7 | 2024/01/04 | 2024/10/01 | 2024/10/01 | 2024/10/03 | 0.39217 | USD | 배당 |
| 8 | 2024/01/04 | 2024/09/03 | 2024/09/03 | 2024/09/05 | 0.39984 | USD | 배당 |
| 9 | 2024/01/04 | 2024/08/03 | 2024/08/01 | 2024/08/05 | 0.28949 | USD | 배당 |
| 10 | 2024/01/04 | 2024/07/01 | 2024/07/01 | 2024/07/03 | 0.33012 | USD | 배당 |
| 11 | 2024/01/04 | 2024/06/03 | 2024/06/03 | 2024/06/05 | 0.36027 | USD | 배당 |
| 12 | 2024/01/04 | 2024/05/01 | 2024/05/02 | 2024/05/06 | 0.32609 | USD | 배당 |

| 12개월 배당총액 | 4.33115 | 최근 종가 | 53.46 | 수익률 | 8.10% |
|---|---|---|---|---|---|

### 주요 투자 국가
데이터 기준일 : 2025/04/09

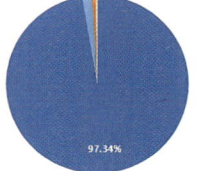

### 섹터별 분포
데이터 기준일 : 2025/04/10

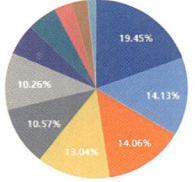

| 국가 | 비중 | 섹터 | 비중 |
|---|---|---|---|
| 🔵 United States | 97.34 | 🔵 IT | 19.45 |
| 🔵 Netherlands | 1.77 | 🔵 헬스케어 | 14.13 |
| 🟠 Switzerland | 0.57 | 🟠 산업재 | 14.06 |
| 🟡 Singapore | 0.32 | 🟡 금융 | 13.04 |
| ⚪ Other | 0 | ⚪ 경기소비재 | 10.57 |

## 2) XYLD(Global X S&P 500 Covered Call ETF)

XYLD 역시 커버드콜 전략의 기본 원리는 똑같습니다. 기초자산(S&P 500 주식들)을 보유하면서, 동시에 콜옵션을 매도해서 프리미엄 수익을 얻는 것입니다. 그래서 시장이 크게 오르지 않을 때, 높은 배당을 통해 S&P 500 지수 ETF(SPY, VOO 등)보다 더 나은 성과를 추구하는 전략이죠.

XYLD는 S&P 500 지수에 포함된 500개 기업 주식들을 쭉 담습니다. 이건 우리가 앞에서 본 ETF와 같지요. 동시에 콜옵션을 파는데, 여기서 차이가 있습니다. XYLD는 현재 S&P 500 지수 가격보다 5% 높은 가격(OTM)이 아니라, 현재 S&P 500 지수 가격과 거의 똑같은 가격(At-The-Money, ATM, 등가격)의 콜옵션을 매달 판매합니다.

ATM(현재가) vs OTM(5% 높은 가격) 콜옵션 매도, 뭐가 다를까요? 어려울 수 있으니 쉽게 예를 들어볼게요.

• **OTM(5% 높은 가격):** "S&P 500 지수가 5% 정도 오르는 것까지는 괜찮아. 그 상승분도 먹고 프리미엄도 먹을게!" 약간의 상승 여력을 열어두는 대신, 받는 프리미엄은 ATM보다 조금 적습니다.

• **ATM(현재 가격):** "S&P 500 지수 상승으로 인한 이익은 거의 다 포기할게! 대신 옵션 프리미엄을 최대한 많이 받을 거야!"라는 전략입니다. 현재가와 같은 가격의 콜옵션을 팔기 때문에, 지수가 아주 조금만 올라도 바로 수익 상방이 막혀버리는 대신, 받는 프리미엄 금액은 OTM보다 일반적으

로 더 큽니다. 한마디로 "상승하면 네가 다 먹는 대신 돈 좀 더 줘!" 하는 겁니다. 실전에서 적용하면 다음과 같습니다.

① S&P 500 지수가 횡보하거나 약간 하락 시 XYLD에게 Best!입니다. ATM 콜옵션은 행사가격에 도달하지 못하거나 큰 의미가 없어져서 가치 없이 만료될 가능성이 높습니다.

ETF는 보유 주식 성과(거의 없거나 약간 손실)+옵션 팔아서 번(상대적으로 아주 두둑한) 프리미엄 수익을 온전히 획득! 결과적으로 그냥 S&P 500 ETF보다 훨씬 좋은 성과를 보일 수 있습니다. 프리미엄 수익이 모든 것을 압도합니다.

② S&P 500 지수가 크게 하락 시 S&P 500 주식들은 당연히 떨어져서 손실이 발생합니다. 하지만 미리 두둑하게 받아둔 프리미엄 수익이 손실을 상당히 완충시켜 줍니다. 그냥 S&P 500 ETF보다는 손실 폭이 그 프리미엄만큼 작아지는 효과가 있습니다.

③ S&P 500 지수가 상승할 경우, 요게 알면서도 배 아픕니다. ATM 콜옵션을 팔았기 때문에, S&P 500 지수가 아주 약간만 상승해도 콜옵션 매수자가 권리를 행사할 가능성이 매우 높습니다. "고마워! 내가 다 가져간다! 너무 배 아파하지마! 그동안 이자 많이 줬잖아!" 하는 거죠. XYLD의 수익률은 상승 시작과 거의 동시에 매우 낮은 수준에서 제한됩니다. 그냥 차비나 받는 겁니다.

결과적으로 S&P 500 지수가 상승하는 거의 모든 경우, XYLD는 지수 상승률을 전혀 따라가지 못하고 수익률이 훨씬 뒤처지게 됩니다.

실제 미국 커버드콜 ETF인 XYLD는 현재가(ATM) 콜옵션을 매달 매도하는 전략을 통해 매달 발생하는 높은 프리미엄 수익(높은 월배당의 재원!)을 얻는 데 극도로 집중하지만, 그 대가로 S&P 500 지수 상승으로 인한 시세 차익은 거의 완전히 포기하는 전략을 사용합니다.

따라서 횡보장이나 완만한 하락장에서 상대적으로 강한 모습을 보이지만, 상승장에서는 지수 상승을 전혀 따라가지 못하고 매우 부진한 성과를 보이는 특징이 아주 뚜렷한 ETF라고 할 수 있습니다.

## ❖ XYLD ETF 운용 현황

# XYLD
분류: 주식(종합) 대형혼합형

Global X S&P 500 Covered Call

### 기본정보

| | | | |
|---|---|---|---|
| 설정일 | 2013/06/21 | 보수율 | 0.6000 |
| 기초자산 | CBOE S&P 500 BuyWrite TR USD | 추적오차 | 0.1900 |
| 운용사 | Global X Funds | Beta | 1.0000 |
| 순자산(천,$) | 3,005,030 | 배당주기 | Monthly |
| 주식수(천) | 78,542.3 | 배당률 | 12.97 |
| 보유종목수 | 505 | 프리미엄/디스카운트 | -0.2100 |

상기 ETF는 비용과 비용을 지불하기 전에 S & P 500 Stock Covered Call Index의 성과와 일치하는 투자 결과를 추구합니다. 펀드는 전체 자산의 80 % 이상을 기초 자산으로하는 유가 증권에 투자합니다. 기본 지수는 S & P 500 지수의 모든 지분 중
※ 해외벤더로 부터 입수한 내용을 기계번역을 통해 제공하고 있으며, 이 과정에서 정확성(완결성)을 보장할 수 없음       더보기

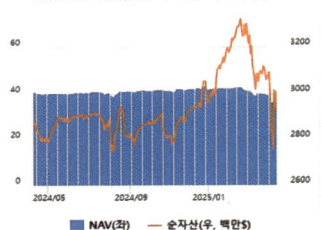
NAV-순자산

### 배당추이

전체 | 자본이익 | 배당

| 연번 | 공시일 | 권리락일 | 기준일 | 지급일 | 배당금 | 통화 | 비고 |
|---|---|---|---|---|---|---|---|
| 1 | 2025/01/03 | 2025/03/24 | 2025/03/24 | 2025/03/31 | 0.40050 | USD | 배당 |
| 2 | 2025/01/03 | 2025/02/24 | 2025/02/24 | 2025/03/03 | 0.29070 | USD | 배당 |
| 3 | 2025/01/17 | 2025/01/21 | 2025/01/21 | 2025/01/28 | 0.37300 | USD | 배당 |
| 4 | 2023/12/28 | 2024/12/30 | 2024/12/30 | 2025/01/07 | 1.18755 | USD | 배당 |
| 5 | 2023/12/28 | 2024/11/18 | 2024/11/18 | 2024/11/25 | 0.37100 | USD | 배당 |
| 6 | 2023/12/28 | 2024/10/21 | 2024/10/21 | 2024/10/28 | 0.38600 | USD | 배당 |
| 7 | 2023/12/28 | 2024/09/23 | 2024/09/23 | 2024/09/30 | 0.34190 | USD | 배당 |
| 8 | 2023/12/28 | 2024/08/19 | 2024/08/19 | 2024/08/26 | 0.40000 | USD | 배당 |
| 9 | 2023/12/28 | 2024/07/22 | 2024/07/22 | 2024/07/29 | 0.31260 | USD | 배당 |
| 10 | 2023/12/28 | 2024/06/24 | 2024/06/24 | 2024/07/01 | 0.27640 | USD | 배당 |
| 11 | 2023/12/28 | 2024/05/20 | 2024/05/21 | 2024/05/29 | 0.28190 | USD | 배당 |
| 12 | 2023/12/28 | 2024/04/22 | 2024/04/23 | 2024/04/30 | 0.34040 | USD | 배당 |

| 12개월 배당총액 | 4.96395 | 최근 종가 | 38.27 | 수익률 | 12.97% |
|---|---|---|---|---|---|

### 주요 투자 국가
데이터 기준일 : 2025/04/09

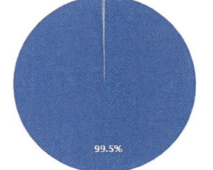

### 섹터별 분포
데이터 기준일 : 2025/04/10

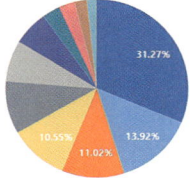

| 국가 | 비중 |
|---|---|
| United States | 99.5 |
| Switzerland | 0.3 |
| Netherlands | 0.09 |
| Ireland | 0.04 |
| Singapore | 0.03 |

| 섹터 | 비중 |
|---|---|
| IT | 31.27 |
| 금융 | 13.92 |
| 헬스케어 | 11.02 |
| 경기소비재 | 10.55 |
| 통신 | 9.55 |

## 4) QYLD(Global X NASDAQ 100 Covered Call ETF)

'월배당 끝판왕' '궁극의 현금 흐름 머신'이라는 QYLD에 대해 알아보겠습니다. 기술주 중심의 나스닥 100 지수를 기반으로 아주 특별한 전략을 쓰는 친구입니다. 이 ETF는 혁신적인 테마 ETF로 유명한 글로벌 X(Global X)에서 만들었습니다(미래에셋 자회사).

QYLD의 핵심 전략은 ETF 이름에 쓰여 있죠? 바로 '커버드콜'입니다. 먼저 미국 기술주 대표 선수들이 모인 '나스닥 100 지수'에 포함된 주식들을 몽땅 사들입니다. 그리고 바로 그 주식들에 대한 '콜옵션'을 매달 시장에 팔아버립니다. 이렇게 옵션을 팔아서 생기는 짭짤한 프리미엄 수익을 차곡차곡 모아서 우리 투자자들에게 매달 배당금으로 나눠주는 구조입니다. 옵션 장사로 월세 버는 구조인 것이죠. 앞에서 설명한 XYLD와 똑같은 구조입니다. 다만 XYLD는 S&P 500, QYLD는 나스닥 100이 기반입니다.

QYLD의 목표는 딱 하나! 바로 '극한의 월배당 수익률'을 쥐어짜 내는 것입니다. 주가 상승으로 인한 자본 차익은 별로 신경 안 써요. 오로지 매달 내 통장에 꽂히는 현금을 최대한 많이 만들어내는 데 올인하는 전략입니다.

나스닥 100이면 지수가 크게 오를 수도 있는데 이 수익은 어떻게 될까요? QYLD의 가장 큰 특징이자 어떻게 보면 치명적인 약점일 수 있는 부분이 바로 이겁니다. 옵션을 팔아서 매달 현금을 두둑이 받는 대가로, 나스닥 100 지수가 아무리 훨훨 날아가도 그 달콤한 상승 과실은 거의 맛보지 못한다는 것입니다. 사과 한 박스를 선물로 받았는데 사과 한 알만 꺼내주고 옆집 사람이 가져가는 꼴입니다. 즉, 성장은 과감히 포기하고 오직 프리미엄 수입에만 집중하는 거예요.

무서운 건 시장이 하락할 때는 거의 그대로 다 얻어맞습니다. 프리미엄 수익만큼만 조금 완충될 뿐입니다. 하락이 깊어지는 경우엔 배당은 배당대로 받아도 원금 자체가 계속 깎여나가는 현상이 발생할 수 있어요.

그래서 QYLD는 장기적인 자산 성장을 목표로 하는 투자자보다는, 당장의 아주 높은 월 현금 흐름이 절실한 분들, 예를 들어 은퇴 후 매달 고정적인 생활비가 필요하신 분들이 주로 찾는 상품입니다.

QYLD는 월배당을 제공하는 데 완전히 특화된 나스닥 100 기반 커버드콜 ETF입니다. 그래서 배당에 중점을 둔 투자자들이 선택하면 좋을 ETF입니다.

❖ QYLD ETF 운용 현황

# QYLD
분류: 주식(종합) 대형혼합형

## Global X NASDAQ 100 Covered Call

### 기본정보

| | | | |
|---|---|---|---|
| 설정일 | 2013/12/24 | 보수율 | 0.6000 |
| 기초자산 | CBOE NASDAQ 100BuyWrite V2 IR USD | 추적오차 | 3.1500 |
| 운용사 | Global X Funds | Beta | 1.1000 |
| 순자산(천,$) | 8,052,540 | 배당주기 | Monthly |
| 주식수(천) | 502,970 | 배당률 | 13.90 |
| 보유종목수 | 103 | 프리미엄/디스카운트 | -0.0600 |

상기 상품은 CBOE NASDAQ-100 BuyWrite V2 지수의 투자수익률(수수료 및 비용 차감 전)을 추종하며, 총자산의 80% 이상을 기준 지수를 구성하는 보통주에 투자합니다. 기준 지수는 NASDAQ 100에 포함된 주식 포트폴리오와 1개월 만기 등가격

※ 해외벤더로 부터 입수한 내용을 기계번역을 통해 제공하고 있으며, 이 과정에서 정확성(완결성)을 보장할 수 없음   더보기

### NAV-순자산

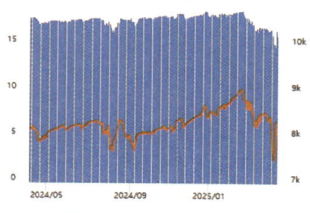

### 배당추이  전체 | 자본이익 | 배당

| 연번 | 공시일 | 권리락일 | 기준일 | 지급일 | 배당금 | 통화 | 비고 |
|---|---|---|---|---|---|---|---|
| 1 | 2025/03/21 | 2025/03/24 | 2025/03/24 | 2025/03/31 | 0.17030 | USD | 배당 |
| 2 | 2025/02/21 | 2025/02/24 | 2025/02/24 | 2025/03/03 | 0.16500 | USD | 배당 |
| 3 | 2025/01/17 | 2025/01/21 | 2025/01/21 | 2025/01/28 | 0.18770 | USD | 배당 |
| 4 | 2024/12/27 | 2024/12/30 | 2024/12/30 | 2025/01/07 | 0.33863 | USD | 배당 |
| 5 | 2024/11/15 | 2024/11/18 | 2024/11/18 | 2024/11/25 | 0.18040 | USD | 배당 |
| 6 | 2024/10/18 | 2024/10/21 | 2024/10/21 | 2024/10/28 | 0.18310 | USD | 배당 |
| 7 | 2024/09/20 | 2024/09/23 | 2024/09/23 | 2024/09/30 | 0.18070 | USD | 배당 |
| 8 | 2024/08/16 | 2024/08/19 | 2024/08/19 | 2024/08/26 | 0.17910 | USD | 배당 |
| 9 | 2024/07/19 | 2024/07/22 | 2024/07/22 | 2024/07/29 | 0.17740 | USD | 배당 |
| 10 | 2024/06/21 | 2024/06/24 | 2024/06/24 | 2024/07/01 | 0.16860 | USD | 배당 |
| 11 | 2024/05/17 | 2024/05/20 | 2024/05/21 | 2024/05/29 | 0.16280 | USD | 배당 |
| 12 | 2024/04/19 | 2024/04/22 | 2024/04/23 | 2024/04/30 | 0.17230 | USD | 배당 |
| 12개월 배당총액 | 2.26603 | | 최근 종가 | 16.3 | 수익률 | 13.90% | |

### 주요 투자 국가   데이터 기준일 : 2025/04/09

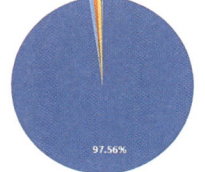

| | 국가 | 비중 |
|---|---|---|
| ● | United States | 97.56 |
| ● | Netherlands | 0.73 |
| ● | Brazil | 0.72 |
| ● | United Kingdom | 0.55 |
| ● | China | 0.43 |

### 섹터별 분포   데이터 기준일 : 2025/04/10

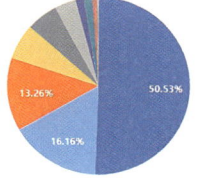

| | 섹터 | 비중 |
|---|---|---|
| ● | IT | 50.53 |
| ● | 통신 | 16.16 |
| ● | 경기소비재 | 13.26 |
| ● | 필수소비재 | 6.48 |
| ● | 헬스케어 | 5.62 |

# 1. 미국 ETF로 월 30만 원 적립식 포트폴리오 만들기

이제는 포트폴리오를 한번 만들어볼까요? 먼저 매달 30만 원이라는 소중한 돈으로, 세계 최강 미국 시장에 안정적이면서도 장기적인 성장을 추구하는 포트폴리오를 구축해보겠습니다. 금액이 크지 않기 때문에 딱 3개의 ETF로 핵심만 공략해보겠습니다.

### 1) SPLG – 비중 50%(월 15만 원)

포트폴리오의 성장을 이끄는 핵심 ETF입니다. S&P 500 지수를 그대로 따라갑니다. 애플, 마이크로소프트 등 미국 대표 우량주 500개 기업에 골고루 투자하여 미국 경제 전체의 성장 과실을 함께 누립니다. SPLG를 선택한 이유는 VOO, IVV와 수익률, 운용 보수는 거의 똑같은데 한 주당 가격이 훨씬 저렴합니다. 우리처럼 매달 30만 원씩 꾸준히 사 모으는 적립식 투자에 완전 안성맞춤입니다.

### 2) VNQ - 비중 30%(월 9만 원)

단순 주식 투자만으로는 부족할 경우 포트폴리오에 꾸준한 배당을 더하고, 자산 분산 효과까지 책임지는 스마트 멤버입니다. 미국 전역의 다양한 부동산에 투자합니다. VNQ은 SPLG에 이미 포함된 배당주와의 중복을 피하고, 주식과는 다른 움직임을 보이는 부동산이라는 자산을 추가함으로써 포트폴리오 전체의 변동성을 줄이고 안정성을 높여줍니다. 리츠는 이익의 대부분을 배당해야 하므로 상대적으로 높은 배당 수익률도 기대할 수 있죠.

### 3) AGG - 비중 20%(월 6만 원)

미국의 안전한 국채와 우량 회사채 등 다양한 종류의 채권에 분산 투자합니다. AGG를 선택한 이유는 채권은 일반적으로 주식 시장이 어려울 때 가치가 덜 하락하거나 오히려 상승하는 경향이 있어, 포트폴리오 전체의 손실을 막아주는 중요한 안전핀 역할을 합니다. AGG는 미국 전체 투자 등급 채권 시장에 분산 투자하므로 안정성이 높고, 약간의 이자 수익도 꾸준히 제공하며, 역시 한 주당 가격이 저렴해서 30만 원 포트폴리오에 넣기 좋습니다.

▼ 30만 원 적립식 포트폴리오 1

| ETF 티커 | 추종 지수/자산군 | 포트폴리오 비중 | 월 투자 금액(지정) | 투자 컨셉 및 이유 |
|---|---|---|---|---|
| SPLG | S&P 500 지수 (미국 대형주) | 50% | 15만 원 | 미국 대표 우량주 500개 분산 투자 (포트폴리오 성장 핵심) |
| VNQ | 미국 부동산 리츠 (REITs) 지수 | 30% | 9만 원 | 미국 부동산 시장 간접 투자 (자산 다변화+인컴 잠재력) |
| AGG | 미국 종합 채권 지수 | 20% | 6만 원 | 미국 우량 채권 분산 투자 (포트폴리오 안정성 확보) |
| 합계 |  | 100% | 30만 원 | 주식, 부동산, 채권에 분산 투자하여 안정성과 성장성 균형 추구 |

이 50% : 30% : 20% 비율은 하나의 가이드입니다. "나는 좀 더 성장에 집중하고 싶다!" 하면 SPLG 비중을 60%로 높이고 VNQ, AGG를 20%씩! "나는 안정성이 더 중요하다!" 하면 AGG 비중을 30%로 높이고 SPLG, VNQ를 40%, 30%로! 이렇게 여러분의 투자 목표와 위험 감수 성향에 맞춰 비율을 자유롭게 조절하셔도 좋습니다!

▼ 30만 원 적립식 포트폴리오 2

| ETF 티커 | 추종 지수/전략 | 포트폴리오 비중 | 월 투자 금액(예상) | 투자 컨셉 및 이유 |
|---|---|---|---|---|
| VOO | S&P 500 지수 | 60% | 약 18만 원 | 미국 대표 우량주 500개 분산 투자 (시장의 '핵심' 담당) |
| QQQM | 나스닥 100 지수 | 40% | 약 12만 원 | 미국 기술/성장주 중심 투자 (미래 '성장성' 추구) |
| 합계 |  | 100% | 약 30만 원 | 미국 시장의 안정성과 성장성을 동시에 추구하는 조합 |

이번에는 VOO하고 QQQM 2개로 조합하는 겁니다. VOO 60%, QQQM 40% 조합도 좋아 보입니다.

"30만 원이니까 1개만 해보고 싶다. 그런데 다양하게 투자를 하고 싶다"면 VTI를 사는 것도 좋습니다. 미국 전체 주식 시장(대형주+중소형주)에 100% 투자(월 30만 원)합니다. 가장 넓은 분산 효과와 가장 쉬운 관리가 장점입니다.

그리고 ETF 가격이 비싸면 30만 원으로 1주도 못 살 수 있습니다. 이때 필요한 것이 소수점 거래입니다. 월별 지정된 금액으로 각 ETF 1주 전체를 사기 어려울 때 소수점 거래 서비스를 제공하는 증권사를 이용하는 것이 필수적입니다. 아니면 사고 남는 금액이 있다면 다음 달에 돈을 모아 매수하는 것도 한 방법입니다. 2개월에 1주, 또는 3개월에 1주를 사도 괜찮아요. 아니면 저렴한 ETF로 바꾸는 것도 방법입니다. 계속 조합을 해보세요.

중요한 것은 장기 투자를 해야 한다는 것입니다. 적립식 투자는 단기적인 시장 등락에 흔들리지 않고 장기적인 관점에서 꾸준히 투자하는 것이 중요합니다. 최소 5년, 가급적 10년 이상을 내다보는 것이 좋습니다.

그리고 1년, 2년 투자하다 보면 각 ETF의 비중이 원래 목표 비중에서 벗어날 수 있습니다. 이때 1년에 한 번 정도 비중을 점검하고 목표 비중에 맞게 조절하는 '리밸런싱'을 해야 포트폴리오의 위험 수준을 일정하게 유지할 수 있습니다.

## 2. 미국 ETF로
## 월 50만 원 적립식 포트폴리오 만들기

적립식은 5년, 10년, 20년, 혹은 30년이라는 긴~ 세월 동안 투자가 이루어지는 만큼, 단기적인 변동성에 흔들리지 않고 꾸준히 자산을 불려나가는 것, 즉 장기적인 성장에 조금 더 초점을 맞춰야 합니다. 그래야 시간이 흘러 은퇴할 시점이 되었을 때, 정말 든든한 노후 자금을 마련할 수 있겠죠.

이번에는 50만 원으로 적립식 포트폴리오를 구성해볼까요. 50만 원 포트폴리오는 총 4개의 ETF로 구성하여, 성장성, 글로벌 분산, 안정성, 그리고 약간의 배당까지 고려한 균형 잡힌 조합입니다.

### 1) SPLG – 비중 40%(월 20만 원)

말이 필요 없죠? 미국 대표 우량주 500개에 투자하는 S&P 500 지수를 추종합니다. 미국 경제의 장기적인 성장에 올라타는 가장 확실한 방법입니다. 여전히 한 주당 가격이 저렴해서 적립식 투자자에게 안성맞춤이고요.

### 2) VXUS – 비중 30%(월 15만 원)

미국 외 선진국+신흥국 주식 시장 전체에 골고루 투자합니다. 노후 준비는 장기전입니다. 미국만 믿고 가기에 세상은 넓고 변수는 많습니다. 미국 시장이 잠시 주춤할 때 다른 나라 시장이 치고 나갈 수도 있지요. 이렇게 글로벌 분산 투자를 통해 위험은 낮추고 장기 성장 기회는 넓히는 아주 중요한 역할을 합니다.

### 3) AGG – 비중 20%(월 10만 원)

포트폴리오의 든든한 안전 자산! 바로 미국 전체 우량 채권에 투자합니다. 주식 시장이 크게 흔들리거나 위기가 왔을 때, 채권은 일반적으로 주식과 반대로 움직이거나 덜 하락하는 경향이 있습니다. 이를 통해 포트폴리오 전체의 변동성을 크게 낮춰주고 심리적 안정감을 주지요. 꾸준한 배당 수익은 덤이고요.

### 4) VNQ – 비중 10%(월 5만 원)

주식, 채권과는 또 다른 성격의 자산인 미국 부동산(리츠)에 투자하여 추가적인 분산 효과를 노립니다. 동시에 리츠에서 나오는 꾸준한 배당 수익은 포트폴리오의 현금 흐름을 더 풍성하게 만들어줍니다.

▼ 50만 원 적립식 포트폴리오 1

| ETF 티커 | 추종 지수/자산군 | 포트폴리오 비중 | 월 투자 금액(지정) | 투자 컨셉 및 이유 |
|---|---|---|---|---|
| SPLG | S&P 500지수 (미국 대형주) | 40% | 20만 원 | 미국 대표 우량주 투자 (글로벌 주식 투자의 핵심) |
| VXUS | 미국 제외 글로벌 주식 지수 | 30% | 15만 원 | 미국 외 선진국/신흥국 주식 분산 투자 (글로벌 성장성 추구) |
| AGG | 미국 종합 채권 지수 | 20% | 10만 원 | 미국 우량 채권 분산 투자 (포트폴리오 안정성 확보) |
| VNQ | 미국 부동산 리츠 (REITs) 지수 | 10% | 5만 원 | 미국 부동산 시장 간접 투자 (추가 자산 다변화 효과) |
| 합계 | | 100% | 50만 원 | 미국/글로벌 주식+채권+부동산에 분산하여 글로벌 성장 추구 및 안정성 보완 |

이 40% : 30% : 20% : 10% 비율도 어디까지나 하나의 예시입니다. 여러분이 아직 젊고 투자 기간이 아주 많이 남았다면? 성장성을 더 높이기 위해 SPLG와 VXUS 비중을 늘리고, AGG와 VNQ 비중을 줄일 수 있습니다(예: 50:30:15:5).

만약 은퇴가 얼마 남지 않아서 안정성이 더 중요하다면? 채권(AGG) 비중을 더 높이고 주식(SPLG, VXUS) 비중을 줄일 수 있습니다(예: 30:20:40:10).

이렇게 여러분의 나이, 투자 목표, 위험 감수 성향에 맞춰 비율을 유연하게 조절하면 됩니다.

▼ 50만 원 적립식 포트폴리오 2

| ETF 티커 | 추종 지수/전략/자산군 | 포트폴리오 비중 | 월 투자 금액(예상) | 투자 컨셉 및 이유 |
|---|---|---|---|---|
| VTI | 미국 전체 주식 시장 | 40% | 약 20만 원 | 미국 주식 시장 전체에 투자 (가장 넓은 분산 기반) |
| QUAL | 미국 우량주 (Quality Factor) 지수 | 20% | 약 10만 원 | 재무 건전성 높은 '퀄리티' 기업 집중 투자 (안정적 성장 추구) |
| VUG | 미국 대형 성장주 (Growth Factor) 지수 | 20% | 약 10만 원 | 성장성 높은 미국 대형주 투자 (성장 잠재력 극대화) |
| AGG | 미국 종합 채권 지수 | 20% | 약 10만 원 | 미국 우량 채권 분산 투자 (주식 시장 변동성 완화 및 안정성 확보) |
| 합계 | | 100% | 약 50만 원 | 미국 시장 기반+퀄리티/성장 팩터+채권으로 안정성/성장성 조합 추구 |

50만 원 적립식 다른 조합으로 'VTI+QUAL+VUG+AGG'로 만들어보았습니다. 이것도 좋아 보입니다. 이런 식으로 여러분이 조합하면 재미도 있고 보람도 있을 것입니다.

적립식 투자에서 가장 중요한 것이 꾸준함입니다. 매달 50만 원씩, 정해진 비율대로 시장이 오르든 내리든 신경 쓰지 말고, 꾸준히 적립식으로 매수해나가는 것입니다. 이것이 바로 시간과 복리라는 가장 강력한 무기를 내 편으로 만드는, 평범한 우리가 부자로 은퇴할 수 있는 가장 확실한 길입니다. 이렇게 해야 10년, 20년, 30년 뒤, 오늘 시작한 여러분 자신에게 "정말 잘했다!"고 칭찬할 날이 올 수 있습니다.

## 3. 미국 ETF로 월 100만 원 적립식 포트폴리오 만들기

"나는 100만 원 정도는 여유가 있다!" 하시는 분들을 위해 포트폴리오를 조합해보겠습니다. 돈이 많다고 이것저것 너무 많이 사면 정신이 없겠죠. 3개의 ETF로 구성해볼까요?

### 1) VTI - 비중 60%(월 60만 원)

S&P 500(대형주 500개)을 넘어 미국 주식 시장 전체를 통째로 담는 ETF입니다. 미국 경제라는 거대한 성장 엔진 전체에 투자하는 가장 확실하고 폭넓은 방법이죠.

### 2) VXUS - 비중 20%(월 20만 원)

미국을 제외한 전 세계 모든 나라의 수천 개 기업에 골고루 투자합니다.

미국 외 다른 지역의 성장 기회도 놓치지 않고 위험도 분산하는 필수적인 역할을 합니다.

### 3) BND – 비중 20%(월 20만 원)

주식 100% 투자는 변동성이 클 수 있죠. 포트폴리오의 안정성을 높이고 위험을 관리하기 위해 미국의 투자 등급 채권 시장 전체에 분산 투자하는 BND를 추가합니다.

이 포트폴리오의 장점은 심플함입니다. 딱 3개 ETF로 관리가 용이하지요. 초보자도 따라 하기 쉽습니다. 또한 낮은 비용으로 최대 분산 효과를 누릴 수 있도록 구성했습니다. 매달 100만 원, 6:2:2 비율대로 꾸준히 적립식으로 매수하는 일만 남았습니다.

▼ 100만 원 적립식 포트폴리오 1

| ETF 티커 | 추종 지수/자산군 | 포트폴리오 비중 | 월 투자 금액(예상) | 투자 컨셉 및 이유 |
|---|---|---|---|---|
| VTI | 미국 전체 주식 시장 | 60% | 약 60만 원 | 미국 시장 전체 (대형주~소형주)에 투자하여 성장의 핵심 기반 마련 (포트폴리오 중심) |
| VXUS | 미국 제외 글로벌 주식 지수 | 20% | 약 20만 원 | 미국 외 선진국/신흥국에 분산 투자하여 글로벌 성장 기회 포착 및 위험 분산 |
| BND | 미국 전체 채권 시장 | 20% | 약 20만 원 | 미국 우량 채권 투자로 포트폴리오 변동성 완화 및 안정성 확보 |
| 합계 |  | 100% | 약 100만 원 | 미국 중심의 글로벌 주식과 미국 채권에 분산 투자하여 성장성과 안정성의 균형 추구 |

아시다시피 60:20:20 비율은 하나의 예시일 뿐입니다. "나는 아직 젊고 공격적이다" 하면, 채권(BND) 비중을 줄이고 주식(VTI, VXUS) 비중을 늘리면 됩니다. "나는 미국 중심 투자가 좋다"고 하면 VTI 비중을 늘리고, VXUS 비중을 내리면 됩니다. "나는 안정성이 더 중요하다" 하면 BND 비중을 늘리고, 주식 비중을 줄이는 식으로 하면 됩니다.

▼ 100만 원 적립식 포트폴리오 2

| ETF명(티커) | 추종 대상/핵심 전략 | 비중 | 월 투자 금액 | 주요 목표 |
| --- | --- | --- | --- | --- |
| QUAL | MSCI USA Quality Index (수익성/부채/이익안정성 우수) | 30% | 30만 원 | 미국 우량주(퀄리티) 투자, 안정적 성장 추구 |
| VTV | CRSP US Large Cap Value Index (저평가 가치주) | 20% | 20만 원 | 미국 가치주 투자, 장기 초과수익 추구 |
| VXUS | 미국 외 전 세계 주식 (선진국+신흥국) | 30% | 30만 원 | 글로벌 분산, 미국 외 성장 기회 포착 |
| AGG | 미국 종합 채권 | 20% | 20만 원 | 포트폴리오 안정성 확보, 변동성 완화 |
| 합계 | 퀄리티/가치 기반 글로벌 분산 투자 | 100% | 100만 원 | 균형 잡힌 스마트 베타 전략 실행 |

이번에는 다른 ETF로 구성해보았습니다. 100만 원 이하 조합에서 미국 외 비중을 좀 더 늘린 포트폴리오입니다. 어떠신가요? 이 정도면 100만 원이라는 소중한 자금으로 시작하는 글로벌 분산 투자 포트폴리오로 아주 훌륭하고 균형 잡힌 출발점이 될 수 있을 것입니다.

# 4. 미국 ETF로 월 300만 원 적립식 포트폴리오 만들기

매달 300만 원! 이건 단순히 용돈 벌이를 넘어 "해외여행을 마음대로 가겠다"는 금액이네요. 소액 투자의 차원을 넘어, 재정적 자유를 얻고 싶다는 의지를 보여주는 금액입니다. 물론 수입이 따라와야 하는 금액입니다. 이 정도 투자를 하실 수 없는 분들이 대부분이실 겁니다. 그러나 혹시 알아요? 지금은 돈이 없어도 나중에 잘 벌 수 있잖아요. 한번 구성해볼까요.

매달 300만 원이라는 큰 금액을 장기간 투자할 때는, 단기적인 수익률에 일희일비하기보다는 10년, 20년, 30년 뒤를 바라보는 긴 호흡이 무엇보다 중요합니다. 그리고 특정 국가나 자산에 쏠리지 않도록 전 세계 우량자산에 골고루 씨앗을 뿌리는 철저한 분산 투자를 통해, 어떤 경제 폭풍우에도 흔들리지 않는 금융 요새를 짓는다는 마음으로 접근해야 합니다.

300만 원 월 적립식 포트폴리오는 총 5개의 ETF로 구성하여, 미국 중심의 성장+선진국/신흥국 분산+채권의 안정성+인플레이션 대비까지 고려한, 장기 투자에 적합한 균형 잡힌 조합입니다.

### 1) VOO – 비중 45%(월 135만 원)

이제 월 투자 금액이 넉넉하니, S&P 500 ETF의 대표 주자이자 최저 수준의 보수를 자랑하는 VOO로 미국 시장의 핵심을 잡습니다. 물론 IVV, SPLG도 좋습니다.

### 2) VEA – 비중 20%(월 60만 원)

미국 외 유럽, 일본, 캐나다, 호주 등 주요 선진국 시장에 골고루 투자합니다. 이들 국가는 세계 경제의 중요한 축을 담당하며, 미국 시장과는 또 다른 성장 기회와 안정성을 제공합니다.

### 3) AGG – 비중 20%(월 60만 원)

포트폴리오의 변동성을 낮추고 안정성을 더하는 핵심 역할을 하는 미국 우량 채권에 분산 투자합니다. 물론 BND도 좋은 대안입니다.

### 4) VWO – 비중 10%(월 30만 원)

중국, 인도, 대만, 브라질 등 높은 성장 잠재력을 가진 신흥국 시장에 투자하여 미래의 성장 과실을 노립니다. 선진국보다 변동성은 크지만, 장기적인 관점에서 높은 수익률을 기대해볼 수 있는 매력적인 투자처입니다.

VEA+VWO 조합 대신, VXUS(미국 외 전 세계 주식) 하나로 합쳐서 투자하는 것도 좋은 방법입니다. 관리가 더 편리하겠죠.

### 5) IAU – 비중 5%(월 15만 원)

마지막으로, 역사적으로 인플레이션 시기나 경제 위기 상황에서 가치를 인정받아온 대표적인 안전 자산인 금에 일부 투자합니다. GLD로 교체해도 좋습니다.

▼ 300만 원 적립식 포트폴리오 1

| ETF명(티커) | 추종 대상/핵심 전략 | 비중 | 월 투자 금액 | 주요 목표/역할 (포트폴리오 내) |
|---|---|---|---|---|
| VOO | Vanguard S&P 500 ETF | 45% | 135만 원 | 미국 대표 500대 기업 투자 (핵심 성장 엔진) |
| VEA | Vanguard FTSE Developed Markets ETF | 20% | 60만 원 | 미국 외 선진국 분산 투자 (안정적 성장 추가) |
| AGG | iShares Core U.S. Aggregate Bond ETF (채권) | 20% | 60만 원 | 포트폴리오 안정성 확보, 변동성 관리 (방패막) |
| VWO | Vanguard FTSE Emerging Markets ETF (신흥국) | 10% | 30만 원 | 신흥국 성장 잠재력 추구 (고수익 추구&분산) |
| IAU | iShares Gold Trust (금) | 5% | 15만 원 | 인플레이션 헤지, 위기시 가치 저장 (보험) |
| 합계 | 글로벌 주식(미국+선진+신흥) +채권+금 분산 투자 | 100% | 300만 원 | 글로벌 자산 배분을 통한 장기 성장 및 안정성 추구 |

▼ 300만 원 적립식 포트폴리오 2

| ETF명(티커) | 추종 대상/핵심 전략 | 비중 | 월 투자 금액 | 주요 목표 |
|---|---|---|---|---|
| VTI | 미국 전체 주식 시장 | 40% | 120만 원 | 미국 시장 전체 성장<br>(포트폴리오의 핵심 코어) |
| VXUS | 미국 외 전 세계 주식<br>(선진국+신흥국) | 25% | 75만 원 | 글로벌 분산 투자,<br>미국 외 성장 동력 확보 |
| AVUV | 미국 소형 가치주<br>(Avantis Active Strategy) | 10% | 30만 원 | 소형주+가치주 팩터 투자<br>(장기 초과 수익 추구) |
| BND | 미국 종합 채권<br>(투자 등급) | 15% | 45만 원 | 포트폴리오 안정성 확보,<br>변동성 완화(채권 코어) |
| VNQ | 미국 부동산 리츠 | 5% | 15만 원 | 부동산 분산 효과, 추가 배당 수익<br>(인플레이션 헤지) |
| IAU | 금 (Gold Trust) | 5% | 15만 원 | 인플레이션 헤지,<br>위기시 안전 자산 역할 (보험) |
| 합계 | 글로벌 주식+채권<br>+부동산+금 분산 투자 | 100% | 300만 원 | 장기적 자산 증식 및<br>고도의 분산/안정성 추구 |

300만 원 적립식 2번 조합도 만들어보았습니다. 이런 식으로 자신에게 맞는 조합을 찾아가면 됩니다.

중요한 것은 매달 300만 원씩 시장 상황에 일희일비하지 말고, 적립식 매수를 해나가는 겁니다. 10년, 20년이라는 시간과 복리의 위대한 힘을 믿는다면 말이죠. 시간을 정복하는 자가 투자를 정복합니다.

다시 말하지만 모든 사람에게 맞는 완벽한 포트폴리오는 세상에 존재하지 않습니다. 여러분의 정확한 투자 목표, 남은 투자 기간, 위험을 감수할 수 있는 정도, 그리고 시장에 대한 시각 등을 종합적으로 고려하여 자신에게 맞게 최적화해나가셔야 합니다.

# 5. 미국 ETF로 1,000만 원 거치식 포트폴리오 만들기

"지금 1,000만 원이 있습니다. 한 방에 사고 싶습니다!"

안 됩니다! 1,000만 원을 한 번에 사고 싶어도, 참으시고 분할로 매수하는 것이 매우 중요합니다. 적립식을 넘어 목돈 1,000만 원의 실탄을 그냥 시장이 좋을 것 같다고 한 방에 '몰빵'하는 방식은 위험합니다. 반드시 분할 매수를 해야 합니다.

분할 매수하는 가장 큰 이유는 고점 매수의 위험을 피하기 위해서입니다. 혹시 내가 1,000만 원 전액을 투자한 바로 그날이 단기적인 시장 꼭대기면 어떡할 겁니까? 그 뒤로 시장이 하락하면 정말 뼈아프겠죠…. 분할 매수는 이렇게 최고점에 내 모든 돈을 투자하게 될지도 모르는 위험을 효과적으로 분산시켜 줍니다.

시장이 오를 때도 사고, 내릴 때도 사고…. 이렇게 꾸준히 나눠서 사면 어떻게 될까요? 내가 사들인 ETF의 평균 매수 가격이 자연스럽게 시장의 평균 가격에 가까워지는 효과가 있습니다! 비쌀 때는 조금 덜 사게 되고,

쌀 때는 더 많이 사게 되는 효과도 있어서 장기적으로는 매입 단가를 낮출 수도 있습니다.

그리고 솔직히 1,000만 원을 한 번에 넣고 나면, 시장이 조금만 출렁여도 심장이 콩닥콩닥, 밤잠 설치기 쉽잖아요. 하지만 나눠서 투자하면 심리적으로 훨씬 안정적입니다. '아직 한 발 남았다!'라는 생각만으로도 든든하죠.

그럼 어떤 방법이 좋을까요? 일단 1,000만 원을 어느 정도 기간에 걸쳐 나눠 넣을지 정해야 합니다! 정답은 없어요!

- **짧게(예: 3~5개월):** 시장 상승 기회를 빨리 잡고 싶을 때!(월 200~333만 원)
- **길게(예: 10~12개월):** 시장 변동성이 클 것 같거나, 최대한 안정적으로 평균 매입 단가를 만들고 싶을 때!(월 83~100만 원)

다음으로 어떤 ETF들을 사 모을지, 최종적인 목표 포트폴리오 구성을 정해야 합니다. 이건 여러분의 투자 목표와 성향에 따라 달라지겠죠.

여기서는 앞서 알아본 적립식 ETF 포트폴리오 최종 목표로 삼아봅시다. 기억나시죠? 미국 성장+글로벌 분산+채권 안정+부동산!

포트폴리오 ETF는 SPLG 50% / VXUS 30% / AGG 15% / VNQ 5%

이 정도면 괜찮을 것 같은데요. 가장 중요한 것은 '꾸준함'입니다.

▼ 1천만 원 거치식 포트폴리오

| ETF명(티커) | 추종 대상/핵심 전략 | 비중 | 투자 금액<br>(1천만 원 기준) | 주요 목표/역할 |
|---|---|---|---|---|
| SPLG | 미국 S&P 500 지수 | 50% | 500만 원 | 미국 대표 기업 성장<br>(핵심 성장 엔진) |
| VXUS | 미국 외 전 세계 주식<br>(선진국+신흥국) | 30% | 300만 원 | 글로벌 분산 투자,<br>위험 감소 |
| AGG | 미국 종합 채권<br>(투자 등급) | 15% | 150만 원 | 포트폴리오 안정성 확보(방패막) |
| VNQ | 미국 부동산 리츠 | 5% | 50만 원 | 추가 분산 효과+배당 수익<br>(플러스 알파) |
| 합계 | 글로벌 주식+채권<br>+부동산 분산 투자 | 100% | 1,000만 원 | 균형 잡힌 장기 성장 추구 |

만약 내가 분할 매수하는 10개월 동안 시장이 쉬지 않고 계속 상승한다면, 처음부터 1,000만 원을 전부 투자했을 때보다 최종 수익률은 낮을 수 있습니다. 당연히 배가 아프겠죠. "그냥 한 방에 살걸!" 하고 후회하겠죠. 그리고 괜히 "저자 말 듣고 괜히 나눠 샀네" 하고 저한테 화풀이하겠죠. 하지만 이것은 고점 매수라는 더 큰 위험을 피한 대가라고 생각해야 합니다.

그런데 만약 매수 후 하락하면 "역시 나의 선택은 옳았어!" 하고, 작가 칭찬은 없이 자화자찬하기 바쁠 겁니다. 탕수육 사달라고 안 할 테니 결정은 본인이 하는 겁니다.

1,000만 원이라는 소중한 목돈! 조급하게 한 번에 투자하기보다 분할 매수 전략을 활용하면 시장 타이밍에 대한 스트레스와 고점 매수 위험은 크게 줄이고, 심리적 안정감을 높이며, 장기적으로 매입 단가를 관리하는 효과까지 얻을 수 있습니다.

제가 제시해드린 ETF 투자는 하나의 예시일 뿐입니다. 여러분의 상황과 판단에 따라 투자 기간을 3개월, 6개월, 12개월로 정할 수 있고, 투자 주기도 매달, 아니면 격주로 정할 수도 있습니다. 목표 포트폴리오 구성도 더 공격적으로, 더 안정적으로 가져가면서 나만의 스타일로 최적화할 수 있습니다.

# 6. 미국 ETF로 2,000만 원 거치식 포트폴리오 만들기

이 조합은 이전에 살펴보았던 1,000만 원과 동일한 구성입니다. 미국 시장 성장(SPLG)을 핵심 동력으로 삼으면서, 글로벌 분산(VXUS)으로 위험을 나누고, 채권(AGG)으로 안정성을 더했으며, 부동산(VNQ)으로 추가적인 분산까지 고려한, 그야말로 장기적인 관점에서 안정적인 성장을 추구하는 조합의 예시입니다. 여러분이 더 좋은 구성을 만들어보시기 바랍니다.

▼ 2천만 원 거치식 포트폴리오

| ETF명(티커) | 추종 대상/핵심 전략 | 비중 | 투자 금액<br>(2천만 원 기준) | 주요 목표/역할 |
|---|---|---|---|---|
| SPLG | 미국 S&P 500 지수 | 50% | 1,000만 원 | 미국 대표 기업 성장<br>(핵심 성장 엔진) |
| VXUS | 미국 외 전 세계 주식<br>(선진국+신흥국) | 30% | 600만 원 | 글로벌 분산 투자,<br>위험 감소 |
| AGG | 미국 종합 채권<br>(투자 등급) | 15% | 300만 원 | 포트폴리오 안정성 확보(방패막) |
| VNQ | 미국 부동산 리츠 | 5% | 100만 원 | 추가 분산 효과 + 배당 수익<br>(플러스 알파) |
| 합계 | 글로벌 주식+채권<br>+부동산 분산 투자 | 100% | 2,000만 원 | 균형 잡힌 장기 성장 추구 |

# 7. 미국 ETF로 3,000만 원 거치식 포트폴리오 만들기

이제는 3천만 원입니다. 이 정도 금액이면 미국 주식과 채권만 섞는 것을 넘어, 미국 전체 시장(VTI)과, 미국 외 전 세계(VXUS) 주식으로 글로벌 성장의 기회를 최대한 확보하고, 소형 가치주(AVUV)와, 미국 종합 채권(BND)으로 포트폴리오의 안정성을 탄탄하게 다지고, 실물 자산인 부동산(VNQ)과 금(IAU)까지 추가할 수 있습니다. 6개의 엔진으로 움직이는 강력한 자산 배분 시스템을 완성할 수 있습니다.

다시 얘기하지만 이 포트폴리오와 40% : 25% : 10% : 15% : 5% : 5%라는 비율은 절대로 정답이 아니고 여러분이 고를 수 있는 수많은 출발점 중에 하나일 뿐입니다.

▼ 3천만 원 거치식 포트폴리오

| ETF명(티커) | 추종 대상/핵심 전략 | 비중 | 투자 금액<br>(3천만 원 기준) | 주요 목표/역할 |
|---|---|---|---|---|
| VTI | 미국 전체 주식 시장 | 40% | 1,200만 원 | 미국 시장 전체 성장<br>(핵심 성장 엔진) |
| VXUS | 미국 외 전 세계 주식<br>(선진국+신흥국) | 25% | 750만 원 | 글로벌 분산 투자,<br>미국 외 성장 동력 확보 |
| AVUV | 미국 소형 가치주<br>(Avantis Active Strategy) | 10% | 300만 원 | 소형주+가치주 팩터 투자<br>(장기 초과 수익 추구) |
| BND | 미국 종합 채권<br>(투자 등급) | 15% | 450만 원 | 포트폴리오 안정성 확보,<br>변동성 완화 (채권코어) |
| VNQ | 미국 부동산 리츠 | 5% | 150만 원 | 부동산 분산 효과, 추가 배당 수익<br>(인컴 보강) |
| IAU | 금(Gold Trust) | 5% | 150만 원 | 인플레이션 헤지,<br>위기시 안전 자산 역할 (보험) |
| 합계 | 글로벌 주식+채권<br>+부동산+금 분산 투자 | 100% | 3,000만 원 | 고도의 분산 투자를 통한 장기적<br>자산 증식 및 안정성 |

# 8. 미국 ETF로
# 5,000만 원 거치식 포트폴리오 만들기

 5천만 원이면 '일본 여행'을 넘어 유럽 여행을 목표로 할 수 있겠네요. 그런데 일단 5천만 원을 투자하기란 쉽지 않죠. 이렇게 상상해봅시다. 여러분이 편의점에 갔다가, 1천 원이 모자라 얼굴 붉히고 그냥 나왔는데, 뻘쭘한 기분에 옆에 있는 로또 가게에서, 1천 원으로 로또를 삽니다. 그런데 2등에 당첨되어 세금 제하고 5천만 원이 생겼다고 해보겠습니다. 로또 2등이 1년에 5천 명 내외로 나오니 충분히 일어날 수 있는 일이죠.

▼ 5천만 원 거치식 포트폴리오

| ETF명(티커) | 추종 대상/핵심 전략 | 비중 | 투자 금액<br>(3천만 원 기준) | 주요 목표/역할 |
|---|---|---|---|---|
| VTI | 미국 전체 주식 시장 | 40% | 2,000만 원 | 미국 시장 전체 성장<br>(핵심 성장 엔진) |
| VXUS | 미국 외 전 세계 주식<br>(선진국+신흥국) | 25% | 1,250만 원 | 글로벌 분산 투자,<br>미국 외 성장 동력 확보 |
| AVUV | 미국 소형 가치주<br>(Avantis Active Strategy) | 10% | 500만 원 | 소형주+가치주 팩터 투자<br>(장기 초과 수익 추구) |
| BND | 미국 종합 채권<br>(투자 등급) | 15% | 750만 원 | 포트폴리오 안정성 확보,<br>변동성 완화(채권코어) |
| VNQ | 미국 부동산 리츠 | 5% | 250만 원 | 부동산 분산 효과, 추가 배당 수익<br>(인컴 보강) |
| IAU | 금(Gold Trust) | 5% | 250만 원 | 인플레이션 헤지,<br>위기시 안전 자산 역할(보험) |
| 합계 | 글로벌 주식+채권<br>+부동산+금 분산 투자 | 100% | 5,000만 원 | 고도의 분산 투자를 통한 장기적<br>자산 증식 및 안정성 |

이 정도면 적당하겠죠! 돈이 많으니까 여러분이 다양한 조합으로 만들어볼 수 있을 것입니다.

# 9. 미국 ETF로 1억 원 거치식 포트폴리오 만들기

1억! 1억이면 큰 돈이죠. 포트폴리오는 안정을 추구하면서 성장을 바라보는 것이 좋을 것 같네요.

VTI+VXUS+AVUV=65%. 주식 비중을 약간 낮춰 전체적인 위험도를 줄였습니다. 하지만 여전히 미국 전체 시장+글로벌 시장+소형 가치 팩터를 통해 장기적인 성장 동력은 충분히 확보합니다.

BND=25%. 채권 비중을 25%로 높여 시장 하락 시 충격을 흡수하고 포트폴리오의 안정성을 크게 강화했습니다. VNQ+IAU=10%. 대체 자산인 부동산과 금을 통해 주식/채권과 다른 방향으로 움직이는 자산군을 편입하여 분산 효과를 극대화하고 인플레이션 위험 등에 대비해보았습니다.

▼ 1억 원 거치식 포트폴리오

| ETF명(티커) | 추종 대상/핵심 전략 | 비중 | 투자 금액<br>(1억 원 기준) | 주요 목표/역할 (포트폴리오 내) |
|---|---|---|---|---|
| VTI | 미국 전체 주식 시장 | 35% | 3,500만 원 | 미국 시장 전체 성장<br>(핵심 성장 엔진) |
| VXUS | 미국 외 전 세계 주식<br>(선진국+신흥국) | 20% | 2,000만 원 | 글로벌 분산 투자,<br>미국 외 성장 동력 확보 |
| AVUV | 미국 소형 가치주<br>(Avantis Active Strategy) | 10% | 1,000만 원 | 소형주+가치주 팩터 투자<br>(장기 초과 수익 추구) |
| BND | 미국 종합 채권<br>(투자 등급) | 25% | 2,500만 원 | 포트폴리오 안정성 대폭 강화,<br>변동성 관리(핵심 방어) |
| VNQ | 미국 부동산 리츠 | 5% | 500만 원 | 부동산 분산 효과, 추가 배당 수익<br>(인컴 보강) |
| IAU | 금(Gold Trust) | 5% | 500만 원 | 인플레이션 헤지,<br>위기시 안전 자산 역할(보험) |
| 합계 | 글로벌 주식+채권<br>+부동산+금 분산 투자 | 100% | 1억 원 | 안정성에 무게를 둔 글로벌 자산<br>배분을 통한 장기 자산 증식 |

7장

ETF 투자 전략과 고려할 사항

# 1. 장기 투자 vs 단기 투자

투자를 시작하려는 분들이 가장 먼저 마주하게 되는 갈림길이 "나는 투자를 얼마나 오랫동안 할 것인가?" 즉, '장기 투자'의 길을 걸을 것인가, 아니면 '단기 투자(트레이딩)'의 길을 걸을까일 것입니다.

이 두 가지 투자 방식은 단순히 투자 기간의 길이만 다른 것이 아닙니다. 투자의 목표부터 시작해서, 사용하는 전략, 감수해야 하는 위험의 종류와 크기, 심지어 투자에 임하는 마음가짐까지 모든 것이 완전히 다릅니다. 마라톤 풀코스를 뛰는 것과 100미터 단거리 달리기를 하는 것만큼이나 다른 경기라고 할 수 있습니다.

이 시간에는 장기 투자와 단기 투자가 각각 무엇이고, 어떤 특징과 장단점을 가지며, 특히 우리가 주력 무기로 삼을 ETF 투자에는 어떤 방식이 더 적합한지 명확하게 비교 분석해보겠습니다.

### 장기 투자: 시간을 내 편으로 만드는 복리의 마법

장기 투자란 말 그대로 짧게는 5년, 길게는 10년, 20년, 30년 이상 아주 긴 호흡으로 좋은 ETF를 꾸준히 사 모으고 장기간 보유하는 투자 전략입니다. 하루하루의 주가 변동이나 시장의 단기적인 소음에 일희일비하지 않고, 장기적인 시장의 성장과 복리의 마법을 통해 눈덩이처럼 자산을 불려 나가, 결국 은퇴 자금을 마련하고 경제적 자유 달성 같은 인생의 큰 재정 목표를 이루는 것입니다.

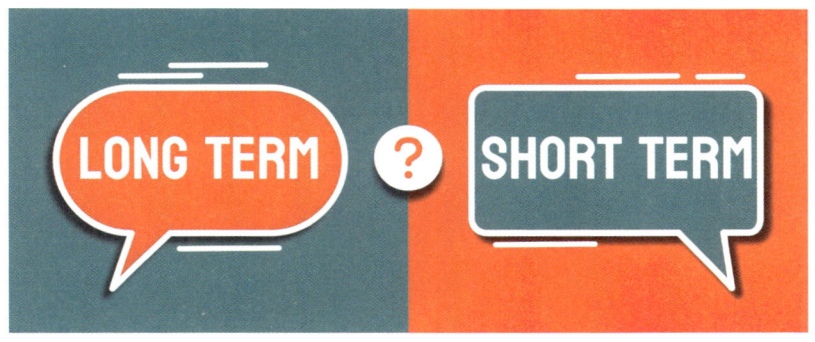

장기 투자의 성공은 '언제 사고파느냐'가 아니라, '얼마나 오랫동안 시장에 머무르느냐'에 달려 있습니다. 저비용으로 넓게 분산된 우량 인덱스 ETF(예: VTI, VOO, VT 등)나, 장기적으로 배당 성장이 기대되는 우량 배당 ETF(예: SCHD)처럼, 오랜 시간 믿고 함께 갈 수 있는 좋은 ETF를 선택하는 것이 첫 단추입니다.

이를 위해서는 꾸준한 적립식 투자가 필수입니다. 시장이 오르든 내리든 타이밍 재지 말고 매달 월급날처럼 정해진 날짜에, 정해진 금액만큼 꾸준히 사 모으는 것이죠. 투자 극대화를 위해 ETF에서 나오는 배당금을 허투루 쓰지 않고 다시 그 ETF를 사는 데 투자해서 복리 효과를 극대화해야 합니다.

또한 장기 투자라고 해서 무작정 들고 있는 것이 아닙니다. 1년에 한 번 정도 자산 배분 비율을 점검하고 원래 목표대로 조정하여 위험을 관리하고 수익률을 높이는 주기적인 리밸런싱이 필요합니다.

장기 투자에서 가장 중요한 것은 인내심과 멘탈입니다. 시장이 폭락하고 모두가 공포에 떨 때도, 패닉에 빠져 투매하지 않고 묵묵히 버티거나, 오히려 '싸게 살 기회다' 생각하고 추가 매수할 수 있는 용기와 인내심이 장기 투자 성공의 핵심 동력입니다.

장기 투자를 해야 하는 이유는 성공 확률이 압도적으로 높기 때문입니다. 자본주의 역사가 증명하듯이, 주식 시장은 단기적인 부침은 있을지언정 장기적으로는 우상향해왔습니다. 장기 투자는 바로 이 위대한 시장의 성장에 올라타는 가장 확실한 방법입니다.

또한 복리의 마법을 누릴 수 있습니다. 시간이 지날수록 이자가 이자를 낳는 복리의 효과는 장기 투자에서 그 위력이 극대화됩니다. 매일 시세를 보며 스트레스 받을 필요 없이, 내 일상생활에 집중하며 꾸준히 투자할 수 있습니다.

잦은 매매를 하지 않으니 거래 수수료와 세금 부담이 훨씬 적습니다. ETF는 장기 투자에 가장 적합합니다. ETF의 핵심 장점인 분산 효과와 저비용은 장기 투자 전략과 만났을 때 그 시너지가 폭발하게 됩니다.

물론 장기 투자가 장점만 있는 것은 아닙니다. 단기간에 큰돈 벌기가 어렵고 부자가 되는 데 시간이 오래 걸립니다. 또 시장이 오랫동안 횡보하거나 하락하는 시기에는 지루하고 답답하게 느껴질 수 있습니다. 그래서 인내심이 없다면 장기 투자를 하기 어렵습니다. 횡보장과 하락장을 견뎌낼 수 없기 때문입니다.

### 단기 투자: 타이밍과의 전쟁

단기 투자란 ETF의 단기적인 오르내림을 예측하여, 짧은 기간(짧게는 몇 분, 몇 시간, 길게는 며칠, 몇 주) 안에 사고팔기를 반복하며 그 가격 변동 차익을 얻으려는 매우 공격적인 전략입니다. 목표는 오직 빠른 시간 안에 수익을 내는 것입니다. 치고 빠지는 타이밍을 잡는 것이 생명과 같지요.

언제 사고 언제 파느냐, 시장 타이밍을 정확히 맞히는 것이 전부라고 해도 과언이 아닙니다. 이를 위해 보통 가장 많이 사용하는 방법이 기술적 분석입니다. 현재 차트 움직임을 분석하여 바로 앞의 주가 움직임을 예측하려고 하는 방법입니다. 차트와 함께 기업의 실적 발표, 정부 정책 발표, 특정 뉴스 등을 이용하기도 합니다. 단기적인 뉴스로 주가가 변하면 이를 이용하여 시세 차익을 얻고 나오는 것이죠.

보통은 개별 종목의 움직임을 이용하여 단기 매매를 합니다. 하지만 수익률을 극대화하기 위해서 레버리지/인버스 ETF를 활용합니다. 특히 서학개미들이 레버리지 ETF를 정말 많이 매수합니다. 테슬라, 엔비디아 같은 개별 종목의 움직임에도 만족하지 못하고 단기 변동성을 2배, 3배로 극대화하여 한 방을 노리고 있습니다. ETF를 장기 투자의 대상이 아닌 수익률 극대화를 위해 단타 매매로 생각하고 있는 거지요. 단기 매매는 성공하기만 한다면 10년, 20년에 걸쳐 얻을 수 있는 수익을 1년 안에도 벌 수 있습니다. 그러니 유혹에 빠지는 것은 당연하겠지요.

문제는 대부분의 단기 트레이더는 결국 돈을 잃고 시장을 떠난다는 겁니다. 그럴 수밖에 없는 것이 샀다 팔았다를 반복하면 거래 수수료와 호가 스프레드 비용이 눈덩이처럼 불어나 수익률을 야금야금 갉아먹습니다. 단기 투자를 하려면 장중에 시장을 봐야 하기 때문에 본업이 트레이더가 되어 시간과 노력을 쏟아부어야 합니다. 이는 반드시 단기간에 돈을 벌어야 한다는 뜻이고 쫓기는 마음에 매매를 그르칠 수 있습니다.

ETF의 핵심 장점인 분산 효과와 저비용의 가치는 단기 트레이딩에서는 크게 의미가 없어집니다. 오히려 레버리지/인버스 ETF처럼 단기 트레이딩에 사용되는 ETF들로 투자 실패라는 위험성에 노출될 수 있습니다.

ETF는 '장기 투자'에 최적화된 최고의 도구입니다. 낮은 비용으로 넓게 분산된 시장 대표 지수나 우량 자산에 장기간 꾸준히 투자하며 복리의 마법을 누릴 수 있도록 설계된 것이 바로 ETF입니다 ETF의 장점을 100%, 아니 200% 활용하는 방법은 바로 '장기 투자'입니다.

하지만 운용사나 단기적으로 크게 수익을 올리고 싶어하는 투자자의 투기성 ETF도 많은 것이 현실입니다. 레버지리 ETF를 할 때는 다른 ETF나 개별 주식을 매매할 때 보다 10배, 20배 이상 노력해야 한다는 것을 명심하시기 바랍니다.

## 2. 자산 배분 전략

장기적인 투자 성과의 90% 이상은 어떤 개별 종목을 선택했느냐가 아니라, 어떤 종류의 자산에 얼마씩 나눠 투자했느냐에 따라 결정된다는 말이 있습니다. 즉 투자 성공은 '자산 배분'에서 결정된다는 것이지요.

"어떤 주식이 대박 날까?" "언제 사고 언제 팔아야 할까?" 이런 고민도 중요하지만 그보다 더 중요한 것이 "내 돈을 어디에, 얼마씩 나눠 담을 것인가?" 하는 이 자산 배분을 결정하는 일입니다. 종목 선택이나 매매 타이밍보다 자산 배분이 투자 포트폴리오를 세우는 데 가장 핵심적인 작업입니다.

자산 배분이 중요한 이유는 여러 가지가 있습니다. 주식, 채권, 부동산, 원자재, 현금 등의 자산은 각자 성격이 달라서 시장 상황에 따라 다르게 움직이는 경향이 있습니다. 예를 들어, 주식 시장이 폭락하는 위기 상황에서는 안전 자산인 채권 가격이 오히려 오르기도 합니다.

이렇게 서로 다른 성격의 자산들을 내 포트폴리오에 골고루 섞어 담으면, 한쪽 자산이 크게 손실을 보더라도 다른 쪽 자산이 이를 만회해주면서 포트폴리오 전체의 위험을 크게 줄여 안정성을 높일 수 있습니다. 이게 바로 우리가 귀에 못이 박히도록 들었던 자산 배분의 가장 강력한 힘입니다.

내가 공격적인 성향이라 주식 비중을 80%로 가져갈지, 아니면 안정성을 중시해서 채권 비중을 60%로 가져갈지에 따라 장기적으로 기대할 수 있는 수익률과 감수해야 하는 위험 수준은 완전히 달라집니다.

"나는 30년 뒤 은퇴 자금으로 10억을 만들겠다!" "나는 10년 뒤 내 집 마련 자금 3억을 모으겠다!"와 같이 자신의 구체적인 투자 목표와 기간, 그리고 내가 밤잠 설치지 않고 견딜 수 있는 위험 수준에 맞춰 자산 배분 계획을 세우고 투자한다면 막연하게 감으로 투자하는 것보다 훨씬 더 체계적으로 목표를 향해 나아갈 수 있고, 최종적으로 목표를 달성할 확률도 훨씬 높일 수 있습니다.

자산 배분의 중요성은 알겠는데, 그럼 도대체 나에게 맞는 황금 비율은 어떻게 찾아야 할까요? 정답은 없습니다. 하지만 고려할 사항은 있습니다.

① 나는 왜 투자를 하는가? 은퇴? 주택? 교육? 그냥 부자가 되기를 원하나? 목표 달성까지 남은 시간과 필요한 금액은 얼마인가?

② 나는 얼마나 오랫동안 돈을 묻어둘 수 있는가? 10년 이상인가? 5년 미만의 단기 투자인가?

③ 나의 위험 감수 능력은 얼마인가? 나는 손실을 보면 얼마나 스트레스를 받는가? 밤에 잠은 잘 자는가? 나의 재정 상황은 안정적인가?

이와 같은 질문으로 투자 목적과 기간을 확실히 정할 필요가 있습니다. 정해졌다면 자산 배분을 어떻게 실천할 수 있는지 구체적으로 계획해봅니다.

① 위에서 설명한 투자 목표, 기간, 위험 감수 능력 등을 종합적으로 고려하여 나만의 목표 비율을 정합니다. 예를 들어 "나는 30대 장기 투자자니 주식 70% / 채권 30%로 하겠다" "나는 안정성을 최우선으로 주식 50% / 채권 50%로 하겠다" 하는 식으로 말이죠.

② 목표가 정해졌으면 자산군을 대표하는 핵심 ETF를 골라야겠죠. 이제 정해진 비율에 맞춰서 각 자산군을 가장 잘 대표하는 '저비용 핵심 ETF'들을 골라 담습니다.

> **예시: 목표 비율이 주식 70% / 채권 30%라면**
> - **주식 (70%):** 미국 전체 시장(VTI 50%) + 미국 제외 해외 시장(vxus 20%) → 총 70%
> - **채권 (30%):** 미국 종합 채권(BND 또는 AGG 30%)

→ 이렇게 딱! 3개의 ETF만으로도 전 세계 주식과 미국 우량 채권에 효과적으로 분산 투자하는 포트폴리오를 만들 수 있습니다.

> **더 간단한 예시: 목표 비율이 주식 60% / 채권 40%라면**
> - **주식 (60%)**: 전 세계 주식(VT 60%)
> - **채권 (40%)**: 미국 종합 채권(BND 또는 AGG 40%)

→ 딱 2개 ETF로 끝내는 초간편 글로벌 자산 배분입니다.

필요하다면 여기에 아주 작은 비중으로 금(IAU)이나 리츠(SCHH) 등을 추가할 수도 있겠죠.

③ 정해진 비율대로 ETF들을 꾸준히 매수합니다. 적립식 투자가 좋겠죠. 그리고 1년에 한 번 정도는 내 포트폴리오를 점검해서, 자산 가격 변동으로 인해 틀어진 비율을 다시 원래 목표 비율로 맞춰주는 '리밸런싱'을 반드시 실행해야 합니다.

어떤 자산에 얼마를 배분할지 결정하는 거시적인 계획이 성공 투자로 들어서는 지름길입니다. ETF로 포트폴리오를 만들기 전에 '나만의 자산 배분 계획'을 꼭 세워보시기를 바랍니다.

## 3. ETF의 추적 오차와 수수료

이제 어떤 ETF를 사야 할지, 어떻게 포트폴리오를 구성하고 관리해야 할지 큰 그림은 어느 정도 잡으셨을 겁니다. 하지만 우리가 아무리 좋은 ETF를 골라서 훌륭한 전략을 세웠다고 해도, 예상치 못한 곳에서 우리의 수익률을 갉아먹는 복병들이 숨어 있을 수 있습니다. 그래서 지금부터는 우리가 ETF를 최종 선택하고 투자하는 과정에서 꼼꼼하게 따져봐야 할 중요한 점검 사항들을 짚어보겠습니다.

추적 오차와 수수료는 ETF 투자의 성과를 결정짓는 아주 중요한 요소입니다. ETF가 추종하는 기초 지수가 훨훨 날아가도, 이 추적 오차가 크거나 수수료 부담이 높으면 정작 내 계좌에 찍히는 수익률은 기대에 훨씬 못 미칠 수 있습니다.

### 1) 추적 오차

"추적 오차가 뭔가요?" 아주 간단합니다. ETF는 특정 '기초 지수

(Index)'를 따라가겠다고 우리에게 약속하고 만들어진 상품입니다. 그런데 이 ETF가 실제로 보여준 수익률과, 그 ETF가 따라가기로 약속했던 기초 지수의 수익률 사이에는 약간의 차이가 발생하게 됩니다. 바로 이 차이를 '추적 오차'라고 부르는 겁니다.

예를 들어볼까요. 새로 만든 'S&P 500 ETF'가 S&P 500 지수를 추종한다고 해봅시다. 1년 동안 S&P 500 지수가 딱 10% 상승했는데, 내가 투자한 S&P 500 ETF의 수익률을 보니 9.8%밖에 오르지 않았다면, 바로 0.2%만큼 '추적 오차'가 발생한 것입니다. ETF가 기초 지수를 100% 완벽하게 따라가지 못한 겁니다.

"아니, 지수 따라간다면서 왜 오차가 생기는 건데요?"

여러 가지 이유가 있습니다.

① 가장 큰 이유는 운용 보수입니다. ETF를 운용하려면 당연히 비용이 듭니다. 펀드매니저 인건비, 지수 사용료, 회계 처리 비용 등등… ETF 운용사는 이러한 운용 보수를 포함한 각종 비용을 ETF 자산에서 매일 조금씩 떼어가는데, 이 비용만큼은 기초 지수 수익률을 따라갈 수 없겠죠. 이게 추적 오차가 발생하는 가장 큰 이유입니다.

② ETF는 투자자들이 사고팔 때 필요한 현금이나 분배금 지급 등을 위해 아주 약간의 현금을 보유하고 있습니다. 그런데 주식 시장이 상승할 때 이 현금은 수익을 내지 못하니, 전체 ETF 수익률을 아주 미미하게 깎아먹는 효과를 발생시킵니다.

③ 기초 지수에 포함된 종목들이 영원히 고정되어 있는 것은 아닙니다. 정기적으로 또는 비정기적으로 종목이 교체되기도 하죠(리밸런싱). 이때 ETF도 따라서 해당 주식을 사고팔아야 하는데, 이 과정에서 거래 수수료나 세금 등의 비용이 발생하여 오차를 만들 수 있습니다.

④ 특히 수천 개 이상의 종목을 담고 있는 매우 광범위한 지수의 경우, 그 모든 종목을 하나하나 다 사서 담기가 비효율적일 수 있습니다. 이럴 때 운용사는 그중에서 일부 대표 종목만 뽑아서 지수의 움직임을 최대한 비슷하게 따라가려는 전략을 쓰기도 합니다. 이러면 아무래도 모든 종목을 담는 것보다는 오차가 발생할 가능성이 좀 더 높아집니다.

⑤ ETF가 보유한 주식에서 받은 배당금에 대한 세금 처리 방식 등 여러 가지 기술적인 요인들도 아주 미미하게 추적 오차에 영향을 줄 수 있습니다.

이 추적 오차는 중요합니다. 추적 오차가 크다는 것은 그 ETF가 자신이 하기로 한 약속(지수 추종)을 제대로 지키지 못하고 있다는 명백한 증거이기 때문입니다. 우리가 그 ETF에 투자하는 가장 큰 이유는 기초 지수의 성과를 얻기 위함인데, 오차가 크다면 우리가 기대했던 수익률을 얻지 못할 수 있다는 겁니다. 따라서 추적 오차는 작으면 작을수록 운용사가 일을 잘하고 있는 좋은 ETF라고 평가할 수 있습니다.

## 2) 수수료

추적 오차도 중요하지만 장기 투자자에게는 훨씬 더 중요한 것이 바로 이 수수료입니다. 금액이 크지 않다 보니 처음에는 잘 느껴지지 않지만 시간이 지날수록 내 소중한 투자 수익률을 야금야금 갉아먹는 무서운 존재입니다.

① 먼저 운용 보수가 있습니다. ETF를 운용하고 관리하는 데 들어가는 연간 총비용을 ETF 순자산 대비 비율로 나타낸 것입니다. 앞서 ETF 설명할 때 자주 언급했었죠.

이 비용은 우리가 ETF를 보유하고 있는 동안 ETF의 순자산가치(NAV)에서 자동으로 조금씩 차감됩니다. 내가 직접 내 지갑에서 꺼내서 내는 돈이 아니기 때문에 체감하기 어려울 수 있지만, 분명히 내 최종 수익률에 직접적인 영향을 미치고 있습니다

ETF를 선정할 때 같은 지수를 추종한다면 운용 보수는 무조건 낮으면 낮을수록 좋습니다. 특히 장기 투자를 한다면, 연 0.1%의 보수 차이라도 수십 년 후에는 복리 효과로 인해 엄청난 자산 규모의 차이를 만들어냅니다. ETF를 고를 때 가장 먼저 체크해야 할 핵심 숫자 중 하나입니다.

② 다음은 거래 수수료입니다. 이건 ETF 자체의 비용이라기보다는, 우리가 ETF를 증권사를 통해서 사고팔 때마다 증권사에 지불하는 수수료입니다(주식 거래 수수료와 동일). 요즘은 많은 증권사에서 ETF 거래 수수료

무료 혜택을 제공하고 있으니 적극 활용하는 것이 좋습니다. 단, 혜택 조건이나 기간 등을 잘 확인해야 합니다.

가장 중요한 것은 매매를 하면 할수록 이 거래 수수료 부담이 눈덩이처럼 커진다는 사실입니다. 장기 투자가 비용 면에서도 유리한 이유 중 하나입니다.

③ 다음으로 호가 스프레드입니다. ETF를 사려는 사람이 제시하는 매수호가와 팔려는 사람이 제시하는 매도호가 사이의 미세한 가격 차이가 발생할 수 있습니다. 사려는 투자자는 한 호가로도 싸게, 팔려는 투자자는 한 호가라도 비싸게 팔려고 하기 때문에 이 차이가 발생할 수 있습니다. 이것도 우리가 ETF를 사고팔 때 실질적으로 부담하게 되는 숨겨진 거래 비용입니다. 스프레드가 크다는 것은 내가 사자마자 바로 팔면 그만큼 손해를 본다는 뜻이죠. 거래량이 풍부하고 유동성이 높은 ETF일수록 이 스프레드가 거의 없어서 거래 비용 부담이 적습니다. 반대로 거래량이 적은 비인기 ETF는 스프레드가 커서 불리할 수 있으니 주의해야 합니다! 그래서 대형 ETF를 하는 겁니다.

결국 우리가 ETF 투자를 통해 최종적으로 얻게 되는 수익률 공식은 "나의 최종 수익률 = (기초 지수 수익률) − (추적 오차) − (각종 수수료 및 비용)"가 되는 것이죠.

따라서! 성공적인 ETF 투자를 위해서는 없어지는지도 모르게 녹아내리는 수수료를 잘 체크해야 합니다. 이제 ETF를 선택할 때 단순히 어떤 지수를 추종하는지만 볼 것이 아니라, 그 약속을 얼마나 잘 지키는지(추적오차), 그리고 그 대가로 얼마의 비용을 요구하는지(수수료)까지 꼼꼼하게 따져봐야 합니다.

## 4. 유동성이 풍부해야 한다

ETF 투자 시 고려해야 할 요소들 중 실전 투자에서 중요하게 느껴질 수 있는 요소가 바로 유동성, 즉 거래량입니다.

우리가 분석을 잘해서 "바로 이 ETF야!" 하고 점찍어놓은 보석 같은 ETF가 있다고 해도, 막상 사려고 보니 파는 사람이 없거나 너무 비싸게 팔려고 한다면, 또 반대로 내가 급하게 돈이 필요해서 팔려고 하는데 사려는 사람이 없거나 헐값에 넘겨야 한다면 진짜 난감하겠죠. 아무리 좋은 물건이라도 내가 원할 때 사고팔 수 없으면 그림의 떡인 것이죠.

ETF의 유동성은 바로 내가 원할 때, 원하는 가격에 얼마나 쉽고 빠르게 이 ETF를 사고팔 수 있느냐를 나타내는 아주 중요한 지표입니다. 유동성은 ETF 투자의 편의성과 거래 비용을 결정짓는 핵심 요소라고 할 수 있습니다. 부동산으로 치면 얼마나 쉽게 현금으로 바꿀 수 있느냐 하는 환금성과 비슷한 개념으로 보시면 됩니다.

유동성이 왜 중요할까요? 유동성이 풍부하다는 것은 그만큼 시장에 이 ETF를 사고팔려는 사람들이 항상 많다는 뜻입니다. 그래서 내가 HTS나

MTS에서 주문을 넣으면 기다릴 필요 없이 바로 거래가 체결될 가능성이 매우 높습니다. 반대로 유동성이 부족하면 주문을 내놓고 한참을 기다려도 거래가 안 되거나, 울며 겨자 먹기로 불리한 가격에 거래해야 하는 상황이 발생할 수 있습니다.

유동성이 높으면 호가 스프레드가 아주 좁아집니다. 사는 사람과 파는 사람이 빽빽하게 붙어 있으니 가격 흥정의 여지가 거의 없는 거죠. 이 스프레드가 좁을수록 우리는 더 유리한 가격에 거래할 수 있고, 그만큼 실질적인 거래 비용을 아낄 수 있습니다. 반대로 유동성이 낮은 ETF는 이 스프레드가 벌어져 있어서, 사고파는 그 순간에 이미 나도 모르게 손해를 보고 시작하는 셈이 됩니다.

또 하나 유동성이 높다는 것은 물량이 풍부하다는 겁니다. 그래서 갑자기 누군가 대량 매매를 한다고 해도 ETF 가격이 갑자기 급등하거나 급락하는 현상이 덜합니다. ETF 가격이 그 실제 가치(NAV)에 가깝게 비교적 안정적으로 유지될 가능성이 높다는 거죠. 반면 유동성이 낮은 ETF는 적은 거래량에도 가격이 크게 출렁일 수 있고, 때로는 의도적인 가격 왜곡의 대상이 될 수도 있습니다.

하지만 ETF의 유동성은 우리가 흔히 생각하는 개별 주식의 유동성과는 약간 다른 측면이 있습니다. 어떤 ETF는 화면상 거래량이 별로 많지 않아 보여도, 실제로는 전혀 문제없이 큰 금액도 쉽게 거래될 수 있습니다. 바로 ETF에게는 '유동성 공급자'라 불리는 LP가 있기 때문입니다.

LP는 ETF 자체의 거래량이 좀 부족하더라도, 만약 그 ETF가 담고 있는 기초자산(예: S&P 500 주식들, 미국 국채 등) 자체가 시장에서 아주 활발하게 거래되는 자산이라면 언제든지 시장 상황에 맞춰 ETF 주식을 새로 만들어서 팔아주거나, 반대로 ETF 주식을 사들여서 없애주는 역할을 합니다. 즉, ETF 자체의 거래량과는 별개로 추가적인 유동성을 계속 만들어주는 것이죠.

예를 들어 KOSPI 200이나 S&P 500 지수를 추종하는 ETF는, 설령 특정 시점에 화면상 거래량이 조금 적어 보이더라도, 그 안에 담긴 삼성전자나 애플 같은 주식들이 워낙 유동성이 풍부하기 때문에, 실제로는 LP/AP 덕분에 매우 높은 유동성을 가지고 있다고 봐야 합니다.

하지만 ETF가 담고 있는 자산 자체가 거래가 잘 안 되는 비인기 채권이나, 아주 작은 신흥국 주식처럼 기초자산 자체의 유동성이 낮다면 아무리 LP가 노력해도 한계가 있습니다. 그런 ETF는 진짜 유동성이 낮을 수밖에 없기 때문에 주의해서 봐야 합니다.

그래서 ETF가 무엇을 추종하는지, 어떤 자산을 주로 담고 있는지 확인할 필요가 있습니다. 시장 대표 지수(S&P 500 등), 대형 우량주, 미국 국채 등을 담고 있다면 유동성 걱정은 크게 안 하셔도 됩니다. 하지만 너무 생소한 테마, 비주류 국가, 비유동성 채권 등을 담고 있다면 거래량이 적고 스프레드가 클 수 있으니 주의 깊게 살펴봐야 합니다.

투자를 처음 시작하는 분들은 유동성이 매우 풍부한 '인기 ETF' 또는 '대형 ETF' 위주로 투자하는 것이 좋습니다. 앞에서 쭉쭉 알려드렸습니다.

ETF를 매수하기 전에는 항상 평균 거래량과 호가 스프레드를 체크하는 습관을 들이시기 바랍니다.

# 5. 리밸런싱은 반드시 해라

앞에서 배운 ETF로 최고의 포트폴리오를 멋지게 구축했다고 해봅시다. 그걸로 끝일까요? 아닙니다. 시간이 흐르고 시장이 움직이면, 애써 맞춰놓은 그 완벽했던 포트폴리오의 균형이 조금씩, 혹은 크게 흐트러지기 마련입니다. 축구에서 전반전이 끝나거나, 야구에서 5회가 끝나면 승리를 위해 팀을 재정비하잖아요. ETF 포트폴리오도 마찬가지입니다. 처음 목표와 달라진 포트폴리오 구성을 다시 목표에 맞춰 정비하는 리밸런싱(Rebalancing) 작업이 필요합니다.

리밸런싱 작업을 귀찮아 하거나 "지금 잘 오르고 있는 주식 비중 줄이기 아까운데?" 하는 생각에 소홀히 하면 어떻게 될까요? 나도 모르는 사이에 내 포트폴리오가 의도했던 것보다 훨씬 더 위험해지거나, 장기적으로 얻을 수 있었던 수익률을 놓치게 될 수도 있습니다.

우리가 아끼는 자동차도 주기적으로 타이어 공기압을 체크하고, 엔진 오일을 갈아주며 정비를 해야 안전하게 더 오래 탈 수 있듯이, 우리의 소중한 투자 포트폴리오도 이 리밸런싱이라는 주기적인 정비가 반드시 필요합니다.

"아니, 가만히 놔두면 되지 왜 포트폴리오 비율이 틀어지나요?"

아주 간단합니다. 예를 들어 "나는 주식 60%, 채권 40%로 투자하겠다" 하고 목표 비율을 정했다고 해봅시다. 그런데 1년 동안 주식 시장이 엄청나게 좋아서 주식 ETF 가격은 30%나 올랐는데, 채권 시장은 잠잠해서 채권 ETF 가격은 5%밖에 안 올랐다고 가정해봅시다. 그럼 1년 뒤 내 포트폴리오를 보면 어떻게 되어 있을까요? 주식의 비중이 60%보다 커지고, 채권의 비중은 40%보다 작아져 있을 겁니다. 즉, 잘나가는 주식은 덩치가 점점 커지고, 상대적으로 부진한 채권은 비중이 점점 쪼그라드는 겁니다.

주식 비중이 60%에서 70%, 80%로 늘어났다고 마냥 좋아할 일일까요? 물론 수익률이 좋아서 기분은 좋겠지만, 그만큼 내 포트폴리오는 처음에 내가 감당하기로 마음먹었던 위험 수준보다 훨씬 더 위험해졌습니다. 주식 시장의 변동성에 내 자산이 더 크게 노출된 겁니다. 만약 이때 갑자기 주식 시장이 폭락이라도 한다면 내 포트폴리오는 예전에 비해 훨씬 더 큰 타격을 입게 되겠지요. 리밸런싱은 이렇게 자신도 모르게 높아진 위험 자산의 비중을 다시 원래 목표 수준으로 낮춰줌으로써, 내 포트폴리오의 위험도를 처음 의도했던 수준으로 꾸준히 관리해주는 아주 중요한 '안전장치' 역할을 합니다.

리밸런싱을 하게 되면 목표 비중보다 높아진 자산을 일부 팔고, 그 돈으로 목표 비중보다 낮아진 자산을 사게 됩니다. 감정에 휘둘리지 않고 기계적으로 매매를 하게 되는 것이죠. 처음 투자를 시작하다 보면 시장이 요동치는 경험을 하게 됩니다. 이때 "주식이 계속 오르니 더 사고 싶다" "시장이 폭락하니 무서워서 다 팔고 싶다"라는 감정적인 충동을 누구나 겪게 됩니다. 리밸런싱은 시장의 흔들림 속에서도 내가 처음에 세웠던 투자 원칙을 꾸준히 지켜나가도록 도와줍니다.

리밸런싱 주기로 가장 많이 쓰는 방법은 시장 상황과 관계없이 정해진 주기마다 포트폴리오를 점검하고 리밸런싱을 실행하는 겁니다. 보통 매년 한 번 하는 것이 가장 일반적입니다. 리밸런싱 과정에서 ETF를 매도하게 되면 거래 수수료가 발생할 수 있고, 매매 차익에 대한 세금이 발생할 수 있습니다. 그래서 자주 리밸런싱하는 것은 오히려 배보다 배꼽이 더 커지는 결과를 낳을 수 있습니다.

다른 방법은 정해진 시점이 아니라, 특정 자산군의 비중이 원래 목표했던 비율에서 일정 수준 이상 벗어났을 때만 리밸런싱을 실행하는 방식입니다. 예를 들어, "주식 비중 목표 60%인데, ±5%(즉, 55% 이하 또는 65% 이상) 벗어나면 리밸런싱한다!"와 같이 허용 오차 범위를 미리 정해두는 거죠.

리밸런싱 방법은 목표 비율보다 비중이 높아진 ETF를 일부 매도하고, 그 매도한 돈으로 비중이 낮아진 ETF를 매수해서 목표 비율을 정확하게 맞춥니다.

만약 여러분이 매달 적립식으로 투자를 하고 있다면 새로 넣는 추가 투자금을 목표 비율보다 비중이 낮아진 ETF에 우선적으로 더 많이 투자해서 전체 비율을 맞춰나갑니다. 이 방법은 기존에 보유한 ETF를 팔 필요가 없으니 거래 수수료나 세금 발생을 최소화할 수 있다는 장점이 있습니다.

## 6. 분배금과 세금 문제

ETF에 투자를 하다 보면 통장에 나도 모르는 돈이 들어올 때가 있습니다. 바로 ETF가 우리에게 주는 '분배금(Distribution)'입니다. ETF는 그 안에 수많은 주식이나 채권을 담고 있는 투자 바구니라고 했죠. ETF가 보유하고 있는 주식들로부터 배당금이 나오거나, ETF가 보유하고 있는 채권들로부터 이자가 나오면, ETF를 운용하는 운용사는 이것들을 차곡차곡 모아둡니다. 그리고 이렇게 모인 현금을 일정 기간마다 ETF 투자자들에게 비율대로 나눠주는데 이것이 바로 '분배금'입니다!

이렇게 받은 소중한 분배금을 꽁돈이라고 그냥 써버리면 너무 아깝잖아요. 장기적으로 내 자산을 불리고 싶은 경우 배당금 자동 재투자로 다시 해당 ETF를 사 모으면 복리의 마법이 작동하게 됩니다.

이렇게 고마운 분배금이지만, 안타깝게도 우리는 여기에 대해 '세금'을 내야 합니다. 그리고 어떤 ETF냐(국내 상장이냐, 해외 상장이냐)에 따라 세금을 내는 방식이 다릅니다.

### 1) 국내 상장 ETF의 분배금 세금

2025년 기준으로 우리나라 증권거래소(KRX)에 상장되어 원화로 거래되는 ETF가 주는 분배금은 모두 배당 소득으로 간주되어 15.4%의 배당소득세가 원천징수됩니다. 여러분 계좌로 분배금이 실제로 들어올 때, 이미 증권사에서 세금을 미리 떼고 남은 금액만 입금해주기 때문에 우리가 따로 신고할 필요는 없습니다.

이 분배금 소득은 은행 이자, 다른 주식 배당금 등 여러분의 다른 모든 금융 소득과 합산해서, 그 합계액이 1년에 2천만 원을 초과하게 되면 그 초과분에 대해서는 여러분의 다른 소득과 모두 합쳐서 더 높은 세율의 종합소득세를 추가로 내야 할 수도 있습니다.

### 2) 해외 상장 ETF의 분배금 세금

이번에는 우리가 미국(NYSE, NASDAQ 등)이나 다른 해외 거래소에 상장된 ETF(예: VOO, QQQM, SCHD, VT 등)에 직접 투자해서 배당금(분배금)을 받을 때의 세금입니다.

현지 국가에서 먼저 세금을 떼갑니다. 예를 들어 미국에 상장된 ETF에서 배당금을 받으면 미국 국세청(IRS)에서 먼저 배당금의 15%를 세금으로 원천징수합니다. 다행히 우리나라는 미국과 조세 조약이 맺어져 있어서, 현지 세율(최대 30%)이 아닌 15%만 적용받습니다.

미국에서 15% 뗐다고 끝이 아닙니다. 이 해외 배당 소득 역시 우리나라

세법상으로는 여러분의 금융소득에 해당하므로, 금융소득종합과세 신고 대상에 포함됩니다. 그래서 다른 금융 소득과 합쳐서 연 2천만 원이 넘는지 꼭 따져봐야 하고, 만약 넘는다면 다음 해 5월에 종합소득세 신고를 할 때 이 해외 배당 소득도 포함해서 신고해야 합니다. 이때 미국에서 이미 낸 세금 15%는 외국납부세액으로 공제받을 수 있어서, 실제 추가 납부 세액은 줄어들거나 없을 수도 있습니다.

"분배금 받았는데 ETF 가격이 떨어졌어요! 손해 본 건가요?"

가끔 ETF 투자 처음 하는 분들이 이런 질문을 하십니다. 분배금이 통장에 들어온 날, ETF 가격을 보니 분배금만큼 떨어져 있는 것을 발견하고는 "이거 뭐지? 손해 본 거 아니야?" 불안해 하는 분도 계십니다. 결론부터 말씀드리면 정상적인 현상입니다.

ETF가 투자자들에게 분배금을 지급하려면, 그만큼 ETF가 가지고 있던 현금이 밖으로 나가는 거죠. 그럼 당연히 ETF의 총자산 가치(NAV)가 그 분배금만큼 줄어들게 되고, 이에 따라 시장에서 거래되는 가격도 자연스럽게 하락 조정되는 겁니다. 개별 주식이 배당금을 지급하기로 결정하면, 배당금을 받을 권리가 사라지는 날(배당락일)에 주가가 배당금만큼 하락하는 것과 똑같은 원리입니다. 즉, 내 왼쪽 주머니(ETF 계좌)에 있던 돈의 일부가 오른쪽 주머니(현금 계좌)로 그냥 옮겨온 것일 뿐, 내 총자산에는 변동이 없는 것이니 절대 손해 본 것이 아닙니다. 안심하세요.

이렇게 꼬박꼬박 내야 하는 분배금 소득세를 합법적으로 줄이거나 아예 안 내는 가장 좋은 방법은 ISA(개인종합자산관리계좌), IRP(개인형퇴직연금), 연금저축펀드 같은 절세 계좌를 적극적으로 활용하는 것입니다. 이 계좌 안에서는 분배금에 대한 세금이 당장 부과되지 않거나, 나중에 훨씬 낮은 세율로 내거나, 일정 한도까지는 아예 비과세 혜택까지 받을 수 있으니 장기 투자자라면 반드시! 꼭! 활용해야 할 필수 전략입니다.

# 북오션 재테크 도서 목록

## 주식 / 금융투자

김남기 지음 | 25,000원
288쪽 | 170×224mm

### 당신의 미래, ETF 투자가 답이다

미래에셋자산운용 대표가 18년간의 현장 경험과 깊이 있는 노하우를 바탕으로, 누구나 쉽게 이해하고 활용할 수 있는 ETF 투자 전략을 제시한다. 단순한 투자 지침서를 뛰어넘어, 저자의 투자 철학과 ETF 실무자로서의 개인적인 이야기가 녹아 있는 에세이 형식으로 구성되어 있어, 독자들이 ETF를 더 깊이 이해하고 쉽게 다가설 수 있도록 도와준다.

박병창 지음 | 19,000원
360쪽 | 172×235mm

### 주식투자 기본도 모르고 할 뻔했다

코로나 19로 경기가 위축되는데도 불구하고 저금리 기조가 계속되자 시중에 풀린 돈이 주식시장으로 몰리고 있다. 때 아닌 활황을 맞은 주식시장에 너나없이 뛰어들고 있는데, 과연 이들은 기본은 알고 있는 것일까? '삼프로TV', '쏠쏠TV'의 박병창 트레이더는 '기본 원칙' 없이 시작하는 주식 투자는 결국 손실로 이어짐을 잘 알고 있기에 이 책을 써야만 했다.

박병창 지음 | 18,000원
288쪽 | 172×235mm

### 현명한 당신의 주식투자 교과서

경력 23년차 트레이더이자 한때 스패큐라는 아이디로 주식투자 교육 전문가로 불리기도 한 저자는 "기본만으로 성공할 수 없지만, 기본 없이는 절대 성공할 수 없다"고 하며, 우리가 모르는 '기본'을 설명한다. 아마도 이 책을 보고 나면 '내가 이것도 몰랐다니' 하는 감탄사가 입에서 나올지도 모른다. 저자가 말해주는 세 가지 기본만 알면 어떤 상황에서도 주식투자를 할 수 있다.

최기운 지음 | 18,000원
424쪽 | 172×245mm

## 10만원으로 시작하는
## 주식투자

4차산업혁명 시대를 선도하는 기업의 주식은 어떤 것들이 있을까? 이제 이 책을 통해 초보투자자들은 기본적이고 다양한 기술적 분석을 익히고 그것을 바탕으로 향후 성장 유망한 기업에 투자할 수 있는 밝은 눈을 가진 성공한 가치투자자가 될 수 있다. 조금 더 지름길로 가고 싶다면 저자가 친절하게 가이드 해준 몇몇 기업을 눈여겨보아도 좋다.

곽호열 지음 | 19,000원
244쪽 | 188×254mm

## 초보자를 실전 고수로 만드는
## 주가차트 완전정복

이 책은 주식 전문 블로그 〈달공이의 주식투자 노하우〉의 운영자 곽호열이 예리한 분석력과 세심한 코치로 입문하는 사람은 물론 중급자들이 놓치기 쉬운 기술적 분석을 다양하게 선보인다. 상승이 예상되는 관심 종목 분석과 차트를 통한 매수·매도 타이밍 포착, 수익과 손실에 따른 리스크 관리 및 대응방법 등 주식시장에서 이기는 노하우와 차트기술에 대해 안내한다.

유지윤 지음 | 25,000원
312쪽 | 172×235mm

## 하루 만에 수익 내는
## 데이트레이딩 3대 타법

주식 투자를 한다고 하면 다들 장기 투자나 가치 투자를 말하지만, 장기 투자와 다르게 단기 투자, 그중 데이트레이딩은 개인도 충분히 가능하다. 물론 쉽지는 않다. 꾸준한 노력과 연습이 있어야 한다. 하지만 가능하다는 것이 중요하고, 매일 수익을 낼 수 있다는 것이 중요하다. 그 방법을 이 책이 알려준다.

유지윤 지음 | 18,000원
264쪽 | 172×235mm

## 누구나 주식투자로
## 3개월에 1000만원 벌 수 있다

주식시장에서 은근슬쩍 돈을 버는 사람들이 있다. '3개월에 1000만 원' 정도를 목표로 정하고, 자신만의 투자법을 착실히 지키는 사람들이다. 3개월에 1000만 원이면 웬만한 사람들 월급이다. 대박을 노리지 않고, 딱 3개월에 1000만 원만 목표로 삼고, 그것에 맞는 투자 원칙만 지키면 가능하다. 이렇게 1000만 원을 벌고 나서 다음 단계로 점프해도 늦지 않는다.

터틀캠프 지음 | 25,000원
332쪽 | 172×235mm

## 캔들차트 매매법

초보자를 위한 기계적 분석과 함께 응용까지 배울 수 있도록 자세하게 캔들 중심으로 차트의 원리를 설명한다. 피상적인 차트 분석이 아니라 기계적으로 차트를 발굴해서 실전에서 활용하는 데 초점을 맞춘 가이드북이다. 열심히 공부하고 노력하여 자신만의 매매법을 확립해, 돈을 잃는 투자자에서 수익을 내는 투자자로 거듭날 계기가 될 것이다.

유지윤 지음 | 25,000원
240쪽 | 172×235mm

## 1000만 원으로 시작하는 데이트레이딩

적극적이고 다혈질인 한국인에게 딱 맞는 주식투자법, 바로 데이트레이딩이다. 초보자에게 상승장, 하락장뿐만 아니라 횡보장에서도 성공적인 데이트레이딩 전략을 제시한다. 매매 노하우와 스킬을 향상시켜 일상적인 수익 창출을 이끌어줄 것이다. 개인투자자로서의 마음가짐부터 안전하게 시작할 수 있는 꿀팁을 제공한다. 차트를 보면 돈 벌어줄 종목이 보인다!

# 가상화폐 투자

크맨 지음 | 25,000원
232쪽 | 170×224mm

## 가상화폐 차트분석 교과서

가격의 흐름을 예상할 수 있는 가장 확실한 도구는 바로 차트다. 차트 분석은 과거의 데이터와 현재의 시장 동향을 기반으로 미래의 가격 움직임을 예측하려고 시도하는 기술적 분석으로, 시장을 더 깊이 있게 이해할 수 있다. 이 책은 가상화폐 투자를 위한 심도 있는 차트 기술을 모두 담고 있다. 이를 통해 독자들이 실전에서 고수익을 창출할 수 있는 능력을 키워줄 것이다.

크맨 지음 | 20,000원 | 신국판 변형 | 200쪽

### 개념부터 차트 분석까지
## 암호화폐 실전투자 바이블

소문으로만 듣던 수익률 2000%! 암호화폐 투자고수의 투자비법. 고수익을 올리기 위한 정보취합 및 분석, 차트분석과 거래전략을 체계적으로 설명해준다. 투자자 사이에서 족집게 과외·강연으로 유명한 저자의 독창적인 차트분석과 다양한 실전사례가 성공투자의 길을 안내한다. 단타투자자는 물론 중·장기투자자에게도 나침반과 같은 책이다.

크맨 지음 | 20,000원 | 신국판 변형 | 212쪽

## 가상화폐 차트도 모르고 할 뻔했다

이 책은 중급 이상의 투자자들을 위한 본격적인 차트분석서이다. 가상화폐의 차트의 특성을 면밀히 분석하고 독창적으로 체계화해서 투자자에게 높은 수익률을 제공했던 이론들이 고스란히 수록되어 있다. 누구나 하루에 1%, 한달 35% 수익을 올릴 수 있다.

크맨·황동규·찰리 지음 | 22,000원 | 신국판 변형 | 208쪽

### 초보자도 고수되는
## 가상화폐 완전정복

재테크를 하려는 사람이라면 꼭 알아야 하는 것들에 대해 저자의 경험을 바탕으로 솔직하고 구체적으로 설명한다. 저자가 일방적으로 이론만 전달하는 책이 아닌, 실전을 알려 주고 있다. 초보자가 준비 없이 돈 벌려고 하면 누군가의 수익이 내 돈을 내어 주는 역할을 하게 된다는 점을 분명하게 짚어준다. 그래서 손해는 덜 보고, 이익은 많이 낼 수 있게 철저한 준비가 필요함을 강조한다.

박문식 외 지음 | 23,000원 | 신국판 변형 | 288쪽

## 가상화폐 기본도 모르고 할 뻔했다

가상화폐에 처음 투자하는 사람이 궁금해하는 기초부터 어느 정도 매매 경험을 쌓은 사람들에게 필요한 투자 전망까지, 가상화폐 투자자 모두에게 필요한 내용을 담고 있다. 이 책은 가상화폐 앞에 불어온 변화를 안정적으로 넘어설 가이드가 되어줄 것이다.